国家出版基金项目
NATIONAL PUBLICATION FOUNDATION

中央民族大学“985工程”国家重点学科研究项目
本成果系中央民族大学自主科研计划项目（项目编号112kyzd01）

藏族古代法典译释考

周润年　喜饶尼玛　等　译著

青海人民出版社

图书在版编目（CIP）数据

藏族古代法典译释考 / 周润年等译著. -- 西宁：青海人民出版社，2016.12
ISBN 978-7-225-05290-8

Ⅰ. ①藏… Ⅱ. ①周… Ⅲ. ①藏族—法典—研究—中国—古代 Ⅳ. ① D929.2

中国版本图书馆 CIP 数据核字（2017）第 010205 号

藏族古代法典译释考
周润年　喜饶尼玛 等　译著

出 版 人　樊原成
出版发行　青海人民出版社有限责任公司
西宁市同仁路 10 号　邮政编码：810001 电话：（0971）6143426（总编室）
发行热线　（0971）6143516 / 6137731
印　　刷　陕西龙山海天艺术印务有限公司
经　　销　新华书店
开　　本　720 mm × 1010 mm　1/16
印　　张　21
字　　数　300 千
版　　次　2017 年 5 月第 1 版　2017 年 5 月第 1 次印刷
书　　号　ISBN 978-7-225-05290-8
定　　价　48.00 元

前　言

法律是人类进入文明社会的产物。原始社会时期，调整社会关系靠的是习惯、道德、宗教信仰等基础规范，还有部落首领的威信等。由于当时私有观念还没有产生，部落内部的社会矛盾还没有达到不可调和的地步，以上规范就足够了。私有制的产生打破了原有的和谐，剩余产品和私有观念驱使着一部分人无偿占有另一部分人的劳动成果。于是，社会矛盾尖锐对立，出现了阶级分化。为了维护自己的剥削地位，处于优势地位的阶级就通过建立国家机器，利用法律等工具打击敌对阶级的反抗，维护对自己有利的社会秩序。

1 300多年来，历代藏族统治者利用法律这一武器有效地维护了藏族社会的稳定和安全。因此，翻译和研究历代藏族法典，具有重要的理论意义和现实意义。

第一，法律是一定社会时期上层建筑的重要组成部分，法律文化则是一定时期社会文化的高度概括和抽象。翻译和研究历代藏族法典，对于我们认识历代藏族政权与藏族社会的面貌和本质有着特殊的意义和作用，可以为推动对藏族社会其他方面的研究提供新的视角。

第二，藏族是一个历史悠久、文化博大精深的民族，翻译和研究历代藏族法典在整个藏族法制史的体系研究中占有特殊而重要的地位。只有对历代藏族法典有了比较全面的认识，才能为我们开启和呈现藏族法制史的清晰脉络。

第三，藏族社会是非常注重传统的社会，其社会文化的发展和变迁相当缓慢，传统文化的影响无时无地不在。翻译和研究历代藏族法典，对于更好地认识和理解今天的藏族社会、对于促进藏族地区的法制建设、对于发展和完善西藏民族区域自治、对于加强民族团结和加快西藏的发展，都有着巨大的借鉴作用。

藏族是我国56个民族大家庭的重要成员。在古代，藏族先民曾在我国西部的青藏高原上建立过盛极一时的地方政权——吐蕃王朝，并制定了比较完备的法律制度——《吐蕃三十六制》，该律法为吐蕃政权的巩固和发展壮大发挥了重要作用。吐蕃王朝崩溃以后，政权处于群雄割据状态长达400多年，各地小邦王国在自己的统治范围内制定法律，如阿里的古格、布让、亚泽、拉达克王朝，卫藏各割据王朝，多康的凉州六部联盟政权、宗喀王朝、西夏王朝等，各自均制定了成文法和不成文法兼有的法律和法规，这些法律和法规各有各的特色。元、明、清历代中央政权对西藏地方的施政方式有所不同，管理力度也有很大差异，但是历任西藏地方统治者都十分重视法律和法规的制定和执行，先后颁布了一系列法律典籍，为藏族社会的稳定起到了一定的积极作用。

历代西藏地方政权立法与中央政府对藏区的有关立法相结合，逐步形成了形式相对严谨、内容比较丰富的藏族成文法规范体系。据初步统计，从公元7世纪中叶吐蕃赞普松赞干布统治时期开始，到1951年西藏和平解放前，西藏统治者、藏族各部落的头领及寺院共制定有数百部法律和法规典籍。我们通过收集、整理，精选了西藏在重要历史时期的重要法典。

1. 吐蕃王朝：《松赞干布时期颁行"十善之法"》《松赞干布时期颁行"法律二十条"》《松赞干布时期制定的"六类大法"》《纯正世俗大法十六条》《芒松芒赞时期制定的"吐蕃三律"》《赤松德赞颁布的"兴佛诏书"》《吐蕃供养僧人及"三户养僧"的法规》《吐蕃牧业措施及"没卢氏小法"》《桂·赤桑雅拉制定的法律》《吐蕃的"三喜法"》；

2. 元朝时期：《元成宗颁布的"优礼僧人诏书"》《大司徒·绛曲坚赞制定的"十五条法律条目"》《苍龙喧嚣法典十五条》；

3. 明朝时期：《藏巴第悉噶玛丹迥旺布时期制定的"十六法典"》《第七世噶玛巴却扎嘉措制定的法律》；

4. 清朝时期：《五世达赖喇嘛时期制定的"十三法典"》《关于西藏事务纲领十三条（"酌定藏内善后章程"十三条）》《新订西藏章程二十九条（"钦定藏内善后章程"二十九条）》《止贡菩提寺之法律》。

以上共19部藏文法典，并对其进行了译注和考证。我们认为译注和研究历代藏文法典的重要性主要表现在：

第一，历代藏族法典作为一定社会历史阶段的产物，反映了不同时期西藏社会的形态。通过对历代藏文法律典籍的整理、译注、研究，对于研究当时藏族社会、宗教、文化和历史开辟了新的路径，并提供了新的资料，颇具史料价值。

第二，历代藏族法律典籍充分反映了历代统治阶级的观点，同时亦反映了当时藏族社会的概貌、价值观念、人伦关系等方面的基本特征。因而对其进一步研究，具有重要学术价值。

第三，通过研究历代藏文法律典籍的特点以及剖析旧西藏社会的真实法定权利，使世人了解旧西藏的社会经济状况特别是人权状况，无疑具有很强的现实意义。

法律源于社会，而又服务于社会。现代法理学认为，法的渊源可以从广义和狭义两个层面去理解，狭义层面的法的渊源是指它的渊源形式，目前所见的几乎所有的藏族古代法律研究成果都是从研究藏族社会这个角度展开的。其实，藏族传统法文化受到诸多因素的影响，特别是宗教法与世俗法的互融，使藏族传统法文化呈现出独特的形态。上述19部藏文法典作为阶级社会的产物，反映了不同时期的藏族社会情况以及阶级内容。综观这些法典的内容和特点，可主要归纳为以下几点：

第一，反映了农奴主阶级的根本利益，有着鲜明的阶级性。这些法典是维护农奴制度和农奴主阶级利益的，法律所规定的农奴阶级的行为准则，就是要使他们成为不死不活的顺民，从而满足统治阶级的需要。例如《十六法典》和《十三法典》中的《逮解法庭律》规定："凡于王宫前持刀殴斗者拘捕；饥寒行窃者拘捕；向头人造反者拘捕；恶意起诉者拘捕；以恶语攻击地位高于自己者拘捕。"《盗窃追赔律》为维护农奴主阶级的利益，也规定："凡盗窃王、官员、头人之财物须罚赔原物之万倍，偷寺院僧人之财物须罚赔八十倍，偷与己同等地位人之财物须罚赔七倍至八倍或八倍至九倍不等。"由此可见，盗窃赔偿的办法也主要依据官阶高低、身份贵贱来决定，这非常明显地反映了保护农奴主阶级利益、镇压劳动人民的根本指导思想。《伤人抵罪律》条规定："伤人上下有别。民伤官，视伤势轻重，断伤人者手足；主仆之间，主失手伤仆，除治伤不再判罪，主殴仆致伤无赔偿之说。”从上述法律的基本内容来看，非常明显地反映了法律是为农奴主阶级服务的，平民百姓的一言一行都要受到法律的约束和制裁，而农奴主的所作所为都会得到法律的允许和保护。

第二，反映了封建农奴社会鲜明的等级制度。旧西藏，统治阶级与广大农奴和奴隶之间的法律关系是一种压迫与被压迫、剥削与被剥削的关系，封建贵族阶级的种种特权受到法律的保护，而广大农奴和奴隶在法律上被当作法律关系的客体，根本不把他们当人看待。旧西藏的法律明确将社会成员分为三六九等，严格区分尊卑贵贱，保护封建等级制度。同样的血肉之躯，在封建农奴制的法律中却表现出完全不同的价值。藏族法典的《杀人命价律》中明确规定："人有上、中、下三等，每等人又分上、中、下三级。”其中，上等人包括藏王、大小活佛、僧属官员和贵族等，中等人包括职员、僧人、商人等，下等人包括农民、铁匠、屠夫等。与此相应，法律还规定各等级人之间的命价是有很大差别的。对于王者的命价，法律规定："上部雅孜王被霍尔所杀，其尸价与黄金等量；下部格萨尔王被丹玛行刺，至今命价尚未偿还清。”可见王者的命价是无限的。而下等人的命价则规定:"流浪汉、铁匠、屠夫等三种人，彼等命价值草绳一根。”不仅按等级规定命价，而且按等级量刑。对于农奴、奴隶和下等人犯上的行为，法律的惩罚是极为严酷和野蛮的，施行的肉刑有“剜目、刖膝、割舌、剁肢、投崖、屠杀等”。而对于上等人侵害下等人的行为，处罚则从轻甚至可免除刑事责任。这种不以客观事实为依据，而是根据等级来划分命价和施刑，实际上就彻底否定了广大农奴、奴隶的生命权，广大农奴和奴隶与少数统治者之间根本没有任何平等可言。

第三，反映了封建农奴社会生产关系的特征。在封建农奴制时代，绝大多数的劳动人民没有生产资料，而且连人身都依附在只占人口极少数的封建农奴主那里，西藏的全部土地和牧场以及依附在土地上的农、牧奴都是属于农奴主的。农奴主依靠封建土地所有制，通过地租形式（劳役地租、实物地租、货币地租）和超经济强制，占有农奴的剩余劳动。农奴主把大量肥沃的土地作为自营地，领种份地的差巴世代被束缚在贫瘠的土地上，在庄园管家的监督下，为领主无偿服役。

封建土地占有制和农奴的人身占有是农奴制社会生产关系的主要特征，也是封建农奴制度的统治基础。在当时生产力和生产关系极其落后的情况下，统治阶级为了维护封建农奴制度，制定出一整套向属民摊派、索取差税和罚金的特殊政策，并从法律条文上固定下来。例如藏族法典的《使者薪给律》规定："凡讨税者所到之处，纳税者除为官吏及随从人员交纳狗、马、骡之费用外，还要令其提供一条羊腿和一驮货物。未还清差税之前，纳税者须为官吏每日分二次分别供应大小羊腿各一条，同时要为所有的随行人员每日三次分别供应小羊腿一条、茶叶五包和青稞酒，每日供应每匹马、骡饲料二升，并支付滞纳金一钱。""若拖延交纳差税者，每日要交纳脚钱为五升青稞，天数要从讨税者抵达之日算起，讨税者一旦离开纳税者之家门，即可无须支付脚钱。对于个别不服从差头之令而拒绝交纳税金者，讨税者要对其严加管制，且令其交出所有天数的脚钱。对于狡猾强辩喊冤者须处罚一钱黄金。"

第四，反映了"天命""神权"安排的宿命思想。在阶级社会中，统治阶级往往操纵、利用宗教，他们自己往往以"天神之子"或"神"自居，借助神的崇高威力来麻醉、统治、剥削、奴役人民。在长期的政教合一制度的统治下，统治者把阶级统治、阶级压迫美化成充满"仁爱”“欢乐”的社会内容。因此，下属平民百姓把君主的所作所为皆看作是真理和善行，遵从听命，不可有丝毫的不从，倘若一旦违犯了佛的旨意（也就是君主的旨意），就认为应该受到严惩。例如藏族法典的《重罪肉刑律》中明确规定“行五无间之罪孽者；抢劫上师、僧人和国王之财物者；严重损害官方之名声者”等，皆要处以重罪肉刑。

藏族社会生活中，宗教的影响无处不在。藏传佛教作为藏族社会中唯一正统的思想，犹如水银泻地，无孔不入，一切皆由“天命”“神权”安排的宿命思想，束缚着人们的行动。人们认为神灵是世界万物的主宰，人间的祸福、吉凶、扬善惩恶都由神鬼安排。因此，人们一遇到难以辨别的事情往往借助神灵的指点，当事人之间的争讼是非或难以辨别的事情都求助于神的裁决。例如藏族法典的《狡诳洗心律》中规定：“对是非狡诳者须进行立誓。所谓‘立誓’，即像自己的鼻子所处于面部之位置，相当正直。所谓‘立誓’亦要由具有智慧眼和幻化身等先知先觉的护法神作证，以明鉴真伪。”遇到这类案件，负责审判的法官命令当事人发誓，发誓者要以自己崇拜、信仰之神作证，须向神供献饮誓水。宣誓后则认为誓词可靠，不敢宣誓则认作犯罪属实。此外，还有用煮油抓石和煮泥抓石等方式来辨别是非。进行这两种仪式时，“要事先准备好神帘、神垫以及完好无损之铁匠工具和石子，而后于铜锅或铁锅中倒入干净之菜油，油的多少一般以淹没拳头为宜，将两块拇指大小重量相等的黑、白小石子放入油锅之中。如尚进行煮泥抓石之仪式，即在锅中放入一种浓稀如酸奶一般且能淹没拳头之泥浆或浊水，此后将两块黑、白石子放入锅中，以人们看不见石子为准，则可用手下锅去抓。”抓得白石者为胜，抓得黑石者为败。抓石之手未被烫伤者，亦认为真实无过。《十六法典》和《十三法典》述及的立誓、煮油抓石和煮泥抓石等虽然方式不同，但目的都是借神意来判断是非，用神的力量让有罪者败诉，无罪者胜诉。但神判是毫无科学根据的，根本无法断定事实的真伪，致使奸猾不轨者侥幸取胜，无辜者蒙受不白之冤。

综上所述，历代藏族法典不仅反映了法律的阶级性、残酷性和欺骗性，即反映了农奴主阶级的根本利益，以及对广大农奴阶层的政治压迫和经济剥削，而且也反映了封建农奴制社会的一些基本特征。尽管制定法律的目的是为统治阶级服务的，但是客观上也起到了保境安民、稳定社会秩序、推动社会前进的作用。这些法典是研究藏族各个历史时期社会制度及法律制度最权威的文献资料。

目录

目录

壹

松赞干布时期颁行《十善之法》

解 题

松赞干布是雅隆悉补野部落第三十二代赞普，公元617年出生于墨竹工卡加麻囊的强巴敏久林宫殿。他不仅是吐蕃王朝的创始者，也是汉藏友好往来的肇始者，为藏民族的形成和发展做出了重大贡献。公元7世纪之前，即松赞干布建立吐蕃王朝以前，藏族已经有十几个部落，部落中没有文字，当然也不会有成文立法。公元629年，松赞干布继承王位；公元634年，松赞干布遣使赴唐，是为藏土通中原之始；公元641年，文成公主远嫁吐蕃，唐太宗以释迦牟尼佛像、珍宝、经书、书橱及360卷经典，作为文成公主的嫁妆。松赞干布迎娶文成公主以后，“遣诸豪子弟”赴唐学习中原文化，唐蕃经济、文化之交往也因唐蕃联姻而发端。在此之前松赞干布已与尼泊尔赤尊公主结婚，二位公主入藏，佛教也因之广为传播。松赞干布为巩固吐蕃政权，以“德礼为政教之本，刑法为政教之用”。吐蕃社会的法律思想及其演进，此时得以逐渐由崇尚法律思想趋向法律务实，注重法律的具体直接作用。之后，松赞干布派学者吞弥·桑布扎仿印度文字创制西藏文字，为成文立法创造了条件，相继颁布了《十善之法》等一系列的法律。

《十善之法》的颁布标志着藏族法律制度发展进入了一个新的历史时期，但长期以来对于《十善之法》的地位、性质，学界颇多争论。一种意见认为《十善之法》是吐蕃时期的立法依据；另一种意见认为《十善之法》不可能是最初的立法依据，以它为立法依据的说法是后来佛教徒们加的。但松赞干布颁布《十善之法》的背景、目的，在《西藏的观世音》一书中有比较详细的记载：“我深居简出，修习文字，而你们却散布流言，图谋篡权，既然如此，我现在就颁行《十善之法》以诏吐蕃天下臣民！往昔吐蕃应立法而未立法，故分裂为十二藩邦。若今后仍无法可依，必将招致罪孽横生、祸患无穷，殃及我甥舅子臣万民。从今往后，凡我治下臣民，须不杀生，杀人者偿命价千金；不偷盗，偷盗者退赔赃物；不抢人，抢人者偿还原物；不奸淫，奸淫者科以罚金；不妄语；不两舌；不绮语；不贪心；不嗔心；不邪见。但凡有违之者，均科以相应的处罚。”

《十善之法》的主要内容是以佛法倡导之“善”，寻求与吐蕃社会相适应的法律切入点，将佛教提倡的“十善”直接转化为“人法”，制定了吐蕃王朝建政初期的首部成文法，从而说明吐蕃社会完成了从部落联盟到国家政权的过渡。松赞干布为了统一人们的意志，从“人本主义”出发，提出了“治人”的“言”“行”“内心世界”三大要素，即“治言”“治身”“治心”的符合佛教所主张皈依身、语、意三宝宗旨的“人法”条文。

《十善之法》的内容丰富，既有刑事法律规范，也有民事法律规范。

如在刑事方面的法律规范有“不杀生，杀人者偿命价千金；不偷盗，偷盗者退赔赃物；不抢人，抢人者偿还原物；不奸淫，奸淫者科以罚金”。在民事方面的法律规范有“不妄语；不两舌；不绮语”等。这些法律规范所确立和体现的一些原则对藏族法律制度产生了深远的影响，如藏族法律中颇具民族特色的以罚代刑的习惯法制度的形成，尤其是赔命价制度的形成，突出地反映了藏族法律制度的这一历史特质。总之，松赞干布颁布《十善之法》为吐蕃社会制定了最基本的行为规范，也奠定了以后立法的基础，进而涉及具体领域的立法也全面展开。

译　文

松赞干布颁行《十善之法》★[1]以诏吐蕃天下臣民！往昔吐蕃应立法而未立法，故分裂为十二藩邦。若今后仍无法可依，必将招致罪孽横生，祸患无穷，殃及我甥舅子臣万民。从今之后，凡我治下臣民，须不杀生，杀人者偿命价千金；★[2]不偷盗，偷盗者退赔赃物；★[3]不抢人，抢人者偿还原物；不奸淫，奸淫者科以罚金；不妄语；★[4]不两舌；★[5]不绮语；不贪心；不嗔心；★[6]不邪见。但凡有违之者，均科以相应的处罚……为使十善之王法严厉而牢靠，幻化的监狱恐怖可畏，那些行十恶而不反悔者，则被令人畏惧的刽子手逮捕，并将头、四肢、双手足砍断剁碎，舌及眼球（灌以）熔化之铜水，还需剥皮。上述砍下的头、四肢及挖出的眼睛等等堆积如山，见到如此之监狱令人恐惧战栗。（有关狱中刑法）在逻娑及昌珠（khra-vbrug）等吐蕃地区及王宫均同时存在。智慧因幻法之勇猛，非善行皆灭而十善存。

注　释

★ 1 《十善之法》与佛教所主张的10种善行基本相同，佛教又称为“十善”“十善道”“十善业道”等，它是佛教戒律中的基本道德信条。其主要内容是：①不杀生；②不偷盗；③不邪淫；④不妄语；⑤不两舌；⑥不恶口；⑦不绮语；⑧不贪欲；⑨不嗔恚；⑩不邪见。前三者为身业；中四者为口业；后三者为意业。十善业还分止、行两种：止则但止前恶，不恼于他；行则修行胜德，利安一切。认为止则息于重倒之恶；行则渐归胜道之善，故止、行两种，皆名为善。强调善以顺理为义，息倒归真，故之顺理。或加以道名，以能通至乐果。它相信行善业者必有善报，进而主张扬善弃恶。对几乎全民信仰佛教的藏族人民的道德行为影响极大。

★ 2 “不杀生，杀人者偿命价千金”等以罚代刑法律习惯是藏族习惯法的一大特色。这种不以生命相抵，而是以财产相赔的习惯法似乎是人类进步的标志，但在藏族地区，它为有财产、有地位的统治者擅杀枉伤提供了方便，其阶级性和实质上的不平等性是违背人类理性的，也与现代法制精神格格不入。

★ 3 藏族对偷盗者的传统处理方法是加倍赔偿，具体赔偿多少则依被盗者的身份高低而定，而且各地也有差异。川康牧区流传着这样的说法：“寺财还九倍，公财还五倍，胞财还三倍。”即若偷寺院和活佛的财物，则要赔偿所偷财物的9倍；若偷部落的公共财产，则要赔偿被盗财物的5倍；若偷亲属的财物则要赔偿3倍。不少地方对偷盗者的处罚内外有别，对外部落行盗者处罚较轻，对内部行盗者从严惩处。比如，青海果洛的《红本法》规定：“内盗者一律偷一赔九，连同本份共赔十份；外盗者可视不同情况一赔五、一赔三、一赔二或一赔一。”

★4　戒恶语之法。传说在国王赛加的臣民中，有两个行为截然相反的人，一个名叫纳波则巴，为恶积之意，他以常说恶语闻名；一个名叫白玛昂慈，其名字含义是莲性，他是婆罗门，生性温柔，无论对谁说话，都是细声柔语。白玛昂慈劝纳波则巴说："对人讲话不要粗声恶气，有道是'箭伤能治，语伤无救'。"纳波则巴说："恶语是威严的标志，喧哗者的镇服力，谁也甭想说服我。"依然我行我素。后来，纳波则巴的属下集中袭击主人，夺取其全部财产，转送给白玛昂慈。此时，乾达婆王护国者评论说："常说粗言恶语，土豪劣绅失财；柔语众所喜闻，婆罗门因此得财。"从此制定戒恶语操柔言之法。

★5　戒谗言之法。传说印度玛格达地方的影胜王和富有的巴若地方官为莫逆之交。后来，一个名叫智迈的恶人在影胜王跟前挑拨说：巴若地方官不把国王放在眼里，扬言"我比国王贤明，我的财产也多，属民也不少，臣民比国王强大。"智迈又跑到巴若地方官面前说：国王对你放心不下，说"巴若地方的官人也是我，巴若地方官仅仅是我的奴仆而已，如不听命，要杀其头颅，夺其财产。"由于智迈挑拨离间，影胜国王和巴若地方官之间剑拔弩张，差点发生战争。当地有个名叫杂巴拉的婆罗门，很善于调解各种纠纷，在他的努力下，二者言归于好。后来国王和地方官各自谈起纠纷原因，才知道是智迈谗言离间所为，于是割去智迈舌头，各以100两黄金奖赏调解人。评论说："两舌离间之果，割舌堕入恶趣，婆罗门杂巴调解，得200两黄金，因果如此奇速。"从此有了戒谗言兴调解之善法。

★6　戒嗔之法。传说，从前锡兰国（今斯里兰卡）有一个名叫达哇桑布的力士，他逢人便打骂抢劫；另有一个名叫加布赛松的人，具有菩提之心，成为众人的护佑者。据说达哇桑布被阎罗王拖至地狱，而加布赛松则转生到天界，以上为大家亲眼所见。多闻子见此情景后评论说：“损人心怀害人意，力士竟被阎罗带；赛松具有菩提心，升入天界真奇妙。”据此制定了戒嗔修菩提心之善法。

贰

松赞干布时期颁行《法律二十条》

解　题

松赞干布时期，由外域传入的佛教进入西藏，与原始苯教形成竞争，继而成为占据统治地位的信仰，为统治阶级的统治提供了重要的精神支持。为加强对西藏的统一领导，维护王族的利益，松赞干布以佛教《十善之法》为主旨，组织制定了《法律二十条》，于公元629年颁行。据《贤者喜宴》记载："吞弥等率领一百大臣居中理事，遵王之命，仿照《十善之法》的意义，在雪域尼玛地方制定《吐蕃法律二十条》。"

《法律二十条》的内容大都源于佛教十善律，实际上是将佛教十善律以法律形式固定下来，用法律手段推行佛教。同时，据《王统世系明鉴》记载："国王（松赞干布）为使吐蕃臣民恪守十善之律，颁布了严刑之法。规定：'凡有损害佛教教法及违反吐蕃法律者，定予治罪。'并运用化身，将各种非人精灵等或捆绑，或鞭笞，或挟目挖眼，或刖膝断腿……”十善之律的遵循，有了更强有力的法律保障。

《法律二十条》首先是以佛教戒律为指导思想，具有极为浓厚的宗教色彩，一些条文甚至就是宗教戒律的直接反映。该法前四条依据佛教戒律中的四根本戒而定，均为禁止性内容，被称为“戒恶”；后十六条依据佛教十善之律衍生而来，因此又被总称为“‘十善法’律”。可以说，在当时的西藏，佛教的善恶观形成了法律的是非标准，佛教的行为准则已经成为吐蕃君臣百姓共同遵奉的金科玉律，教法上升为国法，规范着包括佛家弟子在内的所有人的言行和社会生活，体现出明显的宗教法律化、宗教政治化的倾向，为后世建立政教合一的体制奠定了思想与制度基础。

其次，《法律二十条》内容体现出混合性，习惯与禁忌、宗教与道德、刑事与民事、实体与程序等内容混为一体，表现出古代法律诸法合一的共同特征。这种“混合法”形式，将法律规范与半法律规范或准法律规范相融合，在法制形成的早期具有极大的现实性与实用价值，也是历史发展阶段的客观反映。特别是该法表现出的比较强烈的道德色彩，是中华民族传统文化中注重公序良俗的反映。

再次，《法律二十条》在立法技术方面，也体现出明显的时代特征，带有浓厚的早期立法色彩。其一，内容排列比较零散、粗糙，缺乏完整性。其二，文字表述简单，有格言式风格，不具备法律规范所要求的假定、处理、制裁（法律责任）的标准范式。但是它的表述非常通俗易懂，符合当时的民众文化水平，便于民众理解掌握，具有较强的实用性。

《法律二十条》的颁行，具有重要的历史意义。成文法律的颁布，开创了藏族古代法制的新纪元，对法律的系统化以及法律文化的形成、发展，意义重大。

译　文

《法律二十条》★[1]的条文为：1. 杀人者偿命，斗争者罚金；2. 偷盗者除追还原物外，加罚八倍；3. 奸淫者断肢，并流放异地；4. 谎言者割舌或发誓；★[2]5. 要虔信佛、法、僧三宝；★[3]6. 要孝顺父母、报父母恩；7. 要尊敬高德，不与贤俊善良人及贵族斗争；8. 敦睦亲族，敬事长上；9. 要帮助邻里；10. 要出言忠信；11. 要做事谨慎，未受委托不应干涉；12. 要行笃厚，信因果，忍耐痛苦，顺应不幸；13. 要钱财知足，使用食物与货物务期适当；14. 要如约还债；★[4]15. 要酬德报恩；16. 要斗秤公平，不用伪度量衡；17. 要不生嫉妒，与众和谐；18. 要不听妇言，自有主张；19. 要审慎言语，说话温雅，讲究技巧；20. 要处世正直，是非难判断时，对神发誓。★[5]

注　释

★1　这是松赞干布与大臣们在吉雪雄饶宫殿共同制定的法律，并颁布整个藏区实行。据记载，法律颁布之日曾举行了盛大的庆祝会。是日，经幡飘扬，锣鼓齐鸣，松赞干布坐在五彩的帐幕中，数十位大臣坐在他的周围，成千上万的百姓载歌载舞，庆贺法律的创立和颁布。

★2　前四条法律中的杀、盗、淫、谎，再加上饮酒，佛教称为“五戒”。

★3　藏语音为“公却松”，佛教称佛、法、僧为三宝。“佛”泛指一切佛，在这里主要指佛教创始人释迦牟尼；“法”指释迦牟尼亲自讲的佛经、佛教教义；“僧”指忠于佛教，一切事情遵照佛的教导办事，继承、捍卫和宣扬佛教教义的僧众。“三宝”之中最主要的是释迦牟尼亲自讲授的佛经。藏族群众发誓时经常习惯说“公却松”，以表示真心诚意，此言确实可信。

★4　这条充分反映了封建领主对农奴的债务剥削。

★5　发誓，藏语将咒誓称作“纳”，“鼻子”在藏语中也读“纳”，只是书写不同。据说咒誓之“纳”源于鼻子之“纳”，因为当人直立时鼻子在人体正中，不偏不倚，所以咒誓之“纳”也是极为公正的，因而也就被引入司法。古代法律规定，有5种人不宜发誓：①活佛、善知识、具有巨大法力者和僧尼，由于他们本身无咒誓可言，也不可能发誓，称之为金雁不可网捕；②职业咒师由于具有能解除咒誓效能之法力，也不能参与发誓活动，此称作毒蛇不可下追；③生活所迫而做盗贼者，为了维持生命而不在乎咒誓，所以他们不得参与发誓，此称作乌鸦不可石击；④女人为了自己的情人和孩子，也会违心地发誓，所以她们不在此列，称之为孕崽母狗不可棍击；⑤小孩子没有鉴别能力，聋哑人不知咒誓的利害，因而不能发誓，此称作小骢红玉不可串联。参加发誓的人必须是懂得自他二利、讲道理、为人正直、重视因果者。吃咒发誓的具体做法很多，如以发誓人头戴顶骨，裸体坐在湿牛皮之上，用装满鲜血的牛肚子擦其胸部，并以自己的阳神等具有法力的神祇为证发誓，便能分辨真伪。比较常用的发誓法就是到寺院中某一法力巨大、报应迅速的神像前，或就地以某一神祇为证，言明自己未干或干过某事，如若有假，遭受某种报应等等。

叁

松赞干布时期制定的《六类大法》

解　题

松赞干布为巩固新兴的奴隶制政权，先后制定和颁布了一系列法律文书，其中最著名的是颁布了《六类大法》。史籍中没有记载《六类大法》立法的具体时间，但从立法的内容上看，时间应在松赞干布建政之初，此时赞普亲自参与立法也是比较可信的。也有大尚论立法的，如《敦煌本吐蕃历史文书》记载："及至兔年……大论东赞'高尔地'，写定法律条文。"因为这次立法发生在公元655年，此时幼主新立，大权掌握在辅政大臣手中；还有王妃立法的，如《贤者喜宴》记载："王妃没卢氏绛秋之所谓小法律是教导男人行男人礼节……"这次立法发生于赤松德赞时期，但女人参政，则是从赤德祖赞时期就出现的。以上都是个人立法的例子，还有集体立法的情况，如《西藏王统记》记载："又吞弥·桑布扎、噶尔·东赞域松、止塞汝恭顿、聂·赤桑和羊敦等地位相等之一百大臣，秉承王命，又制定了《十善之法》……”总之，掌握实权的奴隶主政权核心人物，都有立法的权力。

《六类大法》之内容是：1.《以万当十万之法》；2.《十万金顶具鹿之法》；3.《王朝准则之法》；4.《扼要决断之法》；5.《权威判决之总法》；6.《内府内法》。涉及行政区域的划分、军事行动的管理制度、大臣等官员的地位和义务，还包括农、牧、林等方面的法律，以及以道德伦理为基础的法律规范、度量衡标准、君王在审判中的权威等等。其次，以“赔偿命价法”取代了原始公社时期“血亲复仇”的遗存，但命价赔偿数目因个人所处的社会地位尊卑而异。从这些法律条文中我们可以看出，吐蕃社会等级森严、科条分明，反映了吐蕃王朝奴隶主占有制的特点。再次，依据《六类大法》的度量衡标准、伦常道德、两造地位不等则敬强护弱、两造有罪则俱施处罚、两造有理则指令修好等，由此确立政权机构、设置官吏职级、制定行政法则、调整内部秩序、建立健全民事诉讼条规，建构了一个比较完备的由国家行政法规—民法—教法—民族共同体组成的奴隶制政权的社会。

译文

（松赞干布说）现在我要制定王朝大法（rgyal-khrims-chen-po）。往昔，因无法律以致众小邦（rgyal-phran）离散。况且，若无法律则犯罪猖獗，我之众属民亦将沦于苦难之中，故此，应当制定法律。★1（松赞干布）讲后，据说遂即制定法律，所定法律为《六类大法》（bkav-yi-khrims-yig–chen–po–rnam–drug）。

首先，将吐蕃划作五大如（ru–chen–lnga），★2 划定十八个地区势力范围（yul–gyi–dbang–ris–rnam–pa–bco–brgyad），划分六十一个“桂东岱”（rgod–kyi–stong–sde–drug–bcu–rtsa–gcig），★3 将“庸之人部”（gyung–gi–mi–sde）★4 划分为“更”（kheng）及“扬更”（yang–kheng），★5 由三尚一论（zhang–gsum–blon–bcis）★6 掌管中央集会会址（dbus–kyi–vdus–sa），三勇部（dpav–sde–gsum）卫戍边地哨卡（mthav–yi–so–kha），上述即所谓“六奎”（khos–drug）。★7

再者,《六类大法》(khrims–yig–drug)之内容是:1.《以万当十万之法》（khri–rtse–vbum–bzher–gyi–khrims）; 2.《十万金顶具鹿之法》（vbum–gser–tog–sha–ba–can–gyi–khrims）; 3.《王朝准则之法》（rgyal–khams–dper–blangs–kyi–khrims）; 4.《扼要决断之法》（mdo–lon–zhu–bcad–kyi–khrims）; 5.《权威判决之总法》（dbang–chen–bcad–kyi–spyi–khrims）; 6.《内府内法》（khab–so–nang–pavi–khrims）。上述即所谓六法。★8

第三,《六类大法》之第一种《以万当十万之法》，因该法指出了从政措施和“奎”（khos）。据此，松赞干布对众臣逐一颁布委任，任命：吐蕃之奎本（bod–kyi–khos–dpon）为噶尔 · 东赞域松、香雄之奎本（zhang–zhung–gi–khos–dpon）为琼波苯松孜（khyung–po–pun–zung–tse）、苏毗之奎本（sum–pavi–khos–dpon）为霍尔恰秀仁波（hor–bya–zhu–ring–po）、齐布之奎本（chibs–kyi–khos–dpon）★9 为韦赞桑贝来（dbas–btsan–bzang–dpal–legs）、同乔★10 之奎本为久若结岑扬恭（cog–ro–rgyal–mtshan–gyang–gong）等。据说，其时建造了吉雪雄热（skyi–shod–shom–ra）、琼垄堆卡（khyung–lung–rdul–mkhar）、囊热霞屯、昌巴园（namr–zha–don–gram–pa–tshal）以及红岩山（ri–bo–brag–dmar）等。

据说，噶尔（mgar，按：即噶尔·东赞域松）与达杰（dar-rgyal，按：即dar-rgyal-mang-po-rje）设置了“奎”（khos）。首先，划分如仓（ru-mtshams，按：意为“如界”）：东至约卡之秀巴本顿（vol-khavi-shug-pa-dpun-bdun），南至玛拉拉举（rma-la-la-rgyud意为玛拉山脉），西至秀尼莫（gzhu-snye-mo），北至扎之朗玛古普（prags-kyi-glang-ma-gur-phub），以逻娑小昭寺（lha-sa-ra-mo-che）为中心，以上为伍如（dbu-ru）★[11]。

东至工域芝纳（kung-yul-bres-sna），南至夏武达果（sha-vug-stag-sgo），西至卡热康孜（kha-rag-gangs-rtse），北至玛拉拉举（rma-la-la-brgyud），以雅隆昌珠（yar-lungs-khra-vbrug）为中心，以上为约如（gyo-ru）★[12]。

东至扎之朗玛古普（prags-kyi-glang-ma-gur-phub），南至尼亚纳木雅波纳（gnyav-nam-g·yag-povi-sna），西至切玛拉古（bye-ma-la-dgu），北至弥地曲纳（smri-ti-chu-nag），以香之雄巴园（shangs-kyi-zhong-pa-tshal）为中心，以上为叶如（gyas-ru）★[13]。

东至强木尼扎（vjam-ne-bkra），南至泥婆罗之朗纳（bal-po-glang-sna），西至拉金雅弥（la-kem-g · yag-mig），北至切玛拉温（bye-ma-la-sngon），以柴之土巴纳（brad-kyi-dur-pa-sna）为中心，以上为如拉（ru-lag）★[14]。

东至聂域朋纳（gnye-yul-bum-nag），南至弥地曲纳（smri-ti-chu-nag），西至叶晓丁波切（yel-zhabs-sdings-po-che），北至纳雪斯柴（nags-shod-bzi-vphrd），以仓甲雪达巴园（tshang-rgya-shod-stag-btshal）为中心，以上为苏毗如（sum-bavi-ru，或译作孙波如）★[15]。

上述即所划分之藏地叶如、如拉（gtsang-la-gyas-ru-dang-ru-lag）、卫地伍如、约如（dbus-la-dbu-ru-dang-gyo-ru）及附属苏毗如等五如★[16]。

上述诸地之势力范围（dbang-ris）：伍如雪钦（dbu-ru-shod-chen）

为赞普君王区（btsan-po-mngav-bdag-yul），波昌乃切（pho-brang-sne-che，或译“乃切宫”）为赞普王民区（btsan-po-rgyal-vbangs-yul），雅隆素卡（yar-lungs-sogs-kha）为沽氏（khu）、尼雅氏（gnyags）之地，羊卓（ya-vbrag）为康钦古仁五部之地（gangs-khyim-ku-rings-sde-lngavi-yul），青昂青域（vching-nga-vching-yul）为桂氏（mgos）、努氏（snubs）之地，恰吾（bya-vug）地段为五昌父王（drang-rje-pha-lnga）之地，柴及雄巴（brad-dang-zhong-pa）定为那囊氏（sna-nam）之地，上下查荣（brag-rum-stod-smad）为蔡邦氏（tshe-spong）之地，上藏下藏（gtsang-stod-gtsang-smad）为没卢氏（vbro）、琼波氏（khyung-po）之地，隆雪囊波（klungs-shod-nam-po）为竹氏（vdru）及牧区（phyugs-mtshams）★17之地，彭域东岱（vphan-yul-sdong-sde）为卓氏（sgro）、玛氏（rma）之地，娘若仲巴（nyang-ro-grom-pa）为芝氏（vbre）、杰氏（lce）之地，香与来（shangs-dang-gle）为齐日氏（phyi-ri）与来氏（gle）之地，大小雍瓦（yung-ba-chen-chung）为阐卡氏（bran-ka）之地，夏康三部（zha-gang-sde-gsum）为大臣贝氏（blon-po-sbas）之地，囊日恰贡（nam-ra-chag-gong）为珍氏（vbring）、恰氏（chag）之地，当雪嘎莫（vdam-shod-dkar-mo）★18为恰氏（phya）与热氏（rwa）之地，多康（mdo-khmas）多钦（mdo-chen）为“八桂东岱”（rgod-stong-sde-brgyad）之地。上述共分十八区。

所谓“桂东岱”（rgod-kyi-stong-sde），每如有八个东岱（stong-sde-brgyad）、一个小东岱（stong-bu-chung）及一个近卫东岱（sku-srung-gi-stong-sde），总分为十个东岱。托岱（dor-sde）与岱仓（sde-mtshams）两部，秋仓（phyags-mtshams）与昌仓（vbrang-mtshams）两部，迥巴（com-pa）与支仓（vbri-mtshams）两部，吉堆（skyid-stod）与吉麦（skyid-smad）

两部，叶热小东岱（yel-rab-stong-bu-chung）及东部近卫（sku-srung-shar-phyogs-pa）（各一部），共为十部。此即伍如十东岱（dbu-ruvi-stong-sde-bcu）★19。

雅隆（yar-lung）与青隆（vphying-lung）两部，雅仓（yar-mtshams）与玉邦（gyu-vbangs）两部，塔布（dags-po）与尼雅尼（nyg-nyi）两部，聂（dmyal）及洛扎（lho-brag）两部，洛若小东岱（lo-ro-stong-bu-chung）及北部近卫（sku-srung-bya-phyogs-pa）（各一部）。此即约如十东岱（gyo-ruvi-stong-sde-bcu）。

东钦（stong-chen）与香钦（shangs-chen）两部，朗弥（lang-mi）与泊嘎（phod-dkar）两部，年嘎（nyen-kar）及帐幕区（vbrang-mtshams）两部，波热（spo-rab）与松岱（gzong-sde）两部，香小东岱（shangs-stong-bu-rgyung）及西部近卫（sku-srung-nub-phyogs-pa）（各一部）。此即叶如（十）东岱（gyas-ruvi-stong-sde）。

芒嘎（mang-kar）与墀松（khrim-som）两部，仲巴（brom-pa）与拉孜（lha-rtse）两部，娘若（myang-ro）与墀塘（khri-vthang）两部，康萨（khang-sar）与开扎木（gad-pram）两部，措俄小东岱及（mtsho-ngos-stong-sde-bu-chung）及南部近卫（sku-srung-lho-phyogs-pa）（各一部）。此即如拉十东岱（ru-lag-gi-stong-sde-bcu）。

吐蕃与突厥（dru-gu）之边界处有：俄久（vo-co）与芒玛（mang-ma）两部，聂玛（gnye-ma）与咱莫（tsa-mo）两部，帕嘎小东岱（ba-ga-stong-bu-chung）（一部）。此为上香雄五东岱（zhang-zhung-stod-kyi-stong-sde-lnga）。

吐蕃与苏毗（sum-pa）之边界处有：古格（gug-ge）与久拉（cog-la）两部，吉藏（spyi-gtsang）与雅藏（yar-gtsang）两部，机堤小东岱（cidi–stong–bu–chung)(一部)。此为下香雄五东岱(zhang–zhung–smad–kyi–stong–sde–lnga)。以上总为香雄十东岱。

孜屯（rtse–mthon）与勃屯（po–mthon）两部，上下桂仓（rgod–tshang–stod–smad）两部,上炯（vjong–stod）与下炯（vjong–smad）两部，上支下支（dre–stod–dre–smad）两部,卡若（kha–ro）与卡桑（kha–zangs）两部，纳雪小东岱（nags–shod–stong–bu–chung）(一部)，此为苏毗（如包括同乔汉户)十一东岱(sum–pavi–ri–stong–khyab–rgya–ldan–gyi–stong–sde–bcu–gcig)。这些即所谓六十一桂东岱(rgod–kyi–stong–sde–drug–bcu–rtsa–gcig)。

所谓“桂”（rgod）者，即高等属民（vbangs–rab–tshan）从事军务者之名称（dmag–gi–las–byed–pavi–ming）。此等“桂”，据谓有六十一个东本（stong–dpon–yang–drug–bcu–rtsa–gcig）。

上下伍如（dbu–ru–stod–smad）之军事长官（dmag–dpon）是那囊杰干（sna–nam–rgyal–rgan）及贝·杰桑达纳（sbas–skyes–bzang–stag–sna）。其副将（dpav–zla）为嫩番松（gnon–vphan–gsum）及薛普奎赞（shod–bu–khod–btsan）。其如马（ru–rta）为白鬃灰白马及赤色豹纹马。如旗（ru–dar）为花边红旗及红色吉祥旗。其军队（遍布皆是），据谓宛如雪落湖中。

上下约如（gyo–ru–stod–smad）之如本（ru–dpon）为娘·达斯尤赞（myang–stag–gzigs–gyu–btsan）及绯·杰斯许仁（mchims–rgyal–gzigs–shud–ring）。其副将为叶芒热（gyas–mang–bzher）及索凯年热（so–gad–gnyan–bzhed）。如马为棕黄花斑马及白蹄赤色马。如旗是红色狮子旗及白色黑心旗。(其万马奔腾的蹄声）犹如雨落湖中一般。

上下如拉（ru–lag–stod–smad）之如本，是没卢氏杰岑桑格（vbro–

rgyal-mtshan-seng-ge）及琼波玉素普（khyung-po-gyuvi-zur-phud）。其副将为囊岱古策（gnam-sde-gur-tshab）及綝·赞热拉塞（mchims-tsan-zher-lha-gzigs）。如旗为白狮悬天旗及黑色吉祥旗。如马为鹅黄红鬃马及棕色黑鬃马。（其骑兵战马之多）据谓如同冰雹入雪一样，（蹄印遍布）。

上下叶如（gyas-ru-stod-smad）之如本是琼波达桑东（khyung-po-ltag-bzang-stong）及桂墀年扬却（mgos-khri-gnyen-gyang-vphyos）。其副将为措热再隆（mtsho-zher-tsad-long）及朗巴衮乃（lang-pa-mgon-ne）。如马为赤色火花马及青鬃马。如旗为黑旗白心，上画鹏鸟之旗及淡黄花斑旗。（其骑兵快速凶猛）如若烈火燎原。★[20]

再者，所划分的“庸之人部”（gyung-gi-mi-sde），此即称之为“庸”或者“更”（gyung-ngam-kheng），这些是做属民事的人员名称。此亦即所谓“扬更”（yang-kheng）、“扬阐”（yang-bran）及“宁悠”（nying-gyog）之名称是也。

又，努王斯巴（snubs-rje-sris-pa）等等是为“九王”（rje-dgu），洛昂牧马（lo-ngam-rta-rdzi）等等是为“七牧者”（rdzi-bdun），卡容马鞍匠（ga-rong-sga-mkhan）等等是为“六匠人”（mkhan-drug），经营汉地之茶的茶商（rgya-ja-tshong-pa）等等是为“五商贾”（tshong-pa-lnga），达氏执掌立帐篷（gdags-sbra-vdsin）等等是为“三执”（vdsin-gsum）。对于上述这些人划分为“更”（kheng）、“扬更”（yang-kheng）及“宁更”（nying-kheng）★[21]。因此，凡一切所需均已完成。囊巴财库王（nam-pa-lde-rgyal）★[22]、泥婆罗铜王（bal-po-li-rgyal）、苏毗铁王（sum-pa-lcags-rgyal）及门地娱乐王（mon-rtse-rgyal）★[23]，这些即所谓四方面王（phyogs-kyi-rgyal-po-bzhi），他们收集赋税上献，因此，他们亦隶属于属民之中。

上部之没卢氏（vbro）、下部之綝氏（mchims）、中部之那囊氏（sna-nam）及大臣贝（blon-po-sbas），此即所谓“三尚四论”（zhang-gsum-blon-dang-bzhi），彼等行使尚论（sku-zhung）及大臣（blon-chen）职责。

所谓“上勇部”（dpav-bavi-sde-gsum），是在昌达巴山（ri-brang-stag-pa）以上、门地四柴卡（mon-dbral-kha-bzhi）以下，由没卢氏（vbro）、琼氏（khying）、噶尔氏（mgar）、努氏（snubs）及年氏（gnyan）等所谓之“古、久等五部”（gug-cog-sde-lnga）在此为官（dpon-byas）。突厥金眼王之小妃霍摩庞东坚（hor-mo-bang-mdung-can）之右乳被火烧后，射箭者射出三块像小狗头大小的石块，并在射出之方位——巴蔡处（dpav-mtshan）建达吉机波（stag-gi-spyil-po）庙，在战场上把马杀死，将马血涂在面部，以示决不退却，继续反攻，故征服了突厥。

所谓“中勇部”（bar-gyi-dpav-sde）是在贝囊隆山（ri-pe-nam-lung）以上、恰贡（cha-skong）及佩（bas）以下，由“十二贝佳部”（sbas-rgya-sde-bcu-gnyis）[★24]居此，并任纳雪（nags-shod）之官（此部攻取南诏（ljang）——译者）。南诏女手拿镖枪之尖前往军中。进攻时，于巴蔡（dpav-mtshan）处剑上画有图案，带上饥饱之干粮，反穿破烂的衣服，进攻而将南诏征服。

所谓“下勇部”（smad-kyi-dpavi-sde），在玛朋木热（rma-pom-ra）[★25]以下、嘎塘陆茨（ka-thang-klu-tshe）以上，由“同乔九政权部”（mthong-khyab-srid-sde-dgu）及吐谷浑六东岱（va-zha-stong-sde-drug）所据（此部攻取汉地（rgya）——译者）。汉地哨所之城墙上排列有九匹战马，其中矮个子战将手拿一肘多长的战斧。反攻时，以顿顿吉普秋察（ltong-ltong-gi-bu-phyugs-mtshams）为官，于巴蔡（dpav-mtshan）处箭鞘破裂，露出遗嘱，遂将其置于女人附近。准备反攻时，汉军投降，故称其为“下勇部”（smad-kyi-dpavi-sde）。

七官（dpon-bdun）是：域本★[26]之职责，系以法治理小地区（yul-chung）；玛本（dmag-dpon，意为“军事长官”）之职责是克敌制胜；戚本（chibs-dpon，意为“司马官”）★[27]之职责是（为王）引路；安本（rngan-dpon，意为“度支官”）★[28]之职责是对管理粮食及金银者斥其罪责，遂即交由安本掌管；楚本（phru-dpon）★[29]管理母牦牛、犏牛及安营设帐等事；昌本（drang-dpon）★[30]行使审判职责。以上即所谓七官。

此外，尚有《六决议大法》（bkav-gros-chen-po-drug）、《六告身》（yig-tshangs-drug）★[31]、《六标志》（bkavi-phyag-rgya-drug）★[32]、《六褒贬》（rkyen-drug，原意为“六条件”或“六因”）、《六勇饰》等，（dpav-mtshan-drug）遂总称之为《吐蕃三十六制》（bod-kyi-khos-sum-bcu-rtsa-drug）。

供养王者，献纳赋税，“桂”行使镇压职能，使“扬更”★[33]有所依恃；“更”不被派作“桂”★[34]，女不参政，保卫边境，驰马不得穿越田园，克敌保民，行十善★[35]，杜绝十不善★[36]等等，以上即所谓《六决议大法》（bkav-gros-chen-po-drug）。

所谓《六告身》（yig-tshangs），最上者为金、玉两种，次为银与颇罗弥（phra-men）★[37]，再次为铜与铁文字告身，总为六种。告身各分大小两类，总为十二级。再者，大贡论（dgung-blon-chen-po）赐以大玉文字告身（gyu-yig-chen-po），次贡论（dgung-blon-vbring）及大内相（nang-blon-chen-po）赐以小玉文字告身（gyu-yig-chung）。又，低级贡论（dgung-blon-tha-chung）、次内相（nang-blon-vbring）、决断大事（bkav-yo-gal-vchos-pa-chen-po）等三者赐以大金文字告身（gser-yig-chen-po）。又，低级内相（nang-blon-tha-chung）及次噶论（bkav-blon-tha-chung）赐以小金文字告身（gser-yig-chung）。又，低级噶论（bkar-blon-tha-chung）赐以颇罗弥告身（phar-men-gyi-yi-ge）。再者，寺院之阿阇黎、持咒者及高低级权臣（stod-smad-kyi-dbang-blon）等，赐以大银文字告身(dngul-gyi-yi-ge-chen-po)。对于保护(王臣)身体的苯教徒、侍寝官员、管理坐骑人员（chibs-kha-ba)、羌塘向导（sa-mkhan 或译“堪舆家”)、保卫边境哨卡者以及守卫宫廷之最高处者，等等，均授以小银文字告身（dngul-yig-chung-ba)。父民六族（yab-vbangs-rus-drug）等授以青铜告身（vkhar-bavi-yi-ge)，东本（sdong-dpon)、如本（ru-dpon）授以铜文字告身（zangs-yig)，作战勇士赐以铁文字告身（lcags-yig)，灰白色硬木并画以水纹的文字告身（tha-shing-skya-chu-ris-kyi-yi-ge）授予一般属民★[38]。

所谓《六标志》(phyag-rgya-drug)：宣布命令的标志（bkav-rtags-kyi-phyag-rgya)是印匣，军队的标志(khrom-rtags-kyi-phyag-rgya)是军旗，地方的标志（yul-rtags-kyi-phyag-rgya）是宫堡，佛教的标志（chos-rtags-kyi-phyag-rgya）是寺院（lha-khang)，勇者的标志（dpav-rtags-kyi-phyag-rgya)是虎皮袍，贤者的标志(mdsangs-rtags-kyi-phyag-rgya)是告身。

所谓《六褒贬》(rkyen-drug)：勇士褒以豹与虎，懦夫贬以狐帽★[39]；显贵褒以佛法（lha-chos)，贱民（g · yung-po）贬为纺织工及苯教徒；贤者褒以告身，歹徒则贬作盗贼。

所谓《六勇饰》(dpav-mtshan-drug)：虎皮褂与虎皮裙两者，缎鞯（zar-chen，按：即 gzar-chen）及马蹬缎垫（zar-rgyung）两者，项巾及虎皮袍等，共为六种。

再者，贡论（dgung-blon）大中小三者、囊论（nang-blon，即内相）三者、决断大事（bkav-yo-gal-vchos-pa）三者。总为九种，此即九大论（blon-po-che-dgu)。又，贡论行事犹如丈夫，以威力决断外务；囊论如同贤妇处理内政；决断大事之官，对于贤者，彼虽系仇敌之子，如其贤善亦当奖赏，如系恶者，即使是本人之子仍当绳之以法。

以上诸种即所谓《以万当十万之法》（khri-rtse-vbum-bzher），此为六法（bkav-yi-khrims-yig-drug）之首。

升、两、合、勺、钱、分、厘、毫等等，（以上所定之度量衡）即第二法（bkav-la-btags-pa-khrims-yig-gnyis-pa），此即所称之《十万金顶具鹿之法》（vbum-gyi-gser-thog-sha-ba-can）。

第三，《王朝准则之法》（rgyal-khams-dper-blangs-khrims）。其内容是指出事物可行与不可行；克敌制胜国泰民安；治理内政保护臣工属民；为后世利益而推行佛教；对显贵有缘者（所讲）之佛法，则不讲授给无缘之贱民；密咒圆满乃成佛之因，勿将此售作财宝，而应铭记在心；如颂扬恶人则有损双方，因此勿令贱民为王侯；若不以虎袍褒奖勇士，则失去做英雄之媒介；若不以告身奖励贤者，则后世将贤愚不分；善者当奖而不奖，今后谁愿做善者？事先若不以狐尾诅咒（懦夫），那么何以区分英雄与懦夫？如不惩处恶者，则永不会形成正念正知；如当治罪者而不治其罪，则后患无穷；若使生身父母受苦，今生来世得报应；如果虐待自己之弟子，那么将被外敌所离异；如果虐待妻室，则内外家务及农事势必尽行废弃。

综上所述，此即可行者三、不可行者三、褒奖者三、应诅咒者三、不应欺辱者三，此等总称之为“王法十五种”（rgyal-khrims-bco-lnga）。又，对战争中的勇士，以六勇饰（dpav-mtshan-drug）奖之；对懦夫则用狐尾以示憎恶及诅咒。

所定之《纯正大世俗法十六条》，特别是所定之《戒十恶法》（mi-chos-chen-po-gtsang-ma-bcu-drug-dang-khyad-par-mi-dge-ba-bcuspong–bkav–khrims)内容是：1. 不准杀生之法(srog–mi–gcod–pavi–khrims)。此法是赔偿死者命价（gshin–stong）及赔偿生者损失（gson–stong）之法。2. 不授则不取之法（ma–byin–par–mi–len–pavi–khrims）。此法是盗窃三宝财物者偿百倍，盗窃王之财物者偿八十倍，偷窃属民财物者偿八倍。3. 勿淫之法(log–par–mi–g·yem–pavi–khrims)。此法是奸淫罚金之法。4. 禁诳言之法（brdsun–spong–bavi–khrims）。此法是以护法神为证遂之发誓。5. 饮酒节制之法（chang–la–tshod–zin–pa）。以上即为佛教之《五根本法》（chos–kyi–gtan–khrims–lnga）。再者，以此五根本法为标准，再加上奴隶不造反（kheng–mi–ldog–pa）及不掘墓（bang–so–mi–vbru–ba），则总称之为"六大法"（khrims–chen–drug）或"七大法"（khrims–chen–bdun）。总之，在《戒十恶法》外，再加上对母待之以母，对父待之以父，对沙门及婆罗门待之以沙门及婆罗门，尊敬族中长辈，报答恩德，不欺骗他人。以上即《纯正大世俗法十六条》。

此外尚有皈依三宝且信仰敬奉，对父母当报恩敬重，对恩人追念（其恩）且报之以德，不犯上且听其言，凡所行应效仿显贵，潜心攻读佛法及文字，笃信因果及警惕恶业，对人莫生歹心而应有益于人，凡所行事应秉心正直，节制酒食，明白羞耻，借债应按时偿还，升斗斤两禁伪诈；他人未曾委托之事，当禁无益之干涉；做事有主见，遇变化应坚定；对所发之誓言及保证，应视之如生命。

以上诸法广为宣布，对于贤者之高尚理论及造益于后世之高等事业，凡吐蕃一切属民均予执行，则必安乐幸福。

所谓"三法"(khrims–yig–gsum)是：判断真伪(bden–brdsun–zhal–lce)对于诸富豪不羞辱，只稍加审判；双方犯罪则按"优巴坚"(dbyug–pa–can)（之法）判之，双方均有理则以"两种姓"（法）(rigs–gnyis ）判之；强弱双方如果争讼，待察其真伪之后，对豪强者不加羞辱，对弱者不做令其沮丧之起诉，此种法律即谓之《扼要决断之法》（mdo-lon-zhu-chad-kyi-khrims-yig）。对于双方有罪之（断案法），是婆罗门优巴坚向某户主借的黄牛，当交还时，驱牛至牛主人院内，遂即无言而返。牛主人虽已见所送之牛，但未予拴缚，故而牛自后门亡失。因此，双方乃诉之于国王麦隆东（rgyal-po-me-long-mdong），请求判决，由是国王判决道：婆罗门送牛而不语，因此割其舌。然牛之主人虽见而不拴，故当断其手。以此（案）为例，乃制定《犯罪双方同审大权决断之总法》（chad-pa-gnyis-mnyam-du-gcod-pa-dbang-chen-bcad-kyi-spyi-khrims）。再者，如争讼双方均有理者，其案例如下：某户主之子，刚生不久即落河中，被鱼吞食。又，有居于山下村内之另一户主，其仆捉到此鱼，剖腹而得一未死之婴，该户主抚养之。俟后，先前之户主闻悉，即争讼，且求国王审理，遂判决：双方轮流抚养此子，并为此子各娶一妻，所生之子双方各自领去。此子即谓之“两种姓之子”（khyevu-rigs-gnyis-pa）。后来，双方又各自携走此子所生之男婴，此婴后来出家，其名称作“两种姓比丘”（dge-slong-rigs-gnyis-pa）。以此（案）为例，遂制定所谓《决断双方有理三方欢喜内府之法》（gnyis-bden-dang-dgav-gsum-du-gcod-pa-khab-so-nang-pavi-khrims-yig）★[40]。

如是，东方之咱米兴米（rtsa-mi-shing-mi）★[41]、南方之珞（klo）★[42]与门（mon）、西方之香雄（zhang-zhung）及突厥（gru-gu）、北方之霍尔（hor）及回纥（yu-gur）等均被收为属民，遂统治半个世界。《十善之法》（dge-bcuvi-khrims）坚固威严，安乐犹如天庭。

如此实行公平、威严之法律，使外部皆得到利益。（所有）动物规定为赞普之财富，牛羊等为自家私产，山上修筑拉则（la-btsas），大河中放行有船只。赞普之命令威严，百姓幸福安康。赞普的政事如春潮汹涌，人勤马快，富比神仙，信仰佛法可使今世与来世得到幸福，所有一切众生为父母而无纷争。读书写字盛行，众人信佛，使恶业无援，寻见十善之宝；（通过）幻化功德免除了差税，适时降雨，草木茂盛，硕果累累，枝繁叶茂，鸟儿悠闲鸣叫，藏地百姓福如太山。是时，吉祥地扎拉采（brag-chavi-tshal）核桃树之绿荫下，法王端坐于金座上，智勇双全的大臣们围坐于四周，犹如大海般的藏地民众汇聚于此，犹如五色彩虹的宝伞高悬于赞普座前上空，众神降下（吉祥）花雨。具有百味的神仙食物，堆放在犹如天空般（大）的仓库，终生享用不尽；面具舞、狮舞、虎狮舞、牦牛舞、鼓舞以及藏戏演员等目不暇接；神之大鼓从天而响，琴笛悠扬，乐声供奉；香味缭绕，如云满天；宝伞、法幢、旌旗飘扬，满天舞动；美丽动人的少年们，身着华丽的衣服，手持供品，边歌边舞，恭敬供奉。法律之金刚杵竖起，佛法之鼓声响起，是时臣民们见到赞普之功德如海，赞叹不已，人人欢乐无比。藏地民众安乐太平，人们都将《十善法》作为佛器。若使藏地百姓得到聚福及加持力，即需要供奉本尊佛。究竟以何物造此佛像呢？正当考虑之时，空中的诸神预言道：“请迎奉蛇心旃檀上自然形成的观世音菩萨吧！”瞬间法王眉间白毫之光芒化为比丘，从僧伽拉犬和泥婆罗等地，迎请有无比奇特之圣物。

注 释

★1 关于制定法律，据《松赞干布遗训》说，其主要目的是为了维护王族的利益，该书载："如无法律，则罪恶峰起，我之子孙及尚论等人势将沦于苦难，故当制法。"（见该书90页）对此，《玛尼宝训》亦载："往昔，十二小邦在吐蕃制造法律，致使十不善（mi-dge-ba）泛滥，吐蕃因之不安。我乃护法之王，当为全吐蕃造十善业绩。再者，无法律，十不善得逞，三恶趣将生矣！"（该书163页下）

★2 ru（如），意为"翼"，系始于松赞干布时的行政区划名称。详见后文。从内容看，包括军事、家族以及经济，很值得研究，在藏史中以《贤者喜宴》所载资料最为珍贵。

★3 "rgod-kyi-stong-sde"——"桂东岱"。其中"桂"（rgod），按《贤者喜宴》的解释是："高等属民从事军务者之名称。"这一阶层人谓之"桂"（rgod），即武士。《白史》（deb-ther-dkar-po）认为此"桂"意指武士（pho-rgod）及平民（phal-che）（见该书排印本93页）。其中"武士"一解与《贤者喜宴》所说相合，"平民"一说欠妥。在《新疆出土吐蕃古藏文文书》中，有"沙州武士部"（sha-cu-pha-rgod-gyi-sde）的记载（71页，沙州条，编年，ch，75），其中之"pha-rgod"，似即《白史》所说之"pho-rgod"。

再者，"桂东岱"中之东岱"stong-sde"，意为"千部"或"千户""千户所"，其首长称为"东本"。在《汉藏字书》中，"东本"对译为"部落使"。次于"东岱"的叫"小东岱"（stong-bu-chung），在《汉藏字书》中又写作"stong-cung"，对译为"抚千"（以上两则均见该书756页）。上述"stong-dpon"及"stong-bu-chung"在《敦煌吐蕃古藏文文选》（434页，伯字 1087 号卷子）中，又分别写作“stong–pon”及“stong–chung”。

所以，据上述看，“桂东岱”的含义就是“武士千户（部）”或“军事千户（部，所）”。再者，与此相关的还有“新桂东岱”（rgod–gsar–stong–sde）（《敦煌吐蕃古藏文文选》449 页，伯字 1113 号）和“新桂部”（rgod–sar–gyi–sde）[见《新疆出土吐蕃历史文书》中，第二册 67 页，沙州条，12（ch、73、xv、10）]。此外，还有一种“万户（部）”（khri–sde），在《新疆出土吐蕃历史文书》中就记有“吐谷浑万户（部）”（va–zha–khri–sde）（见该书第二册，30 页，吐谷浑条，17，M.Ixxviii.1）。在《敦煌吐蕃古藏文文选》（429 页，伯字 1083 号）中还有“在万户（部）”中寻求挚友（khri–sdivi–nang–du–dgav–gnyen–vtshal–bar）的记载。“万户（部）”的首领称作“墀本”（khri–dpon），《汉藏字书》中对译为“一万人将”（见该书 757 页）。

上述“桂”（rgod）与下述的“庸”（gyung）的划分，据《敦煌吐蕃古藏文文选》（579—591 页，伯字 1288 号）记载：“迄霓年（654 年），赞普驻于美卡（mer–khe）、大相东赞于蒙布苏宗（mong–pu–sul–mdsong）集会，区分‘桂’（rgod）、‘庸’（gyung）。”

★ 4 “gyung”（庸），据《贤者喜宴》解释：“‘庸’或‘更’（gyung–ngam–kheng），这些是做属民事务人员的名称。”他们的社会地位是属民中的下层奴隶，从事属民工作（vbangs–las–byed）。在《敦煌吐蕃古藏文文选》（448 页，伯字 1111 号）中有如下记载：“统计汉地沙州人‘桂’（rgod）、‘庸’（yung 应即 gyung——译者）部众（rgya–sha–cu–pa–rgod–yung–tshogs–pavi–rtsis）。”

★ 5 “更”（kheng）与“扬更”（yang–kheng）。“更”是奴隶，“扬更”则是奴隶的奴隶。

★ 6 “三尚论”,原文是“zhang–gsum”,其意应是“三尚”或“三尚论”。其中“尚”意为“舅”,“尚论”(zhang–blon)即“舅臣”,同吐蕃王室通婚的臣子即称“舅臣”,《资治通鉴考异》引补国史说:“但王族则曰论、宦族则曰尚”(平装本,卷 21,148 页)。“尚论”一名,藏籍多有所见。《敦煌吐蕃古藏文文选》(493 页,伯字 1217 号)就有“zhang–lon–chen–po”(大尚论)的记载(“zhang–lon”即“zhang–blon”)。

关于官名及奴隶名称,除下文将有译述外,《敦煌古藏文文选》中尚有《贤者喜宴》所不载者,待后文引述。

★ 7 “六奎”(khos–drug),其中“奎”(khos),据藏文著作《藏文古词浅释》(brdav–gsar–rnying)解释,意为“计策”或“计划”“主意”等(该书 16 页),据《贤者喜宴》所述“奎”之内容看,应指措施或制度。因此,“六奎”(khos–drug)意为“六制”或“六措施”。

★ 8 有关吐蕃法律,以下正文有详述,内容甚丰,有关补注资料详后文。

★ 9 “chibs–kyi–khod–dpon”一词。其中之“khod–dpon”其意与“khos–dpon”同,意为“执行制度的官员”,或译为“执政官”。

★ 10 “同乔”(mthong–khyab),是吐蕃对其占领下的河西、陇右所设行政单位的称谓。“mthong–khyab”又作“stong–khyab”后文正文所谓“苏毗如包括同乔汉户十一东岱(此句内用 stong–khyab)”及“同乔九政权部(内用 mthong–khyab)”即是。此外,《敦煌吐蕃古藏文文选》(115 页)亦有记载,赤松德赞时在陇山一带曾建“同乔五万户(部)(mthong–khyab–khri–sde–lnga)”。此外,《敦煌吐蕃古藏文文选》(449 页,伯字 1113 号)载:“论恐热(blon–khrom–bzher)寄……(残)给代论(bde–blon,此官名多有出现——译者),决定在沙州建同乔新桂东岱（mthong-khyab-rgod-gsar-stong-sde）。”该书 429 页，伯字 1083 号亦载有“同乔”（mthong-khyab）事。《新疆出土吐蕃历史文书》还载有“tshal-byi-mthong-khyab”字样（121—122 页，Ⅱ册）。所谓“五万户（部）”，其中吐谷浑就是一个万户（部），《新疆出土吐蕃历史文书》称之为“吐谷浑上万户（部）（va-zha-khri-sde-stod-pa）。”（Ⅱ册，30 页，吐谷浑条）

另据《资治通鉴》卷 236，真元十八年正月条记载：“吐蕃遣其大相兼东鄙五道节度使论莽热将兵十万解维州之围。”《旧唐书 · 韦皋传》亦有同载，只是改“东鄙”为“东境”，《新唐书·吐蕃传》称“东方节度”或“五道节度”，其所指当是上述之“同乔五万户（部）”。据此，有的作者就将“同乔五万户（部）”译作“五道节度使”。（王尧《敦煌古藏文历史文书》，汉译排印本，56 页）

★ 11　伍如（dbu-ru）。据此可知，其范围是以逻娑为中心，东至桑日，南至玛拉山脉，西至尼木，北至朗玛。据《隆多喇嘛全集》载：伍如有南北之分，南为堆龙（stod-lung）、彭域（vphan-yul），北辖秀（shog）、墨竹（mal-gro），此为吐蕃赞普牙帐处所重地之一。（见 23 品，va 函，4 页，木刻版，伍如是五如之中心翼。）

★ 12　约如（gyo-ru）。据此，其范围大体为东至工布，南至错那，西至卡热雪峰（即卡热康孜），北至玛拉山脉，其中心是乃东。《隆多喇嘛全集》说：伍如与约如共辖大地方 203 处（出处同注 33）。这两如属卫地（dbus）。

★ 13　叶如（gyas-ru）。据此，其范围大体是：东至朗玛，南至聂拉木（gnyav-lam），西至切玛拉古（似在定结 gting-skyes），北至黑河麦底。此为五如中之右翼，以香河（shangs-chu）流域之南木林（rnam-gling）

为中心。

★ 14　如拉（ru–lag）。据此，其范围大体是东至强木尼扎，南与泥婆罗的朗纳交界，西至拉金雅弥，北至切玛拉温，其中心在谢通门（bzhad–mthong–smon）一带，总的范围在后藏与阿里接壤的南部地区。如拉晚近又称为 gyon–ru（左如），都在藏（gtsang）地。

★ 15　孙波如（sum–pavi–ru）。据此，其范围似是今藏北与青海连境地区，大体是孙波（苏毗）活动范围。

★ 16　关于五如的地区划分，日本学者左藤长著有《西藏历史地理研究》（1978 年），其中附图七张，内有五如的划分，是目前值得重视的参考图书。

★ 17　“phyugs–mtshams”，照字面意思是“牲畜地界”，但综观全段十八区情况，又应是某氏族的族名方妥，但又与字意相悖，待考。又，“dbu–ru–shod–chen”（伍如雪钦），指逻娑河（skyid–chu）流域。波昌乃切（pho–brang–sne–che）地在乃东，意为“乃切宫”。青昂青域（vching–nga–vching–yul），见前译文之“六地列”及拉托托日年赞部分，又作“vphying–yul”，地在琼结。“brag–rum–stod–smad”（上下查荣），地在日喀则境内。上藏下藏（gtsang–stod–gtsang–smad），今之后藏地区拉孜至雅鲁藏布江流域。隆雪囊波（klungs–shod–nam–po），地在墨竹。

★ 18　当雪嘎莫（vdam–shod–dkar–mo），指今藏北当雄以下地区。

★ 19　此为“赞普君王区”的范围。“skyid–stod”及“skyid–smad”当指逻娑河上游及下游。

《五部遗教》中《大臣遗教》，其所记东岱情况与《贤者喜宴》有所不同，并在军队及人数、东岱数目、名称及军官告身等方面有重要补充，待下述补注。

★ 20　现据《五部遗教》中之《大臣遗教》，对各东岱情况补注如下：藏地之如拉（gtsang–ru–lag）有八东岱及一小岱，共九东岱。芒嘎（mang–gar）与墀恭（khri–dgongs）为没卢氏（vbro）之东岱，仲巴（grom–pa）及拉孜（lha–rtse）为没卢氏之东岱。汉藏（rgya–bod，或译印藏）作战时四如（ru–bzhi）之军官是：如拉之军事长官（dmag–dpon）为没卢氏杰桑格（vbro–rgyal–seng–ge）…… 副将（ru–sgab–pa）是囊达求如才（snang–stag–byu–ru–mtshal）。告身官员（yig–tshangs–pa）授以铜告身……人口有 36 万人。下如拉四东岱（ru–lag–smad–kyi–stong–sde–bzhi）是娘若（nyang–ro）及支（vdre）的东岱，墀塔（khri–tha）为琼波（khyung–po）之东岱，凯昌（gad–bkram）为桂（vgos）之东岱，卡巴（mkhar–pa）为秀古（shu–gu）之东岱，翠玛小东岱（vtshod–ma）为卓（sgro）之东岱。下如拉之军事长官是支杰多日墀略（vdre–rgyal–to–re–khri–lod），副将是琼波布纳松（khyung–po–spu–sna–zung），告身是玉（即瑟瑟）告身……人口为 36 万人。上下二如拉人口总计 72 万人。

叶如（gyas–ru）有八东岱，堆庸（stod–yongs）与香丁（shangs–steng）为琼波氏（khyung–po）东岱，朗米（lang–mi）与泊嘎（phod–dkar）为巴曹（pa–tshab）东岱，昌仓（drang–mtshams）与年嘎（gnyen–dkar）为朗巴（langs–pa）之东岱，叶热（yel–rab）与松丁（som–sdeng）为桂氏（vgos）之东岱，香小东岱（shangs–kyi–stong–sde–bu–chung）为仁列恰（ring–sle–bya）之东岱。上叶如军事长官是杰瓦益西代珠麦波（rgyal–ba–ye–shes–de–drug–mes–po）、琼波达桑娘兑（khyung–po–stag–zangs–nyang–stod），副将是巴曹措谢（pa–tshab–mtsho–bsher）。告身是铜告身（zangs–kyi–ye–ge）……人口是 35 万人。下叶如军官是桂墀年贝莫（vgos–khri–bsnyon–

dpal-mo）……副将是朗巴衮普（langs-pa-mgon-bu），告身是铜告身……人口为35万人。总计人口70万整。

上下伍如（dbu-ru-stod-smad）之东岱，有珍仓（vbring-mtshams）与秋仓（phyug-mtshams）东岱，迥巴（bcom-pa）与松丁（zom-sdeng）为久若氏（cog-ro）之东岱，托德（dor-de）与代赞（sde-vdshem）为玛氏（rma）及嘎瓦（ka-ba）之东岱，吉堆（skyid-stod）与吉麦（skyid-smad）为贝氏（sbas）之东岱，叶晓小东岱（yel-zhabs）为阐卡（bran-ka）之东岱。上伍如军事长官是那囊干莫琼（sna-nam-rgam-mo-chung）……副将是嫩当松准杰（snon-vdang-gsum-vgron-skyes），告身是铜告身，人口是37万人。下伍如军官是贝杰桑达囊（sbas-skyes-bzang-stag-snang）……副将是徐普空珍宗赞（shud-pu-khong-vbring-tsong-btsan），人口是37万人。两者共计74万人。

约如是八个东岱、一个小东岱，共九个东岱。雅隆与齐隆（phyi-lung）两者是尼雅（gnyags）及蔡邦氏（tshe-spong）之东岱，强（ljang）或隆巴（lung-pa）两者是娘（myang）及那囊（sna-nam）东岱，聂（gnyal）与洛扎（lho-brag）两者是绯（mchims）及尼瓦（snyi-ba）之东岱，娘波（nyang-po）及达波（dags-po）是冬氏（ldong）及绯氏（mchims）之东岱，日沃（ri-bo）东岱是昌顿（sbrang-ston）之东岱。上约如之军官是娘达桑尤甸（myang-stag-bzang-gyu-brtan），副将是详玛兴兑琼（zhang-ma-bzhengs-stos-chung），告身是铜告身，人口是35万人。下约如军官是绯仁钦杰斯（mchims-rin-chen-rgyal-gzigs）……副将洛达丘墀斯（lho-stag-chu-khri-gzigs），告身是铜告身……人口35万人。上下相加为70万整。另外，王忠同志据德格版指出，各如还有军士数目，总计46万余人，参见《新唐书吐蕃传笺证》。

此外《王者遗教》还记载松赞干布王室直属东岱，称作“sku-vkhor-stong-sde”，共三个。（直接下令调动）的东岱云如（gyon-ru，即yo-ru）有两个，伍如有五个，叶如等有七个。并说十八东岱构成吐蕃王朝的基地（bod-khams-gzhi-mavi-sa）。此外，还指出十八东岱外围，还有其附属部分，称“stong-sdevi-sde-tshan”，这在门域与吐蕃交界处就有四个。文中还谈到，吐蕃曾设有保卫汉藏交界东岱的措施，命令发到苏毗部落（mi-sde）之后，就将在弥药（mi-nyag）地区防守哨卡地界，等等（见该书，木刻版，54—55 页）。

★ 21 （nying-kheng）“宁更”。此词同“nying-gyog”，意指奴隶的奴隶所役使的奴隶，即奴下奴的奴。

★ 22 “lde-rgyal”中之“lde”，有人认为是一种苯教王，“lde”代表一种心宿星。日本学者佐藤长在《唐代青海湖到逻娑的路线》一文中认为，此词应做“装饰”解。

★ 23 “rtse-rgyal”亦可译作“箭王”。《翻译名义集》有“rtse-rje”，意为“司戏类”。故据此而译为“娱乐王”。

★ 24 “sbas-rgya-sde”其中之“rgya”当指“汉（人）”之意，而“sbas”不知何所指。此原句或可译作“‘十二汉部’居此，随后由巴氏（sba）任纳塞之官。”

★ 25 “rma-pom-ra”似即“rma-chen-bom-ra”，即大积石山。

★ 26 “yul-dpon”，意为“地方官”。

★ 27 戚本（chibs-dpon）。《汉藏翻译名义大集》有“chibs-kyi-bla”一词，译作“牧马、司马”（第二册，74 页下）。

★ 28 安本（rngan-dpon）。《汉藏翻译名义大集》有“chibs-kyi-bla”，意为“司赏”。“rngan”亦有奖赏之意。据此看来，“mngan”与“rngan”

有同义之处。《唐蕃会盟碑》内亦有“mngan-pon”一词，对译为“岸奔”。《敦煌吐蕃古藏文文选》（579—591 页，伯字 1288 号）在编年部分的第 4 条（牛年，即 653 年）就有“zhang-zhung-yul-gyi-mngan”的记载，是在谈征农田赋税时提到这个“mngan”。又《新疆出土吐蕃古藏文文书》内记有“stsang-mngan”一词，这个词是在一封上报呈文中谈到沙州粮食的收缴时出现的（Ⅱ册，16—18 页，12Fr，66），这个词意为“统计官”。据《白史》汉译者傅师仲解释，此词“有类于‘度支’”。从上述几种材料看，“rngan-dpon”或“mngan-pon”“stsang-mngan”，均可做“度支官”或“统计官”解，专门负责财务粮食的管理。此外，在上面敦煌文书中，在上报呈文的末尾，署名为“tshang-lon-lha-vbrag-brtsan”其中“tshang-lon”应即是“stsang-lon”（stsang-blon），与“stsang-mngan”意同，此种官在吐蕃社会至为重要。

★ 29　楚本（phru-dpon）是管理牦牛、犏牛等牲畜和安营设帐的官员。特别在某种较大的统一行动时（例如集会、巡行），牵动各种单位，各单位所带牲畜、帐幕以及人员食宿等等，必须有专门官员统一指挥，以避免混乱和事故，这种官员称作楚本。这种职务延续到后世，以前逻娑传大召时，各地人员云集逻娑，就由这种官员统一指挥，按指定地点和要求安营设帐等等，此种官职称作“嘎本”（sgar-dpon），其含义与“phru-dpon”大体近似。

★ 30　昌本（drang-dpon），直译为“公正之官”，据其职责看，即为法官。

★ 31　告身（yig-tshangs），这是吐蕃仿唐制所做的旨在标志官员级别的一种装饰。《新唐书·吐蕃传》载：“其官之章饰，最上瑟瑟，金次之，金涂银又次之，银（又）次之，最下至铜止，差大小，缀臂前以辨贵贱。”《册府元龟》说其告身大小是“各以方圆三寸”。《资治通鉴》卷987载，韦皋在战争中曾缴获“吐蕃所赐金字告身五十五片”。看来确有其事。详后文。

★ 32 “六标志”（bkavi–phyag–rgya–drug）直译是“六种规定的印章”，因后文原文记载了由王到贤者的六种所谓“phyag–rgya”，并非都是印，故据内容译作“六标志”。下文说“王命的标志是印篋”，实际上，除王使用印外，各地重要高级官府也用印章。据《敦煌吐蕃古藏文文选》载，印章已广为运用，形式多样，方形、长方形、圆形等，大小不一，印章内容不少是图文并茂，形象各异，有飞犬（伯字1083号），有站立的展翅天鹅（伯字1217号），有双人坐像，似僧侣打扮，旁刻“万”字纹（伯字1111号），有大方形篆字印（伯字1082号）。有的文书尾部一次就并排盖有十三个小圆形印章（上有楷或草书文字两种，伯字1078号），还有的只签上“phyag–rgya”（有时一大一小两个，“phyag–rgya”意为“印”）字形，但并无印章（伯字1072号）等等，总之，这对研究吐蕃文化颇具参考价值。

★ 33 “扬更”（yang–kheng），奴隶的奴隶。“更”（kheng），奴隶。在吐蕃还广泛使用“bran”，在敦煌古藏文中有所见，其意亦是奴隶。在《敦煌吐蕃古藏文文选》中除见到“bran”“bran–pho（男奴）”“bran–mo（女奴）”之外，还见到“dmangs–bran”（意为平民所役使的奴隶）、“dmangs–kyi–bran”，均见伯字1071号，“ru–bran”（如阐，似为部落所属之奴），另外还有类似“bran”的“贵波”（khol–po）。（《敦煌古藏文文书》，巴考103页）

★ 34 意为“奴隶不被派作武士”。

★ 35 十善（sge–bcu）：系指不杀生、不偷、不淫、不妄语、不离间、

不恶口、不绮语、不贪、不嗔、不邪见。（参见《西藏王臣记》排印本，30页）

★36　十不善（mi-dge-ba-bcu），系指“杀、盗、淫、妄语、离间语、恶语、绮语、贪欲、嗔、邪见。”《玛尼宝训》概括为“身语意三者十不善”（lus-ngag-yid-gsum-gyi-mi-dga-ba-bcu），其中身、意各三不善，语四不善，总计十。

★37　颇罗弥（phra-men），这是一种金涂银或金饰银的告身，据有的作者考证，即清代文献所译之“颇罗弥”（见王尧《吐蕃金石录》刻印本，58页）。另据，原中央民族学院黄布凡等老师考证，这是一种金银或铜金合金。另，玉告身（gyuvi-yig-tshangs）其中之“玉”（gyu），唐代汉译作玉石或瑟瑟，“瑟瑟”是一种特殊的玉石，《唐国史补》说：“美石，非真瑟瑟也。”（上海古籍出版社平装本，45页）据此可知。再者，据敦煌文书看，还有一些告身，如“黄色宝石文字告身”（ke-ke-ruvi-yi-ge）（《敦煌吐蕃古藏文文书》60页）、“黄铜告身”（ra-gan-kyi-yi-ge）（《敦煌吐蕃古藏文文选》387页，伯字1071号）。

应特别提到的是，在《敦煌吐蕃古藏文文选》（378—403页，伯字1071号）中提到了《贤者喜宴》所列的金、银、玉、铜、颇罗弥、黄铜等等告身名称，只是没有用“yig-tshangs”这种写法，而是一律用“yi-ge”或“yi-ga-pa”，如“zhang-lon-gyuvi-yi-ge-pa”（yi-ga-pa有时包含指具有这种告身标志的人而言——译者）、“zhang-lon-gser-kyi-yi-ge”。更重要的是，这个卷子将具有各种告身的官员在社会、法律上的地位做了详述，其中涉及具有各种告身的上层贵族官员及其家属，也涉及“平民”（dmangs）、“低层平民”（dmangs-mthav-ma）、“平民所役使之奴隶”（dmangs-bran），以及“rgod”（桂）、“gyung”（庸）、“bran”（阐，即奴隶）、

“khol”(贵,亦属奴隶)与“khol-yul”(奴隶住地),还有“vbangs-savi-bran”(属民地区或土地所属奴隶)……内容弥足珍贵,是研究吐蕃社会情况的珍品。

★ 38 《贤者喜宴》对于吐蕃官制的记载,以松赞干布时代所叙述的官制最细。此后,在赤松德赞兴建桑耶寺的前后会盟诏书中,亦详列了吐蕃各级官吏名称,另在《大臣遗教》中亦有详述。至于《唐蕃甥舅会盟碑》,更是研究官制的重要金石资料。几种史料相互参阅,甚有价值,此后待补注。今仅简要介绍如下几点,供读者参考。文中之“决断大事”(bkav-yo-gal-vchos-pa-chen-po),在《新唐书·吐蕃传》中,对译作“喻寒波掣逋”,并说此职谓之“整事大相”。

据《敦煌吐蕃古藏文文选》(378 页,伯字 1071 号)列有如下官员名称:大相(blon-chen-po)、大内相(nang-blon-chen-po)、赞普御前大臣(btsan-povi-zhang-drung-chab-srid-la-dbang-ba)、次大相(blon-chen-povi-vog-pon)及四大尚论(zhang-blon-chen-po-bzhi)。其中“zhang-drung(似应 zhab-drung)-chab-srid-la-dbang-ba”似即《汉藏翻译名义大集》所载之“vdun-na-vdon”(原译:辅臣、近臣)。除此而外,敦煌文选中还记有“bde-blon”(按:此官似出于“bod-bde-ba-blon-po-rnams-kyis-byas”一句,意为“吐蕃之平安乃是诸臣所为”一句,“bde-ba-blon-po”当即“bde-blon”,意为“平安官”。见《贤者喜宴》,ja 函,木刻版,18 页下;见伯字 1079 号及 1552 号),“khri-yig-blon-khral-pon”(税差官)(均见伯字 1078 号)、“rtse-rje-blon”(《白史》汉译者傅师仲释“rtse-rje”为“刺史”官。见伯字 1079 号)、“nang-rje-po-blon”(伯字 2123 号及 1205 号)、“zhing-pon”(田官。伯字 2204 号及 1205 号),以及“chab-srid-blon-chen-po-la-chen-po”(按:据《唐

蕃会盟碑》碑文，此官应是“大宰相同平章事”)。

再者，《松赞干布遗训》一书，记载松赞干布曾任命一批官吏，并派他们担任各地的“开本”(khas-dpon)，很有价值，兹摘要译述如下：其中“nang-blon-sna-chen-po”(内大相，仅吞弥·桑布扎及噶尔·东赞域松任此职，又称“lotsatsha-ba-blon-bo-chen-po-gnyes”)。“chos-blon-sna-chen-po”(意为执法大臣或信教大臣。支塞汝恭顿等16人)，并委任其中的綝芒杰芒备(mchims-mang-rje-mang-lod)任东部汉地之“开本”(khas-dpon；后文又有khas-blon)，尼雅贝岱贝古久(gnyags-dpal-sde-be-ku-cog)任南方门域与天竺的开本(lho-phyogs-mon-rgya-gar-gyi-khas-dpon)，祖嫩(gcug-snon)等任西方大食之开本(stag-gzigs-kyi-khas-blon)，朗岱墀桑洛赞(lam-lde-khri-bzang-lo-btsan)任北方突阙、巴尔之开本(drug-gu-spar-gyi-khe-dpon)。据上述官制及告身等诸种史料来看，《贤者喜宴》作者的有关记载是言出有据的。

★ 39 《旧唐书·吐蕃传》有相同的记载：“临阵败北者，悬狐尾于其首，表其似狐之怯。”

★ 40 关于所定诸法，藏史多记为松赞干布所为。但《敦煌吐蕃古藏文文选》载，在松赞干布死后五年(655年)，噶尔·东赞域松又“于果尔底(vgor-ti)，写定法律条文(bkav-khrims-gyi-yi-ge-bris)”(见该书伯字1288号)。又，在本书第二章中，记载松赞干布制法取效回纥(突厥)及霍尔一事。据《北史·突厥传》载：“其刑法，反叛、杀人及奸人之妇、盗马绊者皆死；淫者，割势而腰斩之……盗马及杂物者，各十余倍惩之。”又《北史·西域传》载：“于阗刑法，杀人者死，余罪各随轻重惩罚之……龟兹刑法，杀人者死，劫贼则断其臂，并刖一足。”这些刑法松赞干布时已备，《吐蕃王朝世系明鉴》载："……奸淫者，断其四肢之手足，流放他乡，伪言者割其舌。"（见该书33页上）而本译文下文中之"吐蕃刑法"部分，砍头、截肢、挖眼、剥皮等等刑法无所不有（详见下文）。看来《新唐书·吐蕃传》所载："其刑，虽小罪必抉目，或刖、劓。"此言并不失实，而且与突厥刑法颇近。

再者，《五部遗教》所载此时法律对本书有所补充，如："又制定上三法、下三法、三行法及三不行法（stod-gsum-smad-gsum-mdzad-gsum-mi-mdzad-gsum）。"上三法包括："对贤良正直者以（社会）地位褒之（按：意为抬高社会地位），对克敌之勇士褒以虎（皮），对于报恩及聪敏者以告身褒之。"下三法包括："斩杀盗贼，摈除谣言及控制淫乱。"三行法包括："施行三宝正教，犯法者偿以命价（bsad-stong）及医疗费用（gsos-thang），偷王（财物）者偿百倍，偷寺庙（财物）者偿八十倍，偷平民（财物）者偿九倍。"三不行法包括："凡一切相反之行为勿令传播（按：原文残）……对于往昔及今后之习规，勿生损害之念，勿使奴隶与武士放纵（khengs-rgod-mi-btang），女奴当遵命行事，爱护新近知已……"（以上均见《五部遗教》中之《大臣遗教》11页上、下）

从诸法律条文看，吐蕃早期就是凭借残酷的奴隶制法律进行统治的。吐蕃法律对后世法律影响甚深，例如明代帕木竹巴扎巴坚赞（grags-pa-rgyal-mtshan），即以"吐蕃法王之高尚习规《十善法》为本"制定法律（bod-chos-rgyal-gong-mavi-lugs-srol-bzang-po-dge-ba-bcus-gzhi-bzung-ba），所定法律诸如"勇士如虎之法（dpav-po-stag-gi-zhal-lce）、怯懦如狐之法（sdar-ma-wavi-zhal-lce）"等共十五条（zhal-lce-ste-bco-lnga）。外加"消灭刁民反叛侵害之敌"等四法，总计十九条法律（见《西藏王臣记》，民族出版社，2002年，186—187页）。晚近所传之《十六法》(khrims-yig-zhal-lce-bcu-drug)及《十三法》(khrims-yig-zhal-lce-bcu-gsum)亦大体由此演变沿袭而来，其内容可明显见到吐蕃法律的影响。例如《十三法》中之第四条，即《重罪流血之法》(nag-chen-khrag-sbyor-gyi-zhal-lce)其内容："……行五无间者（mtshams-med-lngavi-las-byas-pa)(按:五无间是指杀害父母及阿罗汉等谓之——译者)、杀害喇嘛及官员者、盗窃僧侣财物及王者库藏者、使官员内部蒙受奇耻大辱者、放毒者，以诅恶咒及放污气、挑拨离间而导致杀人窃马者……流寇联合破坏、偷盗及杀戮者、穿盔甲持兵器者、阴谋进行特殊报复者，以及属民反上者。总之，对此违反及危害（法律）范例者，则予挖眼、割膝、断舌、截手、坠岩、投河以及砍杀等等……"(见《十三法》手抄本，16 页下—17 页上)。再者，《水晶鉴》(drang-thig-dwangs-shel-me-long)这部法律书中，共收录法律 21 条，其中多处提到松赞干布法律，其痕迹留存于某些条内。例如第 11 条"管家及民官行事之法"(gnyer-pa-dang-mi-dpon-gyi-bgyi-bavi-livu)，对于无论国内外任何商人，凡经商时被查出量具不准者，立即治以"鞭刑"(tsa-ra-gtong)之罪。(见该书手抄本，32 页上、下)

总之，吐蕃时期法律正如《册府元龟》所说:"用政严酷，人无敢违。"这恰好反映了其奴隶制的特点。

★ 41 "rtsa-mi-shing-mi"一词，在《红史》及《拉达克王系》等史中均有同载，是为吐蕃当时东境。《莲花生传》称该地为"咱米兴米九眼羌女之地"(rtswa-mi-shing-mi-ljang-mo-mig-dguvi-yul)(见该书 147 页下)。"rtswa-mi-shing-mi"一词在《红史》及《拉达克王系》中写作"rtsa-mi-dang-shing-mi"，据此看来"rtsa-mi"与"shing-mi"应是两地，就文字看，是指"咱米人"与"兴米人"居住地而言。据《玛尼宝训》载，“咱米人”是弭药（木雅）人的别称，该书记有“弭药咱米之王”（mi-nyag-rtsa-mivi-rgyal-po）（见该书 321 页下）。《党项传》，弭药即党项羌，松赞干布时为吐蕃属部，地在松州之西，吐谷浑之南。这一带大体在“下多康”（mdo-khams-smad）范围之内，该地所出高僧大德往往在名前冠以“咱米人”字样。例如《贤者喜宴》（ta 函 12 页上至 12 页下）即载：“咱米桑杰查巴（tsa-mi-sangs-rgyas-grags-pa）生于下多康之木雅地区（或译弭药地区）。”（mdo-khams-smad-mi-nyag-gi-yul）另据“rtswa-mi”“tsa-mi”及“rtsa-mi”字样看，当时写法并不规范。

★ 42　此“klo”字，在本 tha 之 tha 函、51 页下，又作“lho”。民族所晒蓝本《红史》则写作“blo”，民族宫本《红史》则写作“glo”。这些均是今日珞隅（lho-yul）之珞（lho）的不同写法。又，“klo”，有时又指“klo-bo-smad-thang”。（见《世间广述》，127 页）

肆

《纯正世俗大法十六条》

解 题

松赞干布统一吐蕃各部，建立起强盛一时的王朝。完成统一大业之后，松赞干布随即制定各项典章制度，法律制度也随之建立。《纯正世俗大法十六条》从名称上看，这部法律和佛教没有什么关系。但是，“世俗”一词的使用似乎也暗示了“佛教大法”的存在。所以，从时间上看，这部法律应该产生于佛教开始流行之际。《纯正世俗大法十六条》也是在佛教《十善法》的基础上发展演化而来，除了前面说的十戒，又增加了善待父母，恭敬沙门、尊者，尊敬族中长辈，知恩有报，不欺骗他人等内容。值得注意的是，此法中出现了恭敬沙门、尊者的规定，但并没有具体规定如何恭敬。这说明当时沙门、尊者的地位较高，但并没有达到后世的程度。

《纯正世俗大法十六条》是属于世间道德规范。世间道德规范虽然名义上是道德规范，但从松赞干布所处时代分析，这一道德规范在公元7世纪的藏族社会生活中完全起着法律的作用。因为松赞干布所处的时代是藏族由原始社会末期向奴隶社会过渡的时期，这一时期，由于社会经济发展水平的限制，加上法律制度本身发展的内在规律，藏族法律制度呈现宗教戒律、道德规范和原始习惯混合在一起的特点，这也符合法律产生、发展的一般规律。一般认为，原始宗教在技术手段落后、社会结构薄弱、生活水平低下的社会阶段，起到了多功能的作用，其中一个非常重要的作用是，原始宗教为人们提供了一种行为准则，使人们在行为中受到道德的约束。在没有法律或法律不健全的社会，宗教起到了维持社会秩序的作用。

实际上，《纯正世俗大法十六条》的部分内容就是宗教戒律的直接援用，如第1条“敬信三宝”、第2条“求修正法”等的规定。有些条款本身就是道德规范，如第3条“报父母恩”、第4条“尊重有德”、第16条“担当重任，度量宽宏”等的规定。从条款反映的内容看，有些是为人处世的原则要求，如第13条“慎戒忌妒”、第14条“不听邪说，自持主见”、第15条“温言寡语”。有些是家庭邻里如何相处的规定，如第6条“利济乡邻”、第7条“直言小心”、第8条“义深亲友”。有些是民间经济往来必须遵守的行为规范，如第12条“及时偿债，斗秤无欺”。因此，可以看出《纯正世俗大法十六条》包含内容十分丰富，从个人为人处世到宗教生活，到家庭邻里生活，再到社会经济生活，涵盖领域广泛，对社会生活的各个方面都有一定的影响力和约束力。

译　文

《十六法》★[1]即：1. 敬信三宝★[2]；2. 求修正法★[3]；3. 报父母恩；4. 尊重有德★[4]；5. 敬贵尊老；6. 利济乡邻；7. 直言小心；8. 义深亲友★[5]；9. 跟随选贤，远虑高瞻；10. 饮食有节，货财安分；11. 追认旧恩；12. 及时偿债，斗秤无欺；13. 慎戒忌妒；14. 不听邪说，自持主见；15. 温言寡语★[6]；16. 担当重任，度量宽宏。

注　释

★1　吐蕃时期由藏王松赞干布制定的融法律和道德为一体的《十六法》，与后来安多藏区流传的《番例番规十六条》内容大致相同，但在具体表述上已有了一定的变化。《番例番规十六条》的内容如下：1. 虔奉三宝；2. 三宝中法宝要确实修行；3. 孝顺父母；4. 遵道敬德；5. 敬老重贵；6. 去私心交朋友；7. 帮助邻里和无靠者；8. 居心正直，不听闲言；9. 效法上人；10. 不走极端，饮食行为都要合乎中庸之道；11. 勿忘恩德；12. 斗秤要公平；13. 不嫉妒旁人；14. 语言婉善中听；15. 不听女人与损友言；16. 道法与世事均非易者，要忍耐，要宏毅。从中可以看到历史和文化（包括地域性或地缘性文化）的某些变迁。长期以来，这些条款对藏区民众的思想和行为均有较大的影响。

★2　即佛祖、教法、僧人。

★ 3　即佛法。

★ 4　第 3 条和第 4 条的内容反映的是为人处世的原则。

★ 5　第 6 条、第 7 条和第 8 条的内容反映的是民间经济往来必须遵守的行为。

★ 6　第 13 条、第 14 条和第 15 条的内容反映的是家庭邻里如何相处的规定。

伍

芒松芒赞时期制定的《吐蕃三律》

解　题

芒松芒赞是吐蕃王朝第34任赞普，他是松赞干布之孙。公元650年，松赞干布去世后，芒松芒赞年幼即位，由大相噶尔·东赞域松（汉文文献作禄东赞）辅政。芒松芒赞即位初期，摄政的噶尔·东赞域松致力于安定吐蕃内部。在噶尔·东赞域松的辅政下，赞普芒松芒赞于公元652年制定税收制度，于公元655年制定了一系列法律条文，其中收编在《敦煌古藏文写卷》中的P.T.1071号、P.T.1073号、P.T.1075号三份写卷就是这一时期制定的。这三份写卷分别是《狩猎伤人赔偿律》《盗窃追赔律》《纵犬伤人赔偿律》，一般通称为《吐蕃三律》。《吐蕃三律》共有两万余字，内容十分丰富，是吐蕃时期比较成熟的律例文献。《吐蕃三律》明显受到了唐朝律令制度的影响，与唐朝的《刑书》很相似，它运用诸法合体的形式，既有刑事方面的律例，又有民事方面的律例；既有实体法的条例，又有程序法的条例，同时也保留了许多原始规范的特点。但其关于实体和程序的规范、律令形式的采用等方面，都成为吐蕃王朝法律规范转型升级的典型代表。

《吐蕃三律》具体内容及特点分别为：

《狩猎伤人赔偿律》涉及三个方面的内容：第一，关于狩猎伤人的处罚标准，具体根据人的身份地位将赔偿分为九等二十二级。地位身份不同，获赔的命价也不同。同样一件案例，因为阶级地位和身份的不同，采取不同的处罚，不平等地对待，有失法律的公平。第二，当有人“陷于牦牛身下，视其相互救援与否处置之法”，其中也具体区分了可能出现的各种情况，特别是对当事双方的不同身份分别做了具体规定。第三，“猎获野兽应分得之标准”，对打猎中可能出现的问题分别加以规定，特别是规定了不同参与者对不同猎获物的归属与分配的办法。

《纵犬伤人赔偿律》规定了放狗咬人致伤致死的处置办法，同样根据不同身份的当事人因纵犬伤害其他社会等级的人，分别会招致的赔偿后果。比较有意思的是，该法还对当事人的性别进行了区分。

《盗窃追赔律》根据盗窃犯罪的轻重以及盗窃的多少和对象不同，分别规定了不同的处置办法和赔偿标准，确定了对抓贼者的奖励办法。此外，这部律例还对盗窃佛像专门做出了规定，这显示出当时佛教文化影响的逐渐深入和社会宗教环境的悄然变化。

综上所述，《吐蕃三律》已脱离格言形式的教义和道德规范，将吐蕃狩猎、游牧生产方式下形成的法律关系以规范性的律令加以调整，其中涉及禁止性、义务责任性、许可性和引导性的规范内容有所增加。农牧业和狩猎是古代藏民族的主要生产方式，因此，有关农牧业生产和狩猎中的纠纷以及对个人私有财产的侵占是藏族早期法律解决的主要内容。经常发生的案件也就是狩猎伤人、牦牛伤人和纵犬伤人，以及盗窃和仇杀等。正因为有这样的生产方式，藏族早期法律处罚的内容也就是重者抵命，轻者没收奴户和财物，次之处罚金钱、牲畜和劳役等。毋庸置疑，《吐蕃三律》是阶级社会的法律，统治阶级有着法律的特权，法律成为维护统治阶级利益的工具。

译 文

一、吐蕃《狩猎伤人赔偿律》

大尚论及其祖、父诸人或因狩猎射箭相伤，及上述尚论人等，被玉石告身者以下★[1]、平民百姓以上之人，因狩猎而射中之处置律例：

大论、大囊论、赞普舅氏任平章政事之职者，任大论助理者等四种大尚论，其本人、其祖、其父，为箭所伤，赔偿命价相同。

这些命价相同之人，若彼此因狩猎等被射中，或者这些尚论为玉石告身以下，颇罗弥告身以上，以及和他们命价相同之人因狩猎等射中，无论丧命与否，放箭人发誓非因挟仇而有意射杀，可由十二名公正且与双方无利害关系的担保人（以下简称“担保人”），连同事主本人共十三人，共同起誓。如情况属实，其处置可与《对仇敌之律例》★[2]（即《血亲复仇律》）相同，不必以命相抵。查明实情，系被箭射死，赔偿（银）一万两,交受害者（一方）和知情的告密人（以下简称“告密人”）平分。若无告密人，一万两全归受害者。中箭人如未身亡，赔偿五千两，由受害人和告密人平分。若无告密人，五千两全归受害人。射中他人而抵赖不予承认，或谓“此箭非我所射”，中箭人无论身亡与否，其处罚与《对仇敌之律例》同。如不抵赖，虽已起诉，亦可按《对复仇人起诉之处置律例》对待。

大尚论本人和与大尚论命价相同之人，被尚论银告身以下、铜告身以上，或与其同命价者因狩猎而射中，无论丧命与否，放箭人发誓非因挟仇而有意射杀，可由担保人十二人，加上事主本人共十三人，共同起誓。如情况属实，其处罚与《对仇敌之律例》相同，不必以命相抵。但经查实系被箭射死，则将杀人者杀之，并绝其嗣，全部奴户、库物、牲畜归受害人与告密人平分。若无告密人，奴户、库物、牲畜则全归受害人。绝嗣之家，其妻室有父归其父家，无父归其兄弟近亲。中箭人如身亡，则赔偿银五千两，交受害人与告密人平分。若无告密人，则赔偿全归受害人。已射伤他人，尚抵赖不承认，谓“此箭非我所射”，中箭人无论身亡与否，按《对仇敌之律例》处死。若不抵赖，虽起诉也可按《对复仇人起诉之处置律例》对待。

大尚论本人和同大尚论命价相同之人，被大藏★[3]以下，平民百姓以上之人因狩猎等而射中，中箭人无论身亡与否，放箭人起誓非因挟仇有意射杀，可由担保人十二名连同事主共十三人共同起誓。如情况属实，其处罚与《对仇敌之律例》同。查明实情，将伤人者及其子孙一并杀之，以绝其嗣，全部奴户、库物、牲畜归受害人和告密人平分。若无告密人，全部归受害人。绝嗣之家，其妻室有父归父，无父归其兄弟近亲。伤人后若抵赖，谓“非我所射之箭”，中箭人无论身亡与否，均按《对仇敌之律例》处死。若不抵赖，虽起诉亦可按《对复仇人起诉之处置律例》对待。

瑟瑟告身之尚论本人及与玉石告身命价相同之人，被大尚论以下、平民百姓以上，因狩猎而射中，视其身亡与否之处置律例：

瑟瑟告身尚论本人与玉石告身者之祖、父，大尚论四种人之子侄及叔伯昆仲无告身者诸人，及继母、儿媳、妾媵、未婚之妹等，如因被狩猎等射中，赔偿相同。

这些命价相同之人，彼此因狩猎等被射中，或者这些人为大尚论本人和与大尚论命价相同者，或同颇罗弥告身者及其命价相同之人因狩猎等射中，中箭者无论身亡与否，（放箭人）发誓非因挟仇有意射杀，可由担保人十二人，加上事主本人共十三人共同起誓。如情况属实，其处罚与《对仇敌之律例》同，不必以命相抵。查明实情，系中箭身亡，赔偿命价六千两，由受害人与告密人平分。若无告密人，六千两全部归受害人，少付一两则处死。中箭人未身亡，赔偿三千两，交受害人与告密人对分。若无告密人，三千两全部归受害人。射伤人后若抵赖，谓“非我所射之箭”，中箭人无论身亡与否，均按《对仇敌之律例》处死。若不抵赖，虽起诉亦可按《对复仇人起诉之处置律例》对待。

瑟瑟告身大尚论及与瑟瑟告身同命价者，被银字告身及其同命价者以下，红铜告身及其同命价者以上之人因狩猎等射中，中箭者无论身亡与否，（放箭人）发誓非因挟仇有意射杀，可由担保人十二人及事主本人共十三人起誓。如情况属实，其处置与《对仇敌之律例》同。查明实情，受害人系中箭身亡，必须将放箭者处死。奴户之半、库物之半、牲畜之半交受害人与告密人平分。如无告密人，奴户之半、库物之半、牲畜之半全交受害人。奴户、库物、牲畜之另一半，若有子交其子，无子则交予其父。如无父子，则妻室与库物、牲畜之半数给其兄弟近亲。放箭杀人者被处死之后，另一半奴户★4，愿为何人之奴，何人之民，可听其自愿。中箭后未死，赔三千两，归受害人和告密人平分。如无告密人，三千两全归受害人。射中人后，谓“非我所射之箭”抵赖不予承认，中箭人无论身亡与否，均按《对仇敌之律例》处死。若不抵赖，虽起诉亦可按《对复仇人起诉之处置律例》对待。

瑟瑟告身尚论与瑟瑟告身同命价者被大藏以下、平民百姓以上之人，因狩猎等被射中，中箭者无论身亡与否，放箭人发誓非因挟仇有意射杀，可由担保人十二人，加上事主本人共十三人发誓。如情况属实，其处置与《对仇敌之律例》一致。查明实情，受害人为中箭身亡，则将射箭人处死，并绝其后嗣。其所有奴户、库物、牲畜、妻室，均由受害人与告密人平分。中箭人未死，只将射箭人处死。其牲畜、库物之半，被处死者有子则给其子，无子则给其父，无父则将其女人与另一半牲畜、库物给其兄弟近亲中之一人。其奴户，在放箭杀人者被处死后，愿与何人为奴，作何人之民户，听其己愿。射中人后，若谓“非我所射之箭”进行抵赖不承认,中箭者无论身亡与否,按《对仇敌之律例》处死。如不抵赖，虽已起诉亦可按《对复仇人起诉之处置律例》对待。

金字告身尚论本人及与金字告身同命价者，被尚论以下、平民百姓以上之人因狩猎等射中，视其死亡与否处置之律例：

金字告身尚论本人和有金字告身之祖、父与瑟瑟告身尚论之子侄及叔伯昆仲无告身者诸人，及继母、儿媳、妾媵、未婚之妹等，被他人因狩猎等射中，其赔偿相同。

这些命价相同之人，彼此因狩猎等被射中，以及这些命价相同之人，被大尚论和与之命价相同者以下，铜告身者和与之命价相同者以上之人，因狩猎等射中，中箭者无论身亡与否，放箭人发誓并非因挟仇而有意伤害，可由担保人十二人连同事主本人共十三人共同起誓。若情况属实，其处置与《对仇敌之律例》同。查明实情，系中箭身亡，赔偿命价五千两，由受害人与告密人平分。如无告密人，则五千两全归受害人。

中箭人未身亡，赔偿二千五百两，归受害人与告密人平分。如无告密人，二千五百两全归受害人。射中人后，谓“非我所射之箭”抵赖不承认者，受害人无论身亡与否，按照《对仇敌之律例》处死。如不抵赖，虽起诉亦可按《对复仇人起诉之处置律例》对待。

金字告身尚论本人及与有金字告身者命价相同之人，被大藏以下、平民百姓以上之人因狩猎等射中，无论身亡与否，放箭人发誓非因挟仇有意伤害，可由担保人十二人连同事主本人共十三人共同起誓。若情况属实，其处置与《对仇敌之律例》同。查明实情，被害人系中箭身亡，伤人者定予处死，其子、媳赶走，其奴户、库物、牲畜全归受害人与告密人平分。如无告密人，奴户、库物、牲畜全归受害人。中箭后未死，仍将伤人者处死，其牲畜、库物全归受害人与告密人平分。如无告密人，牲畜、库物全归受害人。

颇罗弥告身尚论本人及与有颇罗弥告身者命价相同之人，被大尚论以下、平民百姓以上之人因狩猎等射中，视其身亡与否处置之律例：

颇罗弥告身尚论本人与有颇罗弥告身之祖、父及尚论有金字告身者之子侄及叔伯昆仲无告身者诸人，及继母、儿媳、妾媵、未婚之妹等，若被他人因狩猎等射中，赔偿相同。

这些命价相同之人，彼此因狩猎中箭，以及这些命价相同之人，被大尚论和与之同命价者以下，铜告身和与之同命价者以上之人因狩猎等射中（无论身亡与否），放箭人发誓非因挟仇而有意射箭伤害，可由担保者十二人连同本人共十三人起誓。情况如实，其处置与《对仇敌之律例》同。查明实情，被害人系中箭身亡，赔四千两，归受害者与告密人平分。如无告密人，四千两全归受害人。中箭后未死，赔两千两，归受害人与告密人平分。如无告密人，全归受害人。射中人后，若谓“非我所射之箭”

抵赖不予承认，中箭人无论身亡与否，按《对仇敌之律例》将放箭人处死。若不抵赖，虽已起诉亦可按《对复仇人起诉之处置律例》对待。

颇罗弥告身尚论本人及与颇罗弥告身者命价相同之人，被大藏以下、平民以上之人因狩猎等射中，无论身亡与否，放箭人发誓非因挟仇而有意伤害，可由十二名担保人加上事主本人共十三人共同起誓。如属实情，其处置与《对仇敌之律例》同。查明实情，如受害人系中箭身亡，可将射箭人本人处死，子女、妻室赶走，其奴户、库物、牲畜归受害人与告密人平分。如无告密人，其奴户、库物、牲畜全归受害人。受害者中箭而未身亡，仅将伤人者处死，其库物、牲畜全归受害人与告密人平分。如无告密人，牲畜、库物全归受害人，奴户留在原处，归其子女妻室掌管。无子，交与其父，如无父，其奴户虽兄弟近亲亦不能交。其子女妻室可投靠最亲近之兄弟，而其奴户可按自愿择主。伤人后，若谓“非我所射之箭”抵赖不予承认，则中箭人无论身亡与否，按《对仇敌之律例》将伤人者处死。若不抵赖，虽起诉亦可按《对复仇人起诉之处置律例》对待。

银告身尚论本人及与银告身命价相同之人，被大尚论以下，平民百姓以上之人因狩猎等射中，视其身亡与否处置之律例：

银告身尚论本人与有银告身者之祖、父及颇罗弥告身尚论之子侄及叔伯昆仲无告身者诸人及继母、儿媳、妾媵、未婚之妹等，被别人因狩猎等射中，赔偿相同。

这些命价相同之人，彼此因狩猎等被射中，以及这些命价相同之人，被与大尚论及其命价相同者以下，红铜告身及其命价相同之人以上因狩猎等射中，无论身亡与否，放箭人发誓非因挟仇有意伤害，可由担保人十二人连同自己十三人共同起誓。如情况属实，其处置与《对仇敌之律例》同。查明实情，如受害人系中箭身亡，赔命价三千两，归受害人与告密人平分。如无告密人，三千两全归受害人。受害人中箭而未身亡，赔一千五百两，归受害人与告密人平分。若无告密人，一千五百两全归受害人。若缺一两，虽是好人也须依法处死。伤人后抵赖不予承认，谓“非我所射之箭”，则中箭者无论死亡与否，均按照《对仇敌之律例》将放箭人处死。若承认，虽起诉亦可按《对复仇人起诉之处置律例》对待。

银告身尚论本人及与银告身者命价相同之人，被大藏以下、平民百姓以上之人因狩猎等射中，无论身亡与否，放箭人发誓非因挟仇有意伤害，可由担保人十二人连同本人十三人共同起誓。如情况属实，其处置与《对仇敌之律例》一致。查明实情，若受害人系中箭身亡，则将放箭人处死。处死后，其奴户之半、库物之半、牲畜之半全归受害人与告密人平分。若无告密人，则奴户之半、牲畜之半、库物之半全归受害人。另一半奴户、牲畜留给其子女妻室。如无子则归其父，无父，其奴户之半，不能予其兄弟近亲，妇人与牲畜之半则予其亲近兄弟。而其奴户之半愿为何人之民，何人之奴，各随其愿。受害人中箭后未身亡，伤人者之一半奴户库物、牲畜由受害人与告密人平分。若无告密人，其一半（奴户）、库物、牲畜全归受害人，奴户、库物、牲畜之另一半留给放箭人，就地对分完事。射箭伤人后若抵赖不予承认，谓“非我所射之箭”，中箭人无论身亡与否，依《对仇敌之律例》将伤人者处死。若不抵赖，虽起诉亦可按《对复仇人起诉之处置律例》对待。

黄铜告身尚论本人和与黄铜告身者命价相同之人，被大尚论以下、平民百姓以上因狩猎等射中，视其身亡与否处置之律例：

黄铜告身尚论本人和黄铜告身者之祖、父及银告身者之子侄及叔伯昆仲无告身诸人，及继母、儿媳、妾媵、未婚之妹诸人被狩猎射中，赔偿相同。

这些命价相同之人相互因狩猎等被射中，和这些命价相同之人被大尚论及其命价相同者以下，红铜告身及其命价相同者以上之人因狩猎等射中，无论死亡与否，放箭人发誓非因挟仇有意伤害，可由担保人十二人连同本人十三人共同起誓。若情况属实，按《对仇敌之律例》处理。查明实情，受害人系中箭身亡，赔两千两，由受害人与告密人平分。若无告密人，两千两全归受害人。受害人中箭后未身亡，则赔一千两，由受害人和告密人平分。若无告密人，一千两全归受害人。如少一两，即使好人也应依法处死。射中人后若抵赖不予承认，谓"非我所射之箭"，则中箭人无论身亡与否，依《对仇敌之律例》将放箭人处死。若不抵赖，虽起诉亦可按《对复仇人起诉之处置律例》对待。

黄铜告身尚论本人与黄铜告身者命价相同之人，被大藏以下、平民百姓以上之人因狩猎等射中，无论身亡与否，放箭人发誓非因挟仇而有意伤人，可由担保人十二人连同本人共十三人起誓。情况属实，按《对仇敌之律例》处置。查明实情，受害人系中箭身亡，定将放箭人处死，其奴户之半、牲畜之半、全部库物由受害人与告密人平分。无告密人，奴户之半、牲畜之半、全部库物归受害人，另一半奴户、牲畜给子女妻室就地留下。无子则给其父，无父，这一半奴户虽有近亲弟兄也不能给。女人和一半牲畜,则予近亲之弟兄。奴户之半愿为何人之民户,何人之奴，可听其自择。若射箭伤人者不被杀，奴户之半、牲畜之半归受害人与告密人平分。无告密人，奴户之半与库物、牲畜之半归受害人所有。另一半奴户、库物、牲畜仍给原主，就地留下了事。射中人后，谓"非我所射之箭"抵赖不予承认，受害人中箭无论身亡与否，依《对仇敌之律例》将伤人者处死。若不抵赖，虽起诉亦可按《对复仇人起诉之处置律例》对待。

红铜告身尚论本人与红铜告身者命价相同之人，被大尚论以下、平民百姓以上者因狩猎等射中，视其身亡与否处置之律例：

红铜告身尚论本人和红铜告身者之祖、父，黄铜告身者尚论之子侄及叔伯昆仲无告身者诸人，及继母、儿媳、妾媵、未婚之妹等人，被人因狩猎等射中，赔偿命价相同。

这些命价相同之人，彼此因狩猎等被箭射中，或这些命价相同之人，被大尚论及其命价相同之人以下，红铜告身及其命价相同者以上之人因狩猎射中，无论身亡与否，放箭人发誓非因挟仇有意伤人，由担保人十二人连同自己十三人共同起誓。若情况属实，其处置与《对仇敌之律例》同。查明实情，受害人系中箭身亡，赔命价一千两，给受害人和告密人平分。若无告密人，一千两全归受害人。受害人中箭而未身亡，赔偿五百两，归受害人、告密人平分。若无告密人，五百两全归受害人。若缺一两，伤人者虽是好人，也应依法处死。射中人后若抵赖不予承认，谓“非我所射之箭”，受害人中箭后无论身亡与否，依《对仇敌之律例》将伤人者处死。若不抵赖，虽起诉亦可按《对复仇人起诉之处置律例》对待。

红铜告身者本人和与红铜告身命价相同之人，被大藏以下、平民百姓以上之人因狩猎等射中，放箭人发誓非因挟仇有意射箭伤害，由担保人十二人连同本人十三人共同起誓。如情况属实，其处置与《对仇敌之律例》同。查明实情，受害人中箭身亡，则将伤人者依法处死。其奴户、牲畜和库物等之半数，归受害人和告密人平分。若无告密人，奴户、牲畜、库物等之半数，全归受害人。另一半奴户、牲畜，给伤人者之子、妻，就地对分。若无子，给其父，若无父，奴户亦不能给其兄弟近亲。女人和一半牲畜则给其亲近兄弟。另一半奴户，愿为谁之民、谁之奴可听其自择。受害人中箭后未死，一半奴户、库物、牲畜归受害人和告密人平分。若无告密人，其一半奴户、库物、牲畜全归受害人。另一半奴户、库物、牲畜仍归射箭人，就地留下。射中人后若抵赖不承认，谓“非我所射之箭”，受害人中箭后无论身亡与否，按《对仇敌之律例》将放箭人处死。若不抵赖，虽起诉亦可按《对复仇人起诉之处置律例》对待。

大藏和与之命价相同之一切武士★[5]，被大尚论以下之人因狩猎射中，视其身亡与否处置之律例：

大藏本人和红铜告身者子孙以外、父系家族以内无告身诸人和继母、儿媳、妾媵、未婚之妹及王室民户之一切武士、尚论和百姓的耕奴、岸本★[6]之助手等人，被狩猎者射中，赔偿命价相同。

这些命价相同之人，被大尚论或与之命价相同者以下，红铜告身及与之命价相同者以上之人狩猎射中，无论身亡与否，放箭人起誓非因挟仇有意伤害，可由十二名担保人连同本人十三人共同起誓。若情况属实，其处置与《对仇敌之律例》同。查明实情，中箭人身亡，则赔三百两，由受害人和告密人平分。若无告密人，三百两全归受害人。受害人中箭未死，赔一百五十两，归受害人与告密人平分。若无告密人，一百五十两全归受害人。命价（银）若缺一两，哪怕伤人者是尚论也要处死。射中人后若抵赖，谓“非我所射之箭”，受害人中箭后无论身亡与否，依《对仇敌之律例》将放箭人处死。若不抵赖，虽起诉亦可按《对复仇人起诉之处置律例》对待。

大藏本人，红铜告身者子孙以外、父系家族以内无告身诸人和继母、儿媳、妾媵、未婚之妹，王室家臣之一切武士，尚论和百姓之耕奴★[7]和岸本之助手等男女，被与其命价相同之人狩猎射中，无论死亡与否，放箭人发誓并非因挟仇有意伤害，可由担保人十二人连同本人十三人共同起誓。如情况属实，其处置与《对仇敌之律例》同。查明实情，受害人中箭身亡，赔偿命价一百五十两，给受害人（一方）和告密人平分。若无告密人，一百五十两全归受害人。受害人中箭未死，赔偿医药、食物费三十两，归受害人和告密人平分。无告密人，三十两全归受害人。无论是给死者之命价银还是给伤者之医药、食品银，不管是谁，缺一两将处以死刑。射中人后若抵赖，谓“非我所射之箭”，受害人中箭无论死亡与否，按《对仇敌之律例》将放箭人处死。若不抵赖，虽起诉也可按《对复仇人起诉之处置律例》对待。

大藏和王室家臣之一切武士及与之命价相同之人，被一切庸★[8]和蛮貊★[9]之人、囚徒★[10]等因狩猎射中，无论死亡与否，放箭人起誓非因挟仇有意伤害，可由担保人十二人连同本人十三人共同起誓。如情况属实，其处置与《对仇敌之律例》同。查明实情，受害人中箭身亡，赔偿命价一百五十两，由受害人和告密人平分。无告密人，一百五十两全归受害人。受害人中箭未亡，赔医药、食品（银）三十两，由受害人和告密人平分。无告密人，三十两全归受害人。无论是给死者之命价银还是给伤者的医药、食品银，若缺一两，伤人者无论是谁，定处以死刑。伤人后若抵赖，谓“非我所射之箭”，受害人中箭后无论身亡与否，依《对仇敌之律例》将放箭人处死。若不抵赖，虽起诉亦可按《对复仇人起诉之处置律例》对待。

王室家臣一切庸，被大尚论以下因狩猎射中，视受害人中箭后身亡与否处置之律例：

王室家臣一切庸及尚论和百姓之耕奴、蛮貊、囚徒等人，被尚论黄铜告身者以下和与之命价相同之人因狩猎射中，无论受害人身亡与否，放箭人发誓非因挟仇有意杀害，由担保人十二人连同本人十三人共同起誓。如情况属实，其处置与《对仇敌之律例》同。查明实情，如受害人中箭身亡，赔偿命价（银）二百两，由受害人一方与告密人平分。无告密人，二百两全归受害人一方。若受害人中箭未死，赔一百两，由受害人一方和告密人平分。无告密人，一百两全归受害人。无论是命价银还是养伤之银，若缺一两，伤人者即使是尚论也应处死。射中人后若抵赖，谓"非我所射之箭"，受害人无论身亡与否，依《对仇敌之律例》将放箭人处死。若不抵赖，虽起诉亦可按《对复仇人起诉之处置律例》对待。

王室家臣之一切庸和尚论、百姓所属耕奴、蛮貊及囚徒以上之人，被大藏以下、一切武士及与之命价相同之人因狩猎等射中，无论身亡与否，放箭人发誓非因挟仇有意伤害，可由担保人十二人连同本人十三人共同起誓。如情况属实，其处置与《对仇敌之律例》同。查明实情，受害人中箭身亡，赔银一百两，由受害人一方和告密人平分。若无告密人，一百两全归受害人。受害人中箭并未身亡，赔医药、食品（银）二十两，由受害人、告密人平分。无告密人，二十两全归受害人。无论是命价银或养伤之医药、食品银，应交的数目若短缺一两，伤人者无论是谁，应予处死。射中人后若抵赖，谓"非我所射之箭"，受害人中箭无论死亡与否，均按《对仇敌之律例》将放箭人处死。若不抵赖，虽起诉亦可按《对复仇人起诉之处置律例》对待。

王室家臣一切庸和尚论、百姓之耕奴、庸和蛮貊、囚徒以下之人，因狩猎中箭，赔偿相同。

这些命价相同之人中，彼此因狩猎而中箭，无论死亡与否，放箭人若起誓非因挟仇有意伤害，可由担保人十二人连同本人十三人共同起誓。如誓词属实，其处置与《对仇敌之律例》同。查明实情，受害人中箭身亡，赔偿命价（银）五十两，由受害人与告密人平分。若无告密人，五十两全归受害人（一方）。受害人中箭未死，赔十两，由受害人与告密人平分。无告密人，十两全归受害人。无论是命价银，还是养伤之医药、食品（银），短缺一两，其（伤人者）须处以死刑。射中人后若抵赖，谓“非我所射之箭”，受害人中箭后无论身亡与否，依《对仇敌之律例》将放箭人处死。若不抵赖，虽起诉亦可按《对复仇人起诉之处置律例》对待。

因狩猎射箭，一人中流矢身亡，射箭人务必要赔偿适当之命价。议定后，按应该赔偿之数付给。身中流矢而未死亡，付给一只肉羊作为医药、食品之用。

射箭误中亲人，是否算杀人之律例：

大尚论以下、最低微平民百姓以上，因狩猎射死弟兄中一人，是否算杀亲人，应参照《对仇敌之律例》中，弟兄中一人杀了另一人是否算作杀亲人之律判断。

大尚论和与之命价相同者以下，有颇罗弥告身和与之命价相同者以上，陷于牦牛★[11]身下，视其相互救援与否处置之法：

大尚论等四种尚论之祖父、父、祖母、母及子孙以外，父系家族以内没有告身之人以及继母、儿媳、妾媵、未婚之妹等，陷于牦牛身下，赔偿相同。

这些命价相同之人，一人陷于牦牛身下，一人若在近旁不予救援，因而被牦牛伤害致死，对见死不救者惩罚如下：罚银五百两，交与死者一方。若因未救而致伤，其惩罚为：罚银二百五十两，交与自牦牛身下幸免者。若从牦牛身下救人，被救者则以女儿赏之，无女则给妹，无女无妹则赠（银）二百两。

大尚论与大尚论赔偿相同之人以下，有颇罗弥告身者及与之命价相同者以上之人陷于牦牛身下，银告身者以下，铜告身者以上之人救与不救处置之法：

大尚论四种人和与之命价相同者以下，颇罗弥告身者和与之命价相同者以上之人陷于牦牛身下，银告身者和与之命价相同之人以下，铜告身者和与之命价相同之人以上见死不救，因而被牦牛伤害致死，对不救者之惩罚为：罚银五百两给死者一方。罚银五百两以后，由于懦弱行为罚挂狐皮。陷于牦牛身下之人未死，对不救者之惩处为：给懦夫挂狐皮完事。若从牦牛身下救人，被救者当以女儿或妹妹酬之，或赠银一百五十两亦可。二者只取其一。

尚论银告身者和与之命价相同之人以下，红铜告身者和命价与之相同之人以上，陷于牦牛身下，他们相互之间救与不救处置之法：

尚论银告身者和与之命价相同之人以下，红铜告身和与之命价相同之人以上陷于牦牛身下，彼此救与不救处置之法：（此段与上段重复——译者）银告身者以下，红铜告身者以上之尚论本人，和这些尚论之祖父、父、祖母、母、子侄及叔伯昆仲无告身者诸人，以及继母、媳、妾媵、未婚之妹等陷于牦牛身下，赔偿相同。

这些命价相同者中一人陷于牦牛身下，在其身旁见而不救，以至被牦牛伤害致死者，对其见死不救之人罚银三百两，交给死者一方。或因之受伤，对其见牛伤人不从牦牛身下救人者罚银一百五十两，交与牦牛身下脱身者。若从牦牛身下救人，被救者要将己女作为礼物相酬，无女则以妹酬，无妹无女或酬而不受，则须赠（银）一百两。

大尚论以下，红铜告身者以上，其本人及与之命价相同之人陷于牦牛身下，大藏以下之人救与不救奖惩之法：

红铜告身者以上，其本人及与其命价相同之人陷于牦牛身下，因大藏以下、平民百姓以上之人（未）救而被牦牛伤害致死，对其见死不救者之惩罚为：给其挂狐皮，将懦夫处死了事。妻室与库物、牲畜、奴户就地留下。无子，则将其女、妻、库物、牲畜、奴户交与其父。无父，则女、妻、库物、牲畜、“奴户”（此词有误——译者）交与亲近兄弟。奴户，虽为兄弟近亲，亦不交与。杀懦夫后，（奴户）愿为谁之民、谁之奴，各听其已愿。

尚论陷于牦牛身下致死，惩治懦夫，挂以狐皮，将其库物、牲畜判归死者一方。不让懦夫居家中，逐出。逐出后，若懦夫之子已成家，其奴户则给其子。子未成家立业，则给其父。无父，被逐者虽有兄弟近亲也不能将奴户给予。逐出后，其奴户愿为谁之民、谁之奴各听其自愿。如从牦牛身下将人救出，奖（银）五十两。

大藏以下、平民以上之人陷于牦牛身下，一切有告身之尚论救与不救奖惩之法：

大藏以下、平民以上之人陷于牦牛身下，而尚论红铜告身者以下，及其本人及与之命价相同者以下之人正在近旁，见而不救牦牛身下之人，因而被伤害致死，罚（银）一百两，给予死者（一方）。虽未死，亦因不救，罚（银）五十两，给予自牦牛身下逃出者。如从牦牛下被人救出，（被救者）以其女酬之，无女则给其妹，无妹或酬而不受者，赠（银）二十两。

大藏以下、平民以上之一良民陷于牦牛身下，如因歹徒不救而被牦牛伤害致死者，对不救人者之惩罚为：给懦夫挂狐皮，给死者（一方）以库物、牲畜，同其未成年之子一齐赶出家门。懦夫被逐后，如子已成家，其奴户给其子。子未成家给其父。无父，被逐人之奴户愿为谁之民，谁之奴听其自便。（陷于牦牛下）未死，对见死不救者之惩罚为：给懦夫挂狐皮，（懦夫）给脱身者马一匹。从牦牛下救人者，被救人当以女或妹酬之，或给（银）十五两亦可，二者只取其一。地位相同之两人，一人陷于牦牛身下，另一人未救，以至被牦牛伤害致死，对未救者惩罚为：给懦夫挂狐皮,（懦夫）给死者一匹马，若伤而未死，对不救者之惩罚为：给懦夫挂狐皮了事。若从牦牛身下被人救出，以其女或妹酬谢救人者，无妹或酬而不受，赠马一匹。

低贱之人陷于牦牛身下，良民不救，以致死于牦牛身下，对其不救者之惩罚为：挂狐皮，给死者马一匹。若伤而未死，对不救者惩罚为：赠马一匹，给自牦牛身下幸免者。若从牦牛身下将人救出，被救人以其女酬谢救人者。若无女，则给其妹。若无女无妹，或酬而不受，则赠（银）十两。

一人陷于牦牛身下，一人前来救援。被陷者与救人者皆死或未死处置之法：陷于牦牛身下，被牦牛伤而致死，救人者亦被牦牛伤害致死，这种两人俱亡时，先陷于牦牛身下之一方作为酬答，在给救人者送葬时，要照顾脸面，给以优厚物品。救人者被牦牛杀死，陷于牦牛身下者，被救未死，在给救人者送葬时，被救人要酬以自己身价相当的银两。若救人者被牦牛伤而未死，则以一定数量之银两酬之。

一人陷于牦牛身下，一人为引开牦牛未成而被伤害致死奖惩之法：无论是尚论陷于牦牛身下或平民陷于牦牛身下，一方将牦牛引开，或用毡片逗引走，或用绳牵走，或驱打逐走，无论试图用何法引开，逼近牦牛而未能成功，以致陷于牦牛身下致死。死则死矣，救而未成，不应惩罚。

一人陷于牦牛身下，被众人救出奖惩之法：无论从牦牛身下救人者若干，均按照法律规定，将应得之银两悉数分完了事。

尚论以下、平民以上陷于母牦牛身下，救与不救奖惩之法：

有人陷于母牦牛身下，因无人救援致死，不管死者为尚论，或者平民，其处置与被牦牛伤害致死之法等同。陷于母牦牛身下未死，尚论及红铜告身以上中一人见而未救，其惩罚为：罚马一匹，给从母牦牛身下脱身者。从母牦牛身下救人脱险，赏给救人者马一匹。陷于母牦牛身下未死，大藏以下、平民以上相互见而不救者，对其不救者之惩罚为：罚马一匹，给自母牦牛身下脱身者。若救援，则赏给救人者马一匹。其未死者为红铜告身以下，大藏以下（上）之人，如不救，对不救者之惩罚为：挂狐皮以示重罚。给从母牦牛身下救人者赏以奶牛一头。一人陷于母牦牛身下，其未死者，大藏以上、尚论红铜告身以下之人见而不救，对不救者的惩罚：罚马一匹给从母牦牛身下脱身者。从母牦牛身下救人，赏给救人者马一匹。

一人陷于公牦牛、母牦牛身下，在近旁之人若不相救，其为懦夫，应挂狐皮，其法如下：

尚论以下、平民以上，陷于母牦牛身下，友人或佣奴正在近旁，若不救援陷于公、母牦牛身下之人，或不相帮，对最靠近之人，按对懦夫挂狐皮之法，挂狐皮以示惩罚，其余诸人不挂狐皮，但须处以规定之罚金。

尚论红铜告身者以上之儿孙及其旁系亲属无告身者，被箭射中及陷于公牦牛或母牦牛之身下，以告身分别处置之法：

大尚论以下、红铜告身以上之子孙以内、父系家族以外无告身诸人，被箭射中或陷于公、母牦牛身下等，按其告身等级，即根据该条款处置之。至于告身之区分，子随其父（告身）。兄弟近亲不在其内。

猎获野兽应分得之标准：

猎获野兽，分配猎物，一头牦牛以射六箭计算，头箭射中者得右侧下部肉并向左移一拃弧形切下，右边的牛皮和全部肋骨，以及尾、心、胸脯、舌、一半血、筋胳也归头箭射中者。第二箭射中者可得左侧下部肉、皮及一半牛血，内腑和膀胱、四肢之筋等亦归二箭射中者。第三箭射中者得右侧上部肉。第四箭射中者得左侧上部肉。第五箭射中者得后肢。第六箭射中者得前肢。

一头母牦牛以射中三箭计算：头箭射中者得右侧下部并向左移动一拃之肉，弧形割下，右侧皮子、尾、心、胸脯、舌、一半牛血、直肠的顶端、牛筋等。第二箭射中者，得左侧下部肉、皮子和一半牛血、内腑、膀胱、脊椎下梢部位肉、四肢之筋等。第三箭射中者，得颈部之牛皮和四肢。

麋鹿和野驴以下、羚羊以上，以两箭计。头箭射中者得皮子、心、胸脯、舌、一半血、筋等。第二箭射中者得颈部皮子、脊椎下梢部位肉、内腑、膀胱、肝、一半血及四肢之筋等。

野兽被箭射中，如何判断为谁猎获之法：

打猎时，不能以手中握箭为依据，而以射中第几箭为准。有谓“未见，不知”等，则不能算数。

打猎时偷箭和从地上拾箭处置之法：

野兽被箭射中后，拔箭偷窃者，偷一箭罚两箭。从地上拾箭不算偷。如认识箭主交还原主。

围猎放跑野兽处置之法：

放跑野兽，对放跑者之惩罚为：放跑一头公牦牛笞四十板，放跑一头母牦牛笞二十板，放跑一头野驴笞四十板（可能是十板或十四板之误——译者），放跑一头岩羊、盘羊、藏羚羊笞八板，放跑一头黄羊笞六板。对猎人之小百夫长和十人首领的惩罚为：立即笞以适当之板数。猎人如偷走全部猎肉，在城堡中禁闭一年。谁抓住偷盗人谁告发，奖励一匹坐骑。趁村人打猎时偷肉，偷一罚三。有知情人告密尚狡辩者，罚交三十倍。

土工★[12]抢村户人家饭食处置之法：

土工杀“桑夏”后，可将肉寄放在村户人家。土工……“巴夏肖肖”

不待在家里，来到村中，村民要给住处。如饭食已吃就算了，若饭食未吃，可乞讨饭食。如抢饭食，挖去双眼，罚作村民的“驮畜”。

奖报外仇之法：

外仇未报，报外仇和抓住外敌者，赏坐骑一匹。

二、吐蕃《纵犬伤人赔偿律》残卷

……未死受伤和……

男子放狗咬人致伤惩罚从严，罚骏马一匹，并根据伤情赔偿相应之医药费用。女子放狗咬人致伤，罚母马一匹，根据伤情赔偿医药费用给受害者。

尚论颇罗弥告身者以上或与其命价相同者中一人，被银告身以下、铜告身以上之人或与其命价相同者放狗咬啮致死，或因放狗惊骇骑于牦牛等上之人，坠地致死，对放狗者之惩罚为：无论何种方式伤人致死，将放狗者处死，其妻女赶走，全部财物、牲畜赔偿死者一方，奴户留给其另立门户之子。如无另立门户之子，则交给死者之父。无父，虽有兄弟近亲也不能给。（奴户）愿为何人之民、何人之奴各随己愿。

未另立门户之男子放狗咬人致死，将其父子共有之财产、牲畜中分家后属于该人之部分，判为死者一方之份产。此份财产、牲畜全部赔与死者一方。有夫之妇放狗咬人致死，将其当初从娘家带来的陪嫁物，全部赔与死者一方。未婚之女放狗咬人致死，将其全部佣奴、牲畜赔与死者一方。

放狗咬啮尚论，受伤未死；放狗惊骇骑于牦牛等上之人致使受惊坠地，受伤未死，将放狗者单身赶走，财物、牲畜之四分之一赔与受伤者。放狗人若为妇女，将其逐出，其财物、牲畜之半数赔与受伤人。

尚论颇罗弥告身以上者及与其命价相同者之人，被大藏以下、平民以上之人放狗咬死，或放狗惊骇骑于牦牛等上之人，坠地身亡，对放狗者之惩罚：不论何种方式致死，为尚论办善后事，须惩治放狗者之罪孽，将其成年以上之男子杀绝，成年以上之女子逐出，财产、牲畜全部赔与死者尚论一方。

未另立门户之男子放狗咬人致死，将父子未分家共有之财物、牲畜……

三、吐蕃《盗窃追赔律》残卷

……赔偿……

若盗窃价值四两（黄金）以下、三两（黄金）以上之实物，为首者诛，次者驱至近郊，其余一般偷盗者罚令追赔。

若一人偷盗价值二两七雪★[13]二南姆★[14]黄金以下、二两以上之珠宝者诛。两人合伙行盗，则分别追赔。若偷盗价值一两七雪二南姆（黄金）以下、一南姆以上之珠宝者，将其盗来之物全部判令追赔。（印章）。

盗贼潜入赞蒙★[15]、夫人、小姐及女主人与尚论以下、百姓以上诸人住房、土屋、牛毛帐篷、库房、地窖之中行窃未遂，被擒后惩治之法：

盗贼潜入赞蒙、夫人、小姐、女主人及尚论以下、百姓以上之住房、土屋、牛毛帐篷、库房、地窖及旅客住处诸地行窃未遂被抓者，若钻入价值二两（黄金）以上之地被抓，将为首者发配远方，其余人按偷盗二两（黄金）财物之罪惩治。若钻入价值二两（黄金）以下之住地行窃未遂被擒，按偷盗半两（黄金）财物惩治。对抓住盗贼者，赏以被流放盗贼之牲畜及赔偿物，务须依法行赏。（印章）。

对盗窃赞蒙、夫人、小姐、女主人之亲属（指七代以内），尚论以下、百姓以上之青稞者惩治之法：

盗窃赞蒙、夫人、小姐、女主人之亲属，尚论以下、百姓以上之青稞时被抓，将盗窃粮食之蕃斗★[16]数、蕃升数，折成（黄金）两数、雪数，依盗窃财物之法等同论处。

对盗窃军帐衙署以外其他帐舍惩治之法：

并非盗窃军营，仅盗窃旅客住地、帐篷或狗窝（内之物），或山顶小库房，均不算作钻入住家。盗窃以上诸处以小两计，折成马匹，按盗窃马匹头数计之。若应处死则处死，若应驱逐则按规定的远近驱逐之，若应赔偿则依法赔偿。（印章）。

对尚论以下、百姓以上之人盗窃佛像惩治之法：

尚论以下、百姓以上之人，盗窃佛像一尊被擒，按佛像价值折成（黄金）两数、雪数计之，与钻入住家行窃惩治之法等同。（印章）。

对盗窃赞蒙、夫人、小姐、女主人之财物及尚论以下、百姓以上财物者惩治之法：

赞蒙、夫人、小姐、女主人之财物及尚论以下、百姓以上之财物被盗，对行窃者惩治之法为戴上长一"小拷"，厚一拃之颈枷，刑官于其上盖印加封，责以大板，罚劳役修城堡一个月……劳役未满死去，由其长兄（长子）戴上颈枷（代服劳役一个月）……

注　释

★1　就吐蕃的官员等级而言，卷子所列举的情况也可与《贤者喜宴》的条文对比阅读。《贤者喜宴》所记载"九大尚论"指的是"贡论"分为大、中、小三级；“囊论”分为大、中、小三级；“喻寒波论”即“平章政事之论”分为大、中、小三级。以上共分为九级，即《新唐书·吐蕃传》所云“总号曰尚论掣逋突瞿”（藏文对音zhang–blon–chen–pa–dgu），而“告身”作为官级的章饰与《敦煌本吐蕃历史文书》所记相同。

《贤者喜宴》把告身的类别与等级的差别做了详尽的叙述，今引之于后，以供参考。“所谓告身（yig–tshangs），最上者为金、玉两种，次为银与颇罗弥（phra–men），再次为铜与铁，均镌有文字铭款，总为六种，各分为大小，共六种十二级。”这里的玉又译为瑟瑟。颇罗弥又译为金银相间。《新唐书·吐蕃传》也记为：“其官之章饰，最上为瑟瑟，金次之，金涂银又次之，银（又）次之，最下至铜止，差大小，缀臂前以辨贵贱。”《册府元龟》卷961《外臣部·土风三》记为：“自号吐蕃为宝髻（pur–rgyal），爵位则以宝珠、大瑟瑟、小瑟瑟、大银、小银、大硇石、小硇石、大铜、小铜等为告身，以别高下。”又云：“大略其官章饰有五等，一谓瑟瑟，二谓金，三谓金饰银上，四谓银，五谓熟铜。各以方圆三寸，羯上装之，安膊前以别贵贱。”所记大致相同。但《贤者喜宴》进一步把官品和告身做了分类排列：贡论上，大玉告身；贡论中、囊论上，小玉告身；贡论下、囊论中、喻寒波上，大金字告身；囊论下、喻寒波中、噶论上，小金字告身；喻寒波下、噶论下，颇罗弥（金间银）告身；寺院经咒师、高级官吏，大银告身；王廷御前侍卫、苯教师、司马官、风水官、边鄙牧守，小银告身；父民六部落，大铜告身；千夫长、如本，小铜告身；勇士，铁告身；一般平民，授以刻有波纹的白色木质告身。所有这些记载中表明的等级差别，与法制文献残卷中所述是一致的。

★2　藏文原文“thong–myi”一词，实指血亲复仇、仇杀。在几种古典的藏文词典里解释为“杀害、杀死”，而且“thong–myi”变化成

“thong-mi”。这一词见于《敦煌本吐蕃历史文书》大事纪年第 4 条：“及至牛年（高宗永徽四年，653 年）……于多思麻，甘·墀桑介达为仇敌所杀，报血仇也。是为一年。”这一条记载证明了虽然重要的官员被杀，由于是血亲复仇的性质，只能是不了了之。这是不成文的所谓“血亲复仇律”。在英文中有“Vendetta”一词（拉丁文形式是 Vindictta）。《韦氏大词典》第 3 版第 2539 页解释为：血仇（亲属为死者报仇，杀死凶手或其家属，因而演成血仇）。在意大利语中也作为“世仇、深仇”来解释，可作旁证。

★ 3　大藏（gtsang-chen）：似为管理粮食与农事的基层工作人员。

★ 4　奴户：此处的奴户与奴隶有所不同，当主人犯法被处死后，其主人又无直系亲属继承产业时，奴户有权选择新的主人。

★ 5　武士：吐蕃奴隶中的武士指专门从事军事战争的职业军人。藏语称之为“桂”（rgod）。参见《贤者喜宴》ja 卷第 19 页。

★ 6　岸本（岸，mngan）：负责财务和税收的官员，或译为“度支官”。这一职官的名称又见于 823 年在拉萨树立的《唐蕃会盟碑》，碑之右侧蕃官题名：“岸本榼苏户属劫罗末论矩立藏名摩。”

★ 7　耕奴：专门从事农业大田生产的奴隶，在奴隶中处于最下层的地位。

★ 8　庸：吐蕃军事奴隶中专门从事生产劳动的阶层，藏语称之为“庸”（gyung），与武士相对而言。在战争中从事随军的后勤活动，平日则专门从事农牧业生产或家务劳役。参见《贤者喜宴》ja 卷第 19 页。

★ 9　蛮貊：吐蕃统治者对其边境地区其他民族的蔑称，意译为“南蛮子”。此说又见于《唐蕃会盟碑》东侧藏文盟辞第 19 行：“东方之地曰唐，地极大海，日之所出，此王与蛮貊诸国迥异，教善德深，典籍丰闳，足以与吐蕃相颉颃。”

★ 10　囚徒：可能指被俘虏的其他民族成员补入吐蕃军旅者。虽已取得吐蕃部落成员的身份，但仍有某种程度的差别。

★ 11　牦牛：指公牦牛而言，当时此种动物驯化未久，野性很大，时有伤人的可能。这里的条文就反映出这一事实。

★ 12　土工，指一种专门从事埋葬尸体、经办杂务的低贱职业者，待考。

★ 13　雪相当于“钱”。

★ 14　南姆相当于“分”。

★ 15　赞蒙：即王后。王曰赞普，《通典》训为“雄强丈夫”，其配偶即为“btsan-mo”（赞蒙）。

★ 16　蕃斗（khal）：藏制容量单位，可容粮食 28 市斤。

陆

赤松德赞颁布的《兴佛诏书》

解　题

赤松德赞是吐蕃王朝第37任赞普，汉史作“挲悉笼猎赞”“苏农猎赞”“乞立赞”等。他于公元755年即位，诛戮叛臣巴、朗二氏，戡定内乱，整顿吏治，加重征敛。公元756年始，数次遣使入唐请和，并愿发兵助唐讨击安史叛军。公元763年，唐朝国政大乱，边防空虚，赤松德赞遂派兵一度攻入唐都长安。赤松德赞时期，宗教事业获得进一步发展。公元779年，由赞普亲自主持奠基礼，建成西藏历史上著名的桑耶寺，开了青年男子出家为僧的先河。赞普以法律手段强令吐蕃全境一律尊奉佛教，亲自和贵族大臣们在神前发誓：今后永不背弃佛教。并以诏令、盟书等法律形式，维护寺院和僧侣的经济地位和物质利益。赤松德赞在唐朝封建制度的影响下，为了维护和巩固吐蕃社会发展之需要，完善了吐蕃政权的国家行政法规，调整吏治，调整官员，设置诸道节度使，屯军耕牧；治理财政，清查田亩户口，统计财赋，加重征敛；完善吐蕃早期法律，处理地方诉讼，并颁布了《兴佛诏书》。

赤松德赞先后颁布了两次《兴佛诏书》，第一次有大臣等的署名，第二次无大臣的署名。《兴佛诏书》是研究吐蕃佛教的珍贵史料，就目前所见，这两件诏书仅记载于藏文史籍《贤者喜宴》中，又由于《兴佛诏书》是吐蕃时期流传下来的难得的史料，故更显其价值之高。

赤松德赞颁布《兴佛诏书》的目的就是："对于以前玛祥仲巴杰等人灭法之事铭记于心，为此后不再发生类似事件，遂制定不得灭法之诏书，并进行了盟誓。"藏文史籍《贤者喜宴》记载，赤松德赞还举行兴佛盟誓并颁布两次《兴佛诏书》，声称"兹发誓绝不毁损（佛法），并写成文书。从此以后，每一代王系均应发誓，大臣以下亦应盟誓"，正式以吐蕃政权的力量确立佛教在西藏的权威和地位。关于佛教僧人的待遇问题，以及对于蔑视佛教行为的惩罚措施等规定，也在《兴佛诏书》中有具体的体现。所以，《兴佛诏书》是围绕佛教展开的，对振兴佛教的具体措施做出了规定。《兴佛诏书》的颁布传递了两个重要信息：第一，赤松德赞时，随着桑耶寺等寺庙的兴建和藏地本民族出家人的出现和不断增多，吐蕃王朝官方以大诏令的形式颁布了佛教的教戒法规，以规范宗教行为；第二，在世俗领域，吐蕃政权也颁布了《兴佛诏书》，借以弘扬佛教。至于《兴佛诏书》的内容，无非是以佛教精神规范人们的行为，以及加强对出家人和佛教器物的保护措施等。很显然，《兴佛诏书》是赤松德赞为了弘扬佛教的法律依据，同时也是针对大臣玛祥仲巴杰《不准推行佛教之小法律》而采取的对应法律措施，是佛苯斗争的直接产物。

译　文

（赤松德赞）对于以前玛祥仲巴杰（ma-zhang-grom-pa-skyes）★[1]等人灭法之事铭记于心，为此后不再发生类似事件，遂制定不得灭法之诏书（chos-mi-bshig-pavi-bkav-gtsigs），并进行了盟誓，如是之盟誓共两次。

第一诏书（bkav-gtsegs-dang-po）：当赞普赤松德赞之时，蓝纸写以金字，并置于金画之内的盟誓诏书（bkav-gtsigs-kyi-yi-ge）存于桑耶寺库府之中，现据此（诏书）书写之：

任何时候均不得毁弃三宝之誉文，其副本存于金画之内。在修习如来佛教戒本义之时，鉴于未正确领悟其法性，致使三界沦为痛苦之境地。自古一切（众生）无不生者，而生后即行有义及无义★[2]之事，随后又死，死后复生于天堂地狱。如是，扬善者为佛，所见最佳者为佛经，显示善业者系诸僧侣。故（三宝）当永久维护，则大地安好。

三宝乃系最大之加持（即祝福）。在往昔先祖之时，历代均奉行（佛教）之规，新旧寺院业已有之。父王赞普归天之后，由于已有诸僧侣所引来之（佛教）习规及（寺院）模式，故此寺院得以应运而生。当于羊年春正月十七日（lug-gi-lo-la-dpyid-zla-ra-bvi-tshes-bcu-bdun-pa）建造了寺院之时★[3]，自此之后吐蕃遂建三宝。而赞普父子及母后（sras-kyi-yum）（按：又可译作王妃）均赌咒发誓不毁坏佛事，随后则写此由内外大小一切臣工所做之盟誓文书；由吐蕃上层贵族所建之三宝道场，即大昭寺、汉人所建之小昭寺（rgya-btags-ra-mo-chevi-gtsug-lag-khang）、红岩之桑耶寺以及三界不变解脱寺（khams-gsum-mi-ldog-sgrol-gyi-gtsug-lag-khang)★[4]等,故吐蕃乃得以进入解脱。此佛事当在任何时刻均不得毁弃,则吐蕃亦可进入解脱矣!

彼诸寺院所需用三象器物之顺缘，均应妥善考虑，并由上级官府供献，任何时候不得减少、不得废弃★[5]。从此以后，世世代代亦应如今之赞普父子一样发誓，并信守不渝。元老大臣亦已发誓。如是，对所举行之盟誓，十方诸佛★[6]、一切正法、一切发大乘心之僧侣、我佛及一切声闻者(按:即听经者)、天地各级诸神、吐蕃地区之神、一切九尊诸神★[7]、龙、夜叉及一切非人★[8]，敬请彼等作证，以使知此盟誓不得改变。如果不按盟誓行事，或者欺骗三宝并予以诅咒，则令众生转生地狱。若遵循盟誓行事，则一切(众生)可获正等觉★[9]及现等觉★[10]。

有关叙述佛法在吐蕃前后产生情况之文书有正副两本，如是之抄本共十三份。其中一份置于地窖，两份盖印之后分存于大昭寺及红岩桑耶寺。十份均于(文书)下部盖印，分另置于大昭寺、桑耶寺、昌珠之扎西拉玉寺(khra-vbrug-ge-bkra-shes-lha-yul-gtsug-lag-khang)、王宫所属僧团(pho-brang-vkhor-gyi-dge-vdun)、逻娑之汉人所建小昭寺、红岩三界不变解脱寺(brag-dmar-gyi-khams-gsum-mi-ldog-sgrol)、勃律地区(bru-sha-yul)、香雄地区(zhang-zhung-yul)、多麦及各地方长官(sde-blon-ris)，对于上述诸寺院之僧团各赐以盟誓文书一份。

盟誓者：甥吐谷浑王(dbon-va-zha-rje)★[11]、大尚论伽罗笃波(zhang-blon-chen-po-bkav-la-gtogs-pa)★[12]、大论尚杰斯秀丁(blon-chen-po-zhang-rgyal-gzigs-shu-theng)★[13]、论达扎路恭(blong-gstag-sgra-klu-gong)★[14]、尚杰岑拉囊(zhang-rgyal-tshan-lha-snang)★[15]、论杰扎来斯(blon-rgyal-sgra-legs-gzigs)、论赞谢多隆(blon-btsen-bzher-mdo-long)、尚杰年达恭(zhang-rgyal-nyen-zla-gong)、论墀代贾恭(blon-khri-gdas-rgya-gong)、坚措赞(gcen-matsho-btsan)、尚杰岑来恭(zhang-rgyal-tshan-le-gong)。囊论(内相):论查孜尚让霞(blon-gra-vdsi-zhang-rmas-shags)、尚阿森(zhang-a-srin)、夏阿墀年(zha-snga-khri-gnyen)、论路恭(blon-klu-gong)、翁嘎拉措(vong-ka-lha-mtsho)、论祥赞(blon-shang-btsan)、论森久(blon-srin-skyags)、论堆敦(blon-vdus-ston)、尚达曹(zhang-stag-tshab)、尚来堆(zhang-legs-vdus)。戚论(外相):尚贝甫当(zhang-bal-bu-stang)、尚拉斯(zhang-lha-gzigs)、论拉衮孜(blon-la-kun-rtse)、论查辛(blon-sbra-bzhin)、论东图(blon-stong-thub)、论略波(blon-lhos-po)、尚杰囊(zhang-rgyal-snang)、论勤勤(blon-byin-byin)、论隆波(blon-long-po)、论臧隆(blon-szhang-long)、论年恭(blon-gnyan-kong)。大小首领及武官(stod-smad-kyi-dbang-po-dang-dmag-dpon):论杰桑达囊(blon-skyes-bzang-stag-snang)、论囊恭(blon-snang-kong)、论齐琼(blon-khyi-chung)、论路谢(blon-klu-bzher)、祥玛甫(shang-mar-bu)、论拉措(blon-lha-mtsho)、论巴米(blon-par-mi)、论祥宗(blon-shang-dzong)、论弥琼促(blon-mig-khyung-tshud)、论党甫(blon-tang-bu)、沽佳赞(khu-rgya-brtsan)、沽尤赞(khu-gyu-brtsan)、论多斯(blon-mdo-gzigs)、论孔墀(blon-khong-khri)、论恭来(blon-khong-legs)、论芒拉杰(blon-mang-la-skyes)、论多桑(blon-mdo-bzang)、论墀恭(blon-khri-gong)★[16]。关于佛法在吐蕃地区前后如何产生之手卷文书正副两本，由昌底希拉哇玛(brang-ti-sha-la-wbarma)所写。

第二诏书(bkav-gtsegs-gnyigs-pa):在赞普赤松德赞之时，关于佛法产生年代之文书存有正副两本，系用颇罗弥书写并置于金匣之内，放在桑耶寺之宝库中。今以此为模本抄写之：

往昔迄今，业已于吐蕃兴建三宝道场，并将奉行佛法之年代写成文书。存于匣内的文书（内容是）：当第四代赞普先祖松赞干布（khri-srong-btsan）之时★[17]，建造了逻娑贝哈寺（ra-savi-pe-har）（按：即大昭寺）★[18]，此为奉行佛法之始。此后在父王赤德祖赞赞普之时，建造了红岩嘎丘寺（brag-dmar-gyi-kwa-chur-gtsug-lag-khang）。此系自建佛法以来已满五代。父王赞普归天之后，某些尚论（按：即舅臣）居心叵测★[19]，遂将先祖以来所奉行之佛法予以损毁。此后，（彼尚论）又借口南方泥婆罗之神与佛法不宜行之于吐蕃，继而又立下“以后不得奉行（佛法）”之法令。后于赞普二十岁时，先是手臂麻木并有凶兆。由于举行了祭祀仪轨，故有人言：在一些同龄人手臂麻木和出现凶兆之后，虽然有“不得奉行佛法”之法令，但如果此法令无人执行并被扬弃，而且重新供奉三宝，则可转危为安。后由善知识予以协助，复又聆听佛法。继之，有人又呈书于赞普陛下，于是便弘扬佛法并勉励之。

再者，吐蕃之古老佛法不完善，祭神与仪轨不相符合，因此，众人疑（佛法）不佳，有人疑虑不利于身，有人担忧政权衰落，有人顾虑发生人疫畜病，有人怀疑会降下天灾。然若观察佛法之本身，则是所谓佛法之发生，如果世间无此（佛法），则无数众生均将投身，轮回于四生★[20]之内，在从原始混沌初开以迄终极之间，均以本人之业力而如是轮回之。所谓以身语意三方面尽行好事者则成善者，而尽行罪孽者则成恶者，而无善恶者则为无记★[21]。对他人所行之果，则此果亦转而及于己。生于诸天之神、地上之人、非人（按：即阿修罗）、饿鬼、畜生、地下之有情地狱，（我等）虽均生于此六道之中，然而皆依自身之业力而变。超脱于世间者而成世尊佛。所有发大乘心者、自证菩提者以及以声闻而修成各种成就者，彼等均系凭借自己将福德及智慧积累而成。

何谓善？即诸十善也。何谓恶？即诸十不善也。何谓无记？即诸四威仪路也。何谓超世间之福德与智慧的善业？即除十善之外的四谛★[22]与顺缘相合而出现之十二支★[23]、三十七助道品★[24]、十度★[25]。上述之果即四无畏★[26]、四正智★[27]、十力★[28]、十八不共佛法★[29]及佛三十二相★[30]等。至于上述详细之理由均在佛经之中。对于这些出自佛法之（情形）如果加以探讨，则是有些人其善恶（行为）被立即发现并暴露出来，而有些人则不能立刻显露出来。如果对所显现之情况予以思考，则定能掌握其（真情）。倘若实行这些佛法之关键要点，则对此佛法或是抛弃或是奉行，即可酌情而知矣。

兹晓谕所辖属民、小王、吐谷浑王（va-zha-rje）等，并诸戚论及囊论（phyi-nang-gi-blon-po），经商议之后决定：（1）依靠世尊佛之教诲，（2）依持先祖之范例规制，（3）由善知识以力相助（dge-bavi-bshes-gnyen-gyi-mthus-bstang-pa）。又，对上述实行后（之情况）再进行扼要之观察，那些对不善不良（行为）有疑虑而又依然不改其疑虑者，则应极力（与之）商讨。彼好的制度何以不变？重大（之事）何以为重大？因佛经是奉行善事（之书），故修得至高无上之真理者则佳。首先，直至善事之末亦不行罪孽之事，这对一切人均应永远必须如此。其次，不宜凭借主观臆测而作为所需。第三，直至数代先祖之间，虽有所作为，但未发生不善之事，迄今亦仍未形成罪恶，此事可谓重大矣！

对于所行之事均已经过商议而行，因此，随即奉行佛法，并且：（1）全体珍爱善业。（2）往昔因发生毁掉（佛法）之事，故此（人们）心生疑虑。兹发誓绝不毁损（佛法），并写成文书。从此以后，每一代王系均应发誓，大臣以下亦应盟誓。以上即存于宝库中之广本盟誓文书。而誓文之略本★[31]则刻于桑耶寺石碑之上。

注 释

★1　文中所提之玛祥仲巴杰其人，即赤松德赞年幼时反佛教之大臣。

★2　“有义及无义”（don-dang-don-med-pa）又可译作“有益与无益”。此外，又有“法”之意。

★3　此处所谓羊年建寺，从上下文看似指建桑耶寺而言。关于桑耶寺建寺年代说法不一，见本书第七章有关桑耶寺注释。其中东嘎·洛桑赤列先生主张火羊年竣工，火羊年即公元767年。（见《论西藏政教合一制度》藏文版，27页）诏书又说“自此之后吐蕃遂建三宝”。这指建寺、剃度僧人及译经传教等事。从这句话看，上述之所谓羊年建寺，可能即指建桑耶寺事。

★4　三界不变解脱寺：此前未见有此寺名，唯建在桑耶寺后，赤松德赞王妃蔡邦·美多纯曾建“康松桑康凌寺”（khams-gsum-zangs-khang-gling）（见本书第七章之“五妃绩”）。但两者名称不同，或许“三界不变解脱寺”（khams-gsum-mi-ldog-sgrol-gyi-gtshug-lag-khang）即是“康松桑康凌寺”的异名。待考。

★5　寺院供养最早正如此诏书所载，均由官府供给，《拔协》及《贤者喜宴》对此有详载，按照僧人等级不同，供给数量、内容不完全相同。供给内容包括赐给寺院及僧人的属民民户、青稞、衣服、酥油、食盐、马匹、纸张、墨等，数量均有具体规定。其详情本译文以后将有译述。另参见《贤者喜宴》ja函，122页下；《拔协》排印本77页。

★6　十方诸佛（phyogs-bcuvi-sangs-rgyas），即东方宝生佛（sangs-rgyas–rin–chen–vbyung–gnas)、南方无忧吉祥佛(sangs–rgyas–mya–ngan–med–pavi–dpal)、西方焰炽佛(sangs–rgyas–rin–chen–vod–vphro,或译"宝光佛")、北方帝释佛(sangs–rgyas–rgyal–bavi–dbang–po)。此外还有东北、东南、西北、西南四佛，另加上、下两佛，总计十佛。详见《法海宝库》打印本，106页。此外,《敦煌吐蕃文献选》所载十佛基本与《法海宝库》同。见该书上册伯字22号。这些神又称护方神(phyogs–bthu–nas–srung–bavi–lha，简称phyogs–skyong)。"十佛"说法不一，约有四种(见《实用佛学辞典》，166—167页)。

★7　一切九尊诸神(lha–dgu–thams–cad)：指不动佛九尊、大密马头明王九尊及长寿佛九尊。

★8　龙、夜叉及一切非人。《五部遗教》内之《神鬼遗教》中记载，吐蕃有"外内密八部魔鬼"(phyi–nang–gsangs–bavi–srin–sde–brgyad)。例如"外八部魔鬼"即厉鬼(vgong–po)、饿鬼(thevu–rang)、土地神(sa–bdag)、地祇(yul–lha)、药神(sman)、妖怪(btsan)、龙(klu)及恶咒(nga–yam)；"内八部魔鬼"：主命神、鬼魅(ma–mo)、阎罗王(gshen–rje)、魔王(bdud)、夜叉(gnod–spyin)、水肿恶魔(dmu)及战神(dgra–lha)、妖魔(vgong–po)。又文中之"饿鬼"(thevu–rang–spun–dgu)种类甚多,仅据《法海宝库》记载就有所谓"九饿鬼"之说。(详见该书，163页)

★9　正等觉(yang–dag–par–rdsogs–pavi–gyang–chub)，即正觉、正智、悟解,又译"真实究竟菩提"。[见(日)芳村修基:《西藏语字典》]

★10　"mngon–par–sangs–rgyas"即成道之意。[见(日)芳村修基:《西藏语字典》]

★11　吐谷浑王又可译作"退浑王"，此为敦煌出土卷子所载，见法国影印《敦煌古藏文文献选》,伯字1263号。(va-zha)一词在《红史》等书中又用音译(thu-lu-hun)(见该书排印本,24页)。又,此处用“甥”(dbon)字冠于(va-zha-rje)前,原因是吐谷浑王先世以前曾娶唐朝王室弘化公主,故汉文史书称:“吐蕃与吐谷浑本为甥舅之国。”(《册府元龟》外臣部,才智)。又,此处吐谷浑王在诏书上署名列于首位,可见吐谷浑王归降吐蕃后其地位仍相当高。

★12 “伽罗笃波”是“bkav-la-gtogs-pa”的音译,此种译文原出自《唐蕃会盟碑碑文》。“戚论伽罗笃波”(见该碑北侧碑文会盟吐蕃大臣名称),其地位相当于“宰相同平章事”一类的职务,碑文中即有“chab-srid-kyi-blon-po-chen-po-bkav-la-gtogs-pa”职称。

★13 大论尚杰斯秀丁(zhang-rgyal-gzigs-shu-theng)。此人即《敦煌古藏文历史文书》中的綝·尚杰斯秀丁(mchims-shang-rgyal-zigs-shu-teng),他继桂提桑耶甫拉(mgos-kri-bzang-yab-lag。此人在《王者遗教》中称作“blon-po-chen-po-khri-bzang-yab-lha”),为大相(该书66页下)。而恩兰·达扎路恭(ngan-lam-stag-sgra-klu-gong)任大相则又紧接其后(以上见《敦煌古藏文历史文书》,巴考本,102页;《敦煌古藏文历史文选》第二册,561页,伯字1287号)。此人之名在《敦煌古藏文历史文书》中多简写作“zhang-rgyal-zigs”。上述三位大相的排列次序与《大臣遗教》所载相同,只是人名写法有异,《大臣遗教》将上述三大相名称依次写作:“hri-bzang-yab-lhag”“mcims-kyi-rgyal-gzigs-klu-mthong”“blon-po-ngan-lam-rta-ra-klu-gong”(见该书,50页下)。其中之“mcims-kyi-rgyal-gzigs-klu-mthong”当即指“zhang-rgyal-gzigs-shu-theng”而言。此人在755年曾受命清理叛乱大臣朗氏(lang)及贝氏(vbal)的家产。757年他与大论囊热(blon-chen-po-snang-bzhen)

[此人即尚杰斯秀丁前两任的大相韦·囊势苏赞（dbavs–snang–bzher–zu–brtsan）] 曾召集吐蕃夏季盟会（dbyar–vrun）(以上见王尧、陈践译注本：《敦煌吐蕃历史文书》，37 页、38 页、49 页)。特别应指出的是，尚杰斯秀丁在 762 年与达扎路恭等率吐蕃军攻陷长安（见《敦煌吐蕃历史文书》译注本，121 页、144 页），在攻陷长安的当年他回到吐蕃召集了大议事会。763 年尚杰斯秀丁被授以瑟瑟（gyuvi–yi–ge）（这是官职章饰之最高级）文字告身 。由上述诸事迹可知其人极受重视，故其在诏书中署名列在第二位当非偶然。

★ 14　论达扎路恭，其名又写作"大论达热路恭"（blon–po–chen–po–rta–ra–klu–gong）(《王者遗教》,66 页下)。此人之名在《恩兰·达扎路恭纪功碑》中又写作"恩兰路恭"（ngan–lam–klu–khong）或"路恭"（klu–khong）（见《吐蕃金石录》)。《敦煌吐蕃历史文书》则又简称为"论达扎"（blon–stag–sgra）（见《敦煌吐蕃历史文书》编年，111 条）。有些作者据"rma–grom"一名（《敦煌吐蕃历史文书》编年，104 条等）推论，此即汉文所载之"马重英"（见《资治通鉴》卷 223，代宗广德元年条："吐蕃大将马重英"），而马重英即达扎路恭。

达扎路恭从赤德祖赞时即因揭发朗氏及贝氏的谋叛而受到赞普的重视。755 年，达扎路恭因攻陷洮州等地而被授为元帅（dmag–dpon）。从此他即多次率吐蕃军与唐军作战，特别是 762 年，"恩兰路恭乃首倡兴兵入唐深取京师之议，赞普遂以尚琛结结色（按：即尚杰斯秀丁）同与论达扎路恭二人为攻京师之统军元帅（dmag–dpon–chen–po），直趋京师。"（以上见《敦煌吐蕃历史文书》编年，104 条、111 条;《吐蕃金石录》中之《恩兰 · 达扎路恭纪功碑》碑文）

此人曾以崇苯反佛著称（事见本书第七章），因此藏史说他"真诚地祖护苯教。在苯教五根金柱方面，他是发展（苯教）外道的大臣”（《大臣遗教》，39页下）。他甚至因公开当面反对兴佛而被赞普流放北方。但从此次盟文诏书的署名看，达扎路恭不仅身价已提到大论伽罗笃波的地位［纪功碑文又说他是大内相平章事（nang-blon-chen-po-dang-yo-gal-vchos-chen-po）及内相伽罗笃波（nang-blon-bkav-la-gtogs-pa）］，而且一改反佛而为兴佛的赞助者。由于盟文诏书是在建桑耶寺后颁布的（按：诏书说是767年的羊年建寺），那么达扎的这一转变从桑耶寺时就开始了，这还可以从在桑耶寺开光时达扎路恭唱歌赞颂得到某种佐证（见本书第八章）。也许由于达扎路恭这种在宗教态度上的转变和他的所谓“武功”，因而倍受赞普宠幸，所以特在逻娑为其树碑立传，碑文极力赞颂其“忠贞不贰”和“足智多谋”的所谓“武功”。碑文又申明给予其后代在政治上及经济上的种种特权，如犯罪“不处死刑”、官衔“永为世职”、私有财产“永不没收”等。其特权之高比娘·丁埃增家族有过之而无不及。详见《吐蕃金石录》中之《恩兰·达扎路恭纪功碑》；又见贝尔：《西藏今昔》（Tibet Past and Present）。

★15　尚杰岑拉囊，此人是继恩兰·达扎路恭之后为大相的大臣。《敦煌吐蕃历史文书》在记载大相情况中称他是那囊·尚岑拉囊（sna-nam-zhang-rgyal-tshan-lha-snang）（见译注本，50页；巴考本，102页）。《大臣遗教》称他为“sna-nam-zhang-dang-rgya-tsha-lha-sna”或“rgya-tsha-lha-snang-sna-nam-zhang”（见该书，39页、56页下）。该书又说出自那囊氏族的著名大臣有四人，他即其一（见该书7页下）。该书又称，此人后代曾在汉地的“朋兴”（rgya-nag-bum-zhim）地区发展，其后代称“哈王系”（ha-yi-ming-can-rgyal-rgyud）（该书，56页上）。尚杰岑拉囊曾官至大论，故称“大论杰擦拉囊”（blon-po-chen-porgya–tsha–lha–snang)（见《大臣遗教》，66 页下）。此人极力主张改变恩兰·达扎路恭及尚杰斯秀丁（即《新唐书·吐蕃传》的“大相尚悉结”，按:实应是“大相尚结悉”）的侵唐政策转而修好。《旧唐书》卷 122《崔汉衡传》即云其事：“时（782 年，建中三年）吐蕃大相尚结息（按：即“zhang–rgyal–gzigs–shu–theng”《大臣遗教》又作“rgyal–gzigs–shud–thong”，该书 7 页下）忍而好杀，以常覆败于剑南，思刷其耻，不肯约和。其次相尚结赞（按：即本文此处所译之“尚杰岑”）有材略，因言于赞普，请定界明约以息边人，赞普然之，竟以结赞代结息为大相。”此后，在 782 年“泽与结赞盟于清水”（按：泽即“都官员外郎樊泽”，会盟时任计会使）。783 年，“陇右节度使张镒与吐蕃尚结赞盟于清水”（《资治通鉴》卷 228,德宗建中四年正月条）。上述表明尚杰岑秀丁（即尚结赞）是唐蕃会盟的主要倡导者和主持者。

在 783 年这一年的十月又发生了朱泚据长安的“朱泚之乱”，而尚结赞又奏请唐廷协助。“吐蕃尚结赞请出兵助唐收京城。”(《资治通鉴》卷 229，德宗兴元元年正月条)，等收回长安后，唐廷改变了“遂许四镇之地，以答收京之功”(《陆宣公翰苑集》卷十）的约许。于是尚结赞乃发兵攻掠唐境，787 年在取得夏州和盐州之后，在此年五月尚结赞又制造了平凉劫盟事件，自此尚结赞又日益走上了反唐之路。另外，尚结赞对内独掌大权，贞元九年（793 年），南诏王异牟寻遗皋帛书曰：尚结赞施行暴政，致使吐蕃“太子弟兄流窜，近臣横污，皆尚结赞阴计，以行屠害，平日功臣，无一二在。”(《新唐书·南诏传》卷 222 上）。796 年尚结赞死 (《资治通鉴》卷 235，贞元十二年九月条）。

★ 16　上述大臣名单很重要。另外，关于记载吐蕃大臣的史料，可参阅《大臣遗教》7 页上至 8 页上、39 页上至 40 页上及 50 页下至 51 页下；

《王者遗教》66 页下。

★ 17　从吐蕃赞普仲年代如（勃弄若）算起，至松赞干布为第四代赞普。《新唐书 · 吐蕃传》从墀托杰托赞（瘕悉董摩）算起，至松赞干布为第七代，如是上推至仲年代如也是第四代（又见法成译 :《于阗国悬记》)。

★ 18　逻娑贝哈寺（ra–savi–pe–har）。文中之“pe–har”（贝哈）意为“护法神”。又据美国劳费尔考证，“pe–har”即“大寺”（gtsug–lag–khang）之意，此词来自梵文“Vihār ɑ”［按 :（日）芳村修基在《西藏语字典》中将此梵文写作“Vihār ɑ b”，借到藏语后音译为“pe–har”，后又藏语化而成“dpe–dkar”。此词在回鹘语中则写作“bɑkɑr”或“vɑxɑr”)，而蒙语又写作“bukɑr”。以上见（美）劳费尔著 :《藏语中的借词》(《LOAN–WORDS IN TIBETAN》B、Laufer)，中国社会科学院民族研究所，赵衍荪译，19 页］。

★ 19　指玛祥（sna–rnam–ma–zhang–khrom–pa–skyabs，亦即：zhang–blon–ma–zhang–grom–pa–skyes）。

★ 20　四生（skye–ba–rnam–bzhi）：指胎生、卵生、化生及湿生。

★ 21　无记（lung–du–myi–ston–pa）：又译作“遮侵记”。对无善恶可言之事物谓之无记，而下文又解释“无记”为“诸四威仪路”（spyod–lam–bzhi）。所谓“四威仪路”即行、住、坐、卧四事，人之举止行动，佛书则谓之“威仪”或“威仪路”。看来诏书对“无记”释之为“四威仪路”似不确。

★ 22　四谛（bden–pa–bzhi）：即苦（sdug–bsngal）、集（kun–vbyung）、灭（vgog）、道（lam）。

★ 23　十二支（yan–lag–bcu–gnyis）：即十二缘起。

★ 24　三十七助道品（byang-chub-kyi-phyogs-kyi-chos-sum-bcu-rtsa-bdun），即三十七菩提分法，分别为：四念住、四正断、四神足、五根、五力、七觉支及八圣道支。

★ 25　十度（pha-roadl-tu-phyind-pa-bcu）："度"又写作（pha-rol-ru-phyind-pa）(《敦煌吐蕃文献选》上册，110 页），音译为（pha-rol-tu-pyin-pa）"波罗蜜多"，源于梵语的"Pāramitā"，意译为"到彼岸"。所谓"十度"（即十波罗蜜多）是：布施度、持戒度、忍辱度、精进度、禅定度、智慧度，另加方便、力、愿及智四者。

★ 26　四无畏（mi-vjigs-pa-bzhi）：即正等觉无畏、漏永尽无畏、说障法无畏及说出道无畏。

★ 27　四正智（yang-dag-par-shes-pa-bzhi）：即大圆镜智、平等性智、妙观察智、成所作智。

★ 28　十力（stobs-bcu）：处非处智力、自业智力、种种胜解智力、种种界智力、根胜劣智力、偏趣行智力、静虑解脱等持等至智力、宿命随念智力、生死智力及漏尽智力。

★ 29　十八不共佛法（ma-vdres-pavi-chos-bco-brgyd）：即如来无误失业、无卒暴音、无忘失念、无不定心、无种种想、无不择已舍、欲无退、正勤无退、念无退、持无退、慧无退、解脱知见无退、一切身业智为导首随智而行、一切语业智为导首随智而行、一切意业智为导首随智而行、于过去世无著无碍智、于未来世无著无碍智及于现在世无著无碍智。

★ 30　佛三十二相（thugs-rje-chen-po-sum-bcu-brtsa-gnyis）：即指佛陀的三十种显著特征，《大藏经》载三十二相是：足善安住等案地相（即足下安平立相）、足下现千幅轮相、纤长指、足跟趺园长（即足跟广平相)、手足细软、手足网缦(即手足间如蹼状)、垂手摩膝相、伊泥延腨相(即股骨如鹿那样纤好)、身不偻曲、势峰密藏、身相圆满如尼瞿陀树相(即身广长等相)、常光一寻(即身光照四面各一丈远)、身毛上靡(即毛向上相),其他诸如身皮金光、四十齿皆悉齐平、其齿无隙、其声雷震犹如天鼓、甘目绀青、睫如牛王、顶上现乌率腻沙(即顶髻相)以及眉间毫相(即眉间有白毛)等,共三十二相(详见大正新修《大藏经·破僧事》,卷第二,108—109页;参见《宗教辞典》有关条目)。

★31 其誓文之略本即桑耶寺碑之碑文。

柒

吐蕃供养僧人及“三户养僧”的法规

解　题

赤松德赞时期，吐蕃王朝臻于全盛，不仅表现为武力强大，还表现在他对吐蕃王朝内政建设和不断引进、学习、吸收外族文化，振兴吐蕃佛教文化事业所做出的贡献。赤松德赞厘定法律，严格等级制度，明确贵族与属民界限，强化吐蕃奴隶制，发展经济生产，仿照唐制设置诸道节度使，大量屯军耕牧，促进农业、畜牧业发展，改善人民生活，大力发展吐蕃医学，名医辈出。

为了稳定僧侣队伍，保证正常的宗教活动，赤松德赞授予了僧侣种种特权，比如除了免除赋税和兵役外，尚由官府为僧人提供生活费用，后又确立“三户养僧制”，从经济上巩固寺院僧团势力。其具体措施是：赐予每座寺院属民一百户至一百五十户，赐予每名僧人三户属民。对于寺院属民及僧众，官府无权干涉，将权力均授予僧人。属民制度使寺院能够形成自我封闭的经济单位，有利于“一种新的法人资格的发展，即拥有庄园和不动产的寺院的扩张”。独立性的寺院经济以及僧伽组织的管理都需要专门的负责人，故赤松德赞委任“佛法宗师”作为僧团的领袖，总揽僧伽事务。规定从居民征收的差税中，“每年每月供给佛教宗师青稞七十五克，每年每人一套衣服，酥油一千一百两。马一匹、纸四卷、墨三锭、充足的食盐。”并对各级僧侣供给费用做出具体的规定。如此，寺院和僧侣的物质来源受到法律的严格保护，从而使僧侣队伍不断壮大，寺院内部的宗教组织逐渐完善，使僧伽组织作为一个社会势力集团迅速崛起。

赤松德赞时期的供养僧人及“三户养僧”的制度，不仅提高了僧人的生活待遇，他还通过一系列法律制度，把对僧人的崇敬发挥到极致，僧侣们此时在权力体系中的地位也更加显赫。

译 文

顿渐之争平息之后，关于奉行佛教的情况，《拔协》★[1]有载：此后，对二百五十名僧人（chos-vkhor-gyi-rkyen）由官府提供给养。每年每月供给佛教宗师（bcom-ldan-vdas-kyi-ring-lugs），青稞七十五克，并以众多衣服作为利益之根本（赐予之），即（每年）每人一套衣服★[2]、香料酥油一千一百两、马一匹、纸四册（卷）、墨三锭、充足的食盐。秦浦之二十五位大修道者，每人赐予青稞五十五克、香料酥油八百两、马一匹、衣服一套六件。所委任的寺院轨范师共十三位，每人青稞五十五克、衣服一套、水酥油八百两。秦（mchims）★[3]之普通僧人★[4]，每人给青稞八克、纸两卷、墨一锭。对二十五位学僧（slob-gnyer），每人给青稞二十五克、长期供给衣服一套三件。再者，为三宝之所依★[5]（dkon-mchog-gsum-gyi-rten）长存，赐予（每座）寺院属民一百户（dkon-mchog-gi-rten-la-vbangs-mi-khyim-brgya），赐予每名僧人三户属民（bannghya-re-re-la-vbangs-mi-khyim-gsum-gsum-du-bcad）。对于（寺院）属民及僧众，官府无权干涉，将权力均授予僧人（dbang-dge-vdun-la-bskur）。由于弘扬了佛法，故天子（赤松德赞）之恩德至大。★[6]

注　释

★1　亦称《桑耶寺详志》，古代著名藏文典籍，巴萨囊（又名益希旺波）著。成书年代不详（据原书后记，为藏历铁兔年八月著成），北京民族文化宫藏有手抄本。书中详实记录了吐蕃王朝赤德祖赞和赤松德赞父子两代的光辉事迹。尤其对桑耶寺的修建过程以及佛教的传播、唐蕃间的往来、印度和吐蕃的佛教关系、译经活动等做了叙述，对研究8世纪时佛教在吐蕃的传播发展过程及赤松德赞的生平事迹提供了珍贵资料。

★2 《拔协》载：每人所得衣服是九件（na-bzav-phrug-dgu-re-re），而非一件。（见该书，1980年北京排印版，77页）。《贤者喜宴》所载似有漏写。

★3　指秦浦地方，位于西藏山南桑耶寺东南约13公里处，据传莲花生曾在此修行。在石塔、尼姑寺及寺前小山上，有摩崖造像25尊，为释迦佛、弥勒佛、无量寿佛、金刚手、文殊、度母、莲花生明妃等，为线刻和浅浮雕两种。石塔下有7组造像：第一组为释迦佛、观音、文殊3尊，均高0.65米，皆依形为龛，无座饰，着透体薄袈裟，头戴花冠，结跏趺坐。观音、文殊戴手镯、臂钏，膝上也饰钏。第二组为释迦、弥勒、无量寿佛，也是依形为龛，结跏趺坐，下莲座为后人所加。释迦佛头饰桃形宝髻，耳垂肩，袒右肩，披袈裟，手施降魔印；弥勒佛头戴花冠，耳垂肩，戴手镯、臂钏、脚镯，着透明袈裟。第五组造像为金刚萨埵，高1米。第六组为度母像，高1.25米，均裸体，结跏趺坐。尼姑寺前的造像为一佛二弟子，皆趺足而立。释迦佛头饰宝髻，额有宝光，披袈裟，袒右胸，手施愤怒印和与愿印；二弟子裸上身，腰系带，下着裙。弟子迦叶蹙眉凝视，显得持重，阿难面相丰润浑圆。整组造像线条流畅，体态丰满自若。尼姑寺左侧的造像为莲花生和二夫人，高1.35米，宽0.6米，主尊头戴三角帽，双耳垂肩，披袈裟，怀抱骷髅杖，手端骷髅碗，结跏趺坐，二夫人面向主尊，持供物侍于两旁。整个造像面形宽厚，嘴角微翘，轮廓系直刀法雕刻不加任何修饰，造型粗犷。此摩崖造像是研究吐蕃时期藏传佛教造像艺术的最珍贵的资料。

★4 “普通僧人”：原藏文作“bandhya-rang-ga-ma”。

★5 “三宝之所依”：《拔协》写作“rin-po-chevi-rten”。

★6 此段具有重要意义，赤松德赞自建桑耶寺起，从政治、经济、生活、宗教活动等等各方面，逐步将佛教扶植起来，至此已臻于完善，为以后佛教的发展打下了坚实的基础。此外，规定官府对于寺院属民及僧众无权干涉（vbangs-lha-ris-la-bla-nas-dbang-mi-bya-bar-chad-nas），而将权力均授予僧人。这一规定为僧团今后逐渐发展成为一支独立的力量开了绿灯，其影响甚大。（以上见《贤者喜宴》122页下）

捌

吐蕃牧业措施及《没卢氏小法》

解　题

王妃没卢氏绛秋是赤松德赞五妃之一，原名没卢氏妃墀洁莫赞，后随汉僧摩诃衍出家，改名为绛秋洁赞。在赤松德赞执掌政权期间，他的王妃没卢氏绛秋制定了所谓的《没卢氏小法》。此法的制定反映了当时后宫对政治的高度参与和舅族势力的崛起。

《没卢氏小法》规定："教导男人行男性礼节，教导女人行女性礼节。并令富豪放债，于田地中树立卜石，又规定秋春之间的（季节时间）相等。"从《没卢氏小法》的内容上看，该法主要涉及社会礼仪及民事、农事等方面的安排，这也反映出吐蕃王朝对于农事和其他社会事务的日臻规范，这和吐蕃王朝实力的日益增长是相互关联的。

译　文

聂·达赞冬斯（gnyer-stag-btsan-gdong-gzigs）又令属民饲养马一匹、犏牛一头、母黄牛一头、公黄牛一头等等★1，并将夏季青草在冬季使其干燥等等。因此，便称其为第七位聪慧者。

再者，王妃没卢氏绛秋（btsun-mo-vbro-bzav-byang-chub）★2 之所谓小法律（khrims-bu-chung）是：教导男人行男性礼节，教导女人行女性礼节，并令富豪放债（phyug-pos-bun-gdong）★3，于田地中竖立卜石（zhing-la-mo-rdo-vdzugs-pa）★4，又规定秋春之间的（季节时间）相等（ston-dpyid-kyi-bar-kha-mnyam-pa）★5。

注　释

★1　这是当时发展畜牧业的一种措施，看来当时除广大牧区或农区牧业户专门从事畜牧业外，又规定全体属民也必须照例饲养四种牲畜。这种措施目的似不只是仅仅为了发展牧业，对农业也有利。饲马的目的既有利于属民平时骑乘，战时征用亦可。这是很有意义的吐蕃经济措施，对于后世吐蕃及藏区属民多以自养上述家畜为俗似亦有影响。

★2　王妃没卢氏绛秋：此人系赤松德赞五妃之一，原名没卢氏妃墀洁莫赞（vbro-bzav-khri-rgyal-mo-btsan），后随汉僧摩诃衍出家，改名为绛秋洁赞（byang-chub-rjer-mtshan）（见本书第七章）。《汉藏史集》称其名为没卢氏绛秋纯（vbre-bzav-byang-chub-sgron）（见该书上册，

130 页下）。桑耶寺铜钟铭文称其为主母洁莫赞（jo-mo-rgyal-mo-brtsan）[见安旭《西藏桑鸢寺主殿壁画略考》，第 6 页，铜钟铭文，第一行（按：该文所附钟铭图版原件实缺一组）。又见杜齐《藏王墓》108 页；《吐蕃金石录》165 页]。昌珠寺铜钟铭文又称其为主母绛秋（jo-mo-byang-chub）（见《吐蕃金石录》169 页）。《顿悟大乘正理决叙》称其为"皇后没卢氏。"（见戴密微《逻娑僧诤记》，书末所附影印原件 F127a）。

★ 3　允许富豪放债作为一种法律发布，这是最早的记载，表明高利贷的剥削形式不仅出现而且得到法律的承认。这本身反映出当时财富已经日益集中在贵族手中，而放债又将使贵族进一步攫取社会财富。这使人想到当时"九大尚论"的出现绝非偶然。相比之下，低层属民生活无疑更加艰难，奴隶阶级就更自不待言了。这种情况可以从新疆出土的一张借据文书看到富人放债的残酷，该借据载："桂萨部的萨格莱借得麦类，借据规定了偿还日期，如果到时不能交付，或者欺骗，总数将增两倍，并把房中庄稼收获物作为赠品交出，屋外的牛和屋内的物品、用具、衣服，无论什么均要交出方可，这些均将照规定夺取，届时不得反抗。"（见陶玛斯《新疆发现吐蕃古藏文文书》Ⅱ册，58 页，沙州。11A，verso of ch 残页 82）再者，赤松德赞时的这种放债经济剥削形式的出现，当即后世农奴制债务剥削之滥觞，这是吐蕃经济史上的重要措施。

★ 4　卜石（mo-rdo）：田中立石，最初在松赞干布时习以白色圆石（gor-ma-dkar-po）做墓道基石，盟誓时由赞普亲持此石并令臣下奉献（见《敦煌吐蕃文书》，王尧译本 138、240 页）。田中立石似此举之延伸形式，以求农事吉利，今藏人仍有此种习俗。又，此种石又曰"阴阳石"，藏俗说以阴性石砌墙最坚。

★ 5　"规定秋春之间的（季节时间）相等"，其意似是将春秋季节在时间上均分等同。我们知道，在敦煌出土的古藏文历史文书中有一部分是纪事编年，从文成公主进藏记到赤松德赞攻长安的第二年（即 764 年）。其中纪年方法是采用十二生肖（按：未分阴阳，也无天干）记年，没有记四季，更没有区分孟（ra-ba）、仲（vbring-po）、季（tha-chung），也未记月份，据此可知当时吐蕃历法尚不完备。没卢氏绛秋将春秋季节平分，其意似指将每个季节均分为孟、仲、季三个月，以使每季月份相等。这种办法可能始自没卢氏绛秋，其表现已在赤松德赞时的第一诏书中见到，如“羊年春正月十七日建造了寺院”（见本书第九章），“羊年春正月”亦可译作“羊年孟春月（lug-gi-lo-la-dpyid-zla-ra-ba）”。如果上述解释不错，那么没卢氏绛秋将春秋季节在时间上均分的规定就具有重要意义，可以说是藏历的一次重大进步，尤其以法律形式颁布，就更意味着此措施的有效性。此种历法的出现对后来历法的发展有重要影响。到公元 823 年的唐蕃会盟时，碑文（藏文部分）已采用较完备的藏历纪年了，如用五行及十二生肖相配，复分阴阳，季分孟、仲、季等，例如：“阴铁牛年孟冬月”“阳水虎年仲夏月”及“阴水兔年孟春月”（见拉萨唐蕃会盟碑东侧藏文碑文）。

玖

桂·赤桑雅拉制定的法律

解　题

桂·赤桑雅拉是吐蕃赞普赤松德赞的一位重要大臣。其在任大臣期间，对过去松赞干布时期制定的法规进行了认真的研究，加以修正，严格执行照办。他执法时铁面无私，刚正不阿，哪怕是对过去的仇敌，只要他遵纪守法，他便依照法律给予奖赏；而对于作恶造孽之徒，即使是自己的亲友，他也毫不留情地依照法律给予处罚。由于他衡量是与非、功和罪的行为如斗秤一样公平，一斤一两，一斗一合分毫不差，深得人们的喜爱。由此，吐蕃出现了从来没有过的新风尚，人们相互爱怜，彼此尊重，关心他人犹如珍爱自己的眼睛；夜不闭户，路不拾遗，就连老人拿着金子出门也十分安全。那时法庭无人上门，法官无案可办，刑具派不上用场。就在这样一个太平盛世之中，突然一天在一个酒店里有一个男子喝醉了酒，与他人吵起架来，并失手打死了对方。死者家人告到法庭，要求惩治凶手，让其家人赔偿损失。但是以往的法律没有一个明确的赔偿命价和医药费用的标准，法官十分犯难，于是将此事报告了桂·赤桑雅拉，请求他裁决。桂·赤桑雅拉经过长时间的思考，最后制定出了一个关于命价的赔偿标准，并请赞普审批后，颁行整个藏区。

据藏文史籍《贤者喜宴》记载，桂·赤桑雅拉制定的法律规定：大贡论被杀，赔偿命价一万一千；次贡论、大内相被杀，赔偿命价一万；小贡论、次内相、决断大事被杀，赔偿命价九千；低级内相、次决断大事被杀，赔偿命价八千；小噶伦被杀，赔偿命价七千；其余属民百姓由高至低，命价标准依次递减。此外，桂·赤桑雅拉命人将这些规定制成“九双木简”，当审判命案时，由法官将原告、被告的纠纷缘由进行立案，并如实写出命价，此种木简属于上等木简，称为“强赛”；相应的还有“蛇头”“黑蜥蜴”这两种赔偿命价与医疗费的木简。其次，又制定了其他的法规，也以木简为据。如审判亲眷离异案时，要写明双方从结合到分离的原委，此类木简称为“天强”；审判突发疯癫者的近亲时，要写出其经过，此类木简叫“丘依”。这两种木简加上以上的三种木简，又称“真实五木简”。凡是实事求是的审理和公正的判决，就用木简标名“桑雅”，不公正的判决则标名为“格查”，明辨真伪者标名“卡玛”，这三种木简是用来检查分辨审判者的。凡一切罪过，均可以将功赎罪，这也要标于木简，此种木简称为“嘉羌”。

由于桂·赤桑雅拉制定的法律细致而规范，故使吐蕃百姓十分敬畏神圣的法规，后世的大臣们都非常感激他，尊称他为“吐蕃的第六位贤臣”。

译　文

其时，大臣老桂氏（blon-chen-mgos-rgan）之子桂·赤桑雅拉（mgos-khri-bzang-yab-lhag）针对昔日未制定赔偿医疗费标准（gsos-thang-stong-thang）及赔偿命价标准，从而制定了这方面的法律规定，即所谓“九双木简（byang-bu-cha-dgur-bcos）”：（内容是）在裁决诸种命价时，将双方诉讼的起始（情况）写成文书，并写出真实确切的命价等，其间最高级的木简称作“强赛（byang-zas）”，与此相对应的木简谓之“蛇头（sbrul-mgo）”，再一种名曰“黑蜥蝎（smig-nag）”。以上三者即系赔偿医疗费及赔偿命价之木简（gsos-dang-stong-gyi-byang-bu）★1。又，在裁决亲属分离之时，（要写明）如何成为亲眷及如何成为怨敌的初始原委等，其间之最早（木简）称为“天强（then-byang）”★2。而在裁决突患神经病者及发誓者时，其间所（写成）的木简称作“丘侬（mchu-smyung）”★3。上述总称为“真实五木简（blo-yus-kyi-byang-bu-lnga）”。对于（按）真实（五木简）施行于诉讼双方，其判处公正者谓之“桑雅（zang-yag）”★4；对于不公正的判处则称为“格查（rkod-khra）”；对于明确宣布真伪者则谓之“卡玛（kha-dmar）”。以上三者总称为“三审判木简（zhal-cevi-byang-bu-gsum）”。再者，凡一切罪恶（案件），业经盖以善良之印，即被消除，此种处治办法谓之“嘉羌（rgya-byang）”。总之，上述即为“流动木简（rgyug-pavi-byang-bu）”★5。

又，因大贡论（dgung-blon-chen-po）无以伦比，如果杀之，则当赔偿命价一万一千；次贡论（dgung-blon-vbring-po）与大内相（nang-blon-chen-po）两者相同，故各自命价为一万；小贡论（dgung-blon-chung-ngu）、次内相（nang-blon-vbring-po）及决断大事（bkar-yo-gla-vchos-pa-chen-po）三者相同，故命价均为九千；低级内相（nang-blon-tha-chung）与次决断大事（bkar-yo-gla-vbring）相同，其命价均为八千；小噶论（bkar-blon-chung-ngu）命价为七千。如是，属民至最低级属民之间，亦逐一确定（命价）★6，并订为法律文书，故此举对后世诸大臣颇有恩德，因之，随即称桂·赤桑雅拉为吐蕃聪慧七少年中之第六者。

注　释

★1　关于赔偿医疗费及命价规定，此处仅谈到了有关法律的名称，只有三项。其具体规定见下文。

★2　“then-byang”音译“天强”。意为“依附木简”或“牵制木简”及“贪恋木简”等等。

★3　“mchu-smyung”音译“丘侬”。意为“圆口木简”或“尖嘴木简”等等。

★4　“zang-yag”，（日）芳村修基在《西藏语字典》中译为“高出”。又译作“阿灵余伽丹（atyudgata，梵文）”，此为一梵文的大数字名称。

★5　此段原文所载不明，“九双木简”及“真实五木简”等等，看来都只是略述，具体内容多被省去。

★6　关于赔偿医疗费及命价，在松赞干布时已有类似法律，谓之《不准杀生之法》,并提出赔偿命价(gshin–stong)及赔偿医疗费(gson–stong)的规定,但不具体,表明当时法律尚不完善(见本书第三章)。《汉藏史集》所记当时赔偿命价虽有:"死人者偿命价二万一千(倍)。"但显然太笼统。这无法按"杀人者以大小抵偿命价(bsad–pa–la–che–chung–gi–stong–byed–pa)"(见《西藏王统记》75页,1981年排印本)。赤松德赞时由桂·赤桑雅拉所定的赔偿命价的法律细则业已相当具体,观其内容,主要维护贵族切身利益,而贵族内部亦等级分明。

拾

吐蕃的《三喜法》

解　题

《三喜法》也是赞普赤松德赞的大臣桂·赤桑雅拉亲自制定的，所谓“三喜”就是能让赞普、属民和大臣等三方都高兴的法律。本法规定“王者如杀死属民则如母亲打孩子一样，无法可言；如果杀死属民，则属民不得起来反抗，赞普应将去看视属民；赞普本身如果不捍卫法律，那么就不得对属民执行法律”等。就法律的规定来看，该法体现了要求赞普自律的一面，显示了吐蕃王朝盛世环境下赞普的清明自律。特别是在《三喜法》中关于“赞普本身如果不维护法律，那么就不能对庶民执行法律”的思想，一方面说明此时的法律思想有了一定进步，另一方面也标明了吐蕃王朝奴隶主法制思想的特点。

除上述主要的两方面内容外，还有一种说法是《三喜法》即所谓唐、南诏及突厥的“三方会商”等。从《三喜法》中可以看到对赞普权力的法律约束，即承认赞普杀属民的无罪，但又规定赞普以维护法律为条件，否则不能对属民治罪。这里所谓的属民指贵族而言，《三喜法》的“喜”，主要不是指贵族属民的“喜”，因为《三喜法》是由对穆底赞普杀属民是否治罪的问题引起的，而结果终究流放了穆底赞普。总的看来，《三喜法》是解决赞普与贵族之间的法律关系，因奴隶阶级是根本不可能得到什么法律保护的。《三喜法》的执行过程，表明赞普在与贵族集团的斗争中失败了，因为赞普最后保护不了自己的王子不受法律制裁。至于译文中的《三喜法》之外，《西藏王臣记》记载当时还同时制定了《三刑法》(zhal-lce-vdar-gsum)，这在《贤者喜宴》中未见载。

译 文

据其他史书记载：在将三分之二的世界统治之后，为了收取另外的三分之一部分，舅臣杰擦拉囊（zhang-rgyal-tsha-lha-snang）在大殿内的中层殿中向赞普奏议。其时舅臣之子武仁★1守门，王子穆底赞普★2匆忙往里走来，受到（武仁）阻拦，于是王子穆底赞普怒杀武仁，并说：“将此长头人远远地扔掉！”这话把诸舅臣气得脸色铁青。

所谓“三喜法”(zhal-ce-dgav-gsum)，对此，大臣桂氏(mgos)说道：“去将（保存于）苏卡佛塔塔基的法律取来！”于是便有人骑马前往。到达苏卡佛塔★3处后，（见到）石塔下面写有如下的文字：“王者如杀死属民则如母亲打孩子一样，无法可言★4。”因此，赞普父子高兴了。继之，由于佛塔中部也写有文字，塔中部所依次写的文字是：“如果杀死(属民)，则属民不得起来（反抗），赞普应将去看视属者。”再者，又因看到佛塔上部所写的文字，于是众属民高兴了，佛塔上部的文字是：“赞普本身如果不捍卫法律，那么就不得对属民执行法律。”因此，随后即将天子穆底赞普流放到北方羌塘，长达九年之久。继之又将上部（stod）的一处地区赐予了舅臣，由是那囊氏人高兴了。以上即所称之《三喜（法）》。

注 释

★1 “武仁”藏语意为“长头颅”。

★2 汉史作“足之煎”，吐蕃赞普。其信奉佛教，供养僧人，曾四次于桑耶地区设时供，唐贞元十二年（796 年）即位。在位期间，曾下令境内臣民向寺院布施金银、衣物等。因社会存在贫富不均之故，遂三次下令平均财富，并以王朝收入供给僧人生活，开佛教僧人生活依靠王朝资助之先例。贞元十三年（797 年）被其母蔡邦氏毒毙雍布拉康，在位一年零九个月。

★3 佛教中象征灵魂走向宇宙的一种建筑，起源于印度，梵文称“宰堵坡”。佛塔用石料建造，底座呈方形或八角形。塔身镶嵌金、银、珍珠等各种宝物，佛塔内存放活佛的舍利、骨灰、经书、圣物。最高一级的佛塔是存放一生享有特殊声誉的高僧圣体。至今尚存的著名佛塔有喇嘛塔、金刚宝座塔等。

★4 “无法可言”：原藏文是“thabs-med”，意为“没办法”。言外之意是，对王者杀属民既然像母亲打孩子一样，那么就是一种属于“管教”范围的事，故无所谓触犯法律，所以对这种事就没什么办法处理，一句话，就是王者杀人无罪。所谓“三喜法”，就是碑文上中下刻有三条法律，其内容可以使三种人高兴，故谓“三喜法”，实际上奴隶制时代的法律不可能使各阶层人都高兴，例如《三喜法》中王者杀属民可以无罪，这样属民岂能高兴？

拾壹

元成宗颁布的《优礼僧人诏书》

解　题

元成宗是忽必烈次子真金第三子，名铁穆耳。公元1293年，统军镇守漠北，受“皇太子宝”。次年，忽必烈去世，由于其母阔阔真可敦与权臣伯颜、玉昔帖木儿等的支持，铁穆耳继帝位。在其执政期间，停止对外战争，专力整顿国内军政。采取限制诸王势力，减免部分赋税，重新修订律令，严明赏罚，裁减多余的官吏，精简机构，减省烦琐的条文，改革不合理的制度，以提高办事效率等一系列措施，使社会矛盾暂时有所缓和。他的这些举措却使国力日益空虚，政治日趋黑暗。但他在位时元军成功地击败了海都、笃哇等的侵扰，迫使窝阔台和察合台两兀鲁思的统治者息兵请和，重振大汗在西方诸汗国中的宗主地位，基本上结束了西面延续40多年的皇室内争，其被称为“善于守成”之君。死于1307年，时年42岁。

元朝从忽必烈在位时即为藏地僧人制定了优厚的政策。据《元史》记载，忽必烈在颁发给萨迦执政者八思巴的圣旨中指出："朕奉胜道，如尔等按朕之旨意进行修行，善积佛经，朕即一体敬仰供奉。凡遵行上述旨意之众僧，均可不受军人、军官、宗本、达鲁花赤、金宗使之管辖，也不向其科派任何兵役、差税和力役。"规定所有官员及百姓不得侵占僧人田产，不得在僧人居所居住，不得向僧人征派供应、乌拉差役，属于寺院的土地、水流、水磨等，任何人都不得夺占。元成宗继承了忽必烈对藏地僧人优礼的传统，也颁布了《优礼僧人诏书》。其主要内容就是对于侵犯僧侣权益行为的处罚，制定了严厉的刑法，诸如"以手犯西僧者断其手，以言语犯西僧者割其舌"等的法律。

译　文

元成宗完泽笃之时，颁发诏书曰：

长生天气力里，大福荫护助里，皇帝圣旨。

晓谕中书省★[1]官人每根底、枢密院官人★[2]、御史台★[3]官人、行中书省、行御史院官人每根底、廉访司官、守城子官、地方官每根底、军官、军人、大小头人、众多部落：

成吉思汗和窝阔台皇帝定制，依照释迦牟尼之教法诸班第每★[4]皆不纳三种差★[5]，告天祝祷，为皇帝祈福。忽必烈皇帝信奉三宝★[6]，使释迦牟尼教法遍布人世间，使僧众皆为皇帝祈福祝祷。虽如此反复下诏★[7]，仍有守城官员和部落头人不晓其意，依势侵夺寺庙和佛殿，欺凌僧人。从今以后，管领部落之官员★[8]和百姓们，应遵释迦牟尼教法，再不得欺凌僧人，不得践踏寺庙和寺院，当心侍奉着。为侍奉西番之僧人，忽必烈皇帝在位时，军犯营中有一名叫马明之人，因拉执僧人衣领，受到重罚。今后，如有俗人以手犯西僧★[9]者，断其手；以言语犯西僧者，割其舌。自颁发此诏书之后，对不敬奉僧人和践踏寺庙和寺院的人，请派遣到各地的官员和僧人、长老们联名奏来，朕知后必加惩处。此诏书于鸡年阴历三月二十八日上都有时分写来。至元二十三年★[10]。

注 释

★1 中书省：中书省是元代中央管理全国行政事务的机关，地方上各省管理行政的机关叫行中书省。

★2 枢密院官人：即管理地方头人的管员。枢密院在元代是管理全国军事事务的机构。

★3 御史台：即负责监察和检举官员违法行为的机关。

★4 班第每：修行佛教教法的各类僧人。

★5 三种差：即赋税、军差、乌拉差（劳役差）。

★6 佛教称佛、法、僧为三宝。“佛”泛指一切佛，在这里主要指佛教创始人释迦牟尼；“法”指释迦牟尼亲自讲的佛经、佛教教义；“僧”指忠于佛教，一切事情遵照佛的教导办事，继承、捍卫和宣扬佛教教义的僧众。“三宝”之中最主要的是释迦牟尼亲自讲授的佛经。藏族群众发誓时经常习惯说“公却松”（即三宝），以表示真心诚意，誓言确实可信。

★7 反复下诏：即指皇帝反复下达圣旨。

★ 8　管领部落之官员：即管理部落之官员。

★ 9　以手犯西僧：俗人挥手殴打僧人。

★ 10　至元二十三年：元惠宗妥欢帖睦尔在位的前三年年号为“元统”，过了六年，又改年号为“至正”，有二十八年。按照此处纪年来分析，似应为至正二十三年重抄元成宗时的圣旨。

拾贰

大司徒·绛曲坚赞制定的《十五条法律条目》

解　题

大司徒·绛曲坚赞（1302—1364年），帕木竹巴地方政权创建者，出生在西藏止贡地方（今西藏墨竹工卡县境内）。3岁开始学习藏文，7岁从京俄却协巴受居士戒，取名绛曲坚赞。9岁随从大师堪钦次达受沙弥戒出家，14岁前往萨迦寺成为上师达钦桑波的侍从，使他有机会接受萨迦寺的一套宗教教育和政治教育，因其才华卓越，很受寺主的器重。公元1324年，就任丹萨替寺住持和帕木竹巴的万户长。在他执政期间，命所辖各地植树造林，建桥修路，发展农牧业，扩建泽当寺，广传帕竹噶举的教义，加强其政教合一的势力。并派兵攻打雅桑、蔡巴、止贡和萨迦，于公元1354年打败了萨迦政权，建立了统治全藏的第悉帕竹政权。

绛曲坚赞随即派人到北京向元帝请封，元顺帝封他为“大司徒”，命他接管西藏一切政教事务。

在元朝中央政权的支持下，大司徒·绛曲坚赞采取一系列措施，巩固和发展帕木竹巴地方政权。在十三万户的基础上，又在西藏推行新的行政区划制度，将全藏划分为十三个“宗”，宗的最高统治者称为“宗本”，由大司徒直接任免，类似于内地的流官。宗的办事机构一般都设置在一所碉堡内，地势险要，居高临下，既易守难攻，又便于监督。这是西藏地方政治结构上的一项创举，“宗”作为西藏地方的基层行政单位一直保持实行到1959年。此外，大司徒·绛曲坚赞依据吐蕃时代的《十善法》，制定颁布了《十五法》。此主要记载了《十五法》的条目，具体内容见《苍龙喧嚣法典十五条》。

译　文

往昔吉祥萨迦派★[1]之世，不但称王吐蕃，而且统御大蕃★[2]全境。由于后嗣者权贵各怀异志，各走一方，诸本钦★[3]等执法多变异，鲜有定制。法王之律★[4]亦沾染霍尔★[5]之习，流于欺诈，或犯高下宽严不均等等弊端，尤以运用霍尔法典，杀人者以命偿，例此律条，皆是造大罪孽者。因此，大司徒★[6]欲以吐蕃先祖法王所制《十善法》作为准绳。若能如此遵行，则既不舍弃贫弱，亦不纵容强悍，洞察真伪，分清皂白，则能使天下安，虽老妪负金于途，亦可坦然无虑。其所制之律有：《英雄猛虎律》《懦夫狐狸律》《官吏执事律》《听诉是非律》《逮解法庭律》《重罪肉刑律》《警告罚锾律》《使者薪给律》《杀人命价律》《伤人处刑律》《狡赖赌咒律》

《盗窃追赔律》《亲属离异律》《奸淫罚锾律》《半夜前后律》等十五条法规。此外，尚有为达到消灭难于调服而心怀邪恶之敌党，使策略行之有效，应行武力作战之法；外敌进攻时，而行坚守堡叠之法；治理民事之在职官吏奉行善业，无亲疏爱憎，而行公正不阿之法；有杀人者不作抵命，不作使二命同尽等造罪之事，而行赔偿命价之法。诸如是等运用巧智做出详规，犹如展开整匹白绢，以微笑之姿而从远方招迎圆满新时之嘉宾。

注 释

★1 藏传佛教主要宗派之一。"萨迦"是地方名，即今西藏的萨迦县。萨迦派以萨迦寺而得名，创始人款·衮却杰波（1034—1102 年），生于西藏款氏家族，年轻时从卓弥·释迦益希学习"道果"教授。北宋熙宁六年（1073 年），于后藏仲曲河谷的奔曲山建萨迦寺，以此为根本道场形成了萨迦派。这一派采取了血统和法统两种传承。衮却杰波死后，其子贡噶娘波（1092—1158 年）继承法位，成为萨迦五祖中的初祖。他先后从师学习中观、因明、对法、大黑天法、喜金刚法、集密法、胜乐法和"道果"教授，使本派教法趋于完整。萨班·贡噶坚赞（1182—1251 年）是这一派的著名高僧，他知识渊博，曾率侄子八思巴等去凉州会见过阔端。忽必烈统一全国后，八思巴被封为"帝师"，并统领西藏十三万户，掌握西藏政教大权，使萨迦派达到鼎盛。14 世纪后半叶，萨迦派随着元朝的灭亡，失去了在西藏的领导权，其地位被噶举派取代。但是，他们的宗教活动仍很活跃，得以继续发展。在其兴盛时期，在藏区之外的蒙汉等民族地区也有他们的寺院，后来陆续被毁，或改宗其他教派。萨迦派不禁娶妻，以“道果”教授为主要修法。在显教方面，该派有两个系统：一是以雅仇桑杰华、绒敦·玛维僧格和饶贤巴·桑杰佩为代表，以那烂陀寺、哲域杰擦寺、图旦南杰寺、羊八井寺、年雍夏雄寺、曲科伦布寺、鸡巢下院等为中心，以十大经论立宗，倡导唯识见，传授法相学；另一是以仁达娃·熏努洛哲（1349—1412 年）为代表，主传中观应成派教授，主张诸法性空，主传“道果”教授。

★ 2　吐蕃时期，狭义的“蕃”指卫藏本部，广义的“蕃”，包括阿里三围，卫藏四如，朵康六岗等，即谓之为“大蕃”，详见《藏汉大词典》第 1848 页。

★ 3　“本钦”藏语意为“大官员”。

★ 4　元代制定的有关出家高僧之法律。

★ 5　“霍尔”藏语意为“蒙古”。

★ 6　“tavi-si-tu”即大司徒·绛曲坚赞，此人是帕竹政权的创建者。

拾叁

《苍龙喧嚣法典十五条》

解　题

《苍龙喧嚣法典十五条》是自萨迦政权向帕木竹巴政权过渡时期的产物，是在原萨迦政权整理法律细则的基础上制定的。因为大司徒·绛曲坚赞制定的《十五条法律条目》是在制定法律的前期准备阶段草拟的，故只是立了个条目而已。而《苍龙喧嚣法典十五条》才是正式的文本,《苍龙喧嚣法典十五条》是对《十五条法律条目》的修饰，说明其在藏族社会的影响如“苍龙喧嚣”一般，影响极其深远。

《苍龙喧嚣法典十五条》是一部诸法合体性质的法典，其中，有的是保护性规范，禁止发生危害他人生命财产安全和扰乱社会秩序的行为；有的是程序性规范，旨在查实案情，弄清是非，以便准确裁决；有的是处罚性规范，对案犯的处置手段以及对受害人的补偿方式、数额等作了相应的规定。《苍龙喧嚣法典十五条》中的《杀人命价律》是有关杀人赔偿命价方面的法律；《伤人处刑律》是有关伤人要作相应赔偿的法律；《盗窃追赔律》是有关盗窃赔偿方面的法律；《狡赖赌咒律》是有关证人应避忌方面的法律；《奸淫罚锾律》是对奸淫处罚方面的法律；《离异协议律》是有关继承、养育方面的法律；《听诉是非律》是规定官员应尽职责方面的法律；《诽谤污蔑律》是对诽谤污蔑者处罚方面的法律；《买卖度量律》是对买卖双方实行公平度量方面的法律；《余缺清算律》是对借贷放债或买卖贸易方面的法律；《损失平摊律》是有关物主和盗贼双方应承担的法律；《半夜前后律》是有关贷方和借方双方在不同时间内所应承担的法律。《英雄猛虎律》是对强悍的人加以抑制的法律；《懦夫狐狸律》是对懦弱的人加以扶助的法律；《诉讼费用律》是要求司法官明断是非的法律。总之，《苍龙喧嚣法典十五条》的内容是集赞普松赞干布以来历代法律之大成，将提倡和保护宗教作为制定法律的基本原则，法律明确规定保护敬信佛教和弘扬佛教，并规定可供遵循的具体做法，法律以严酷的刑罚手段保护上层僧人的财产不受侵犯。如《杀人命价律》和《盗窃追赔律》的条款规定，盗窃“三宝”的财物，除罚金八倍连原物九倍外，轻者挖眼、割舌、截手；重者杀戮，推坠悬崖，抛入水中。上述这些规定就其实质而言，是为西藏地方政权的执掌者以及封建农奴主服务的。

译 文

智悲威力万丈光芒射，
消除三有众生无明暗；
远远胜过一切胜利者，
愿请能人王日★[1]永保佑。
八万四千正法大蕴积，
巍巍高耸教证大海中；
圆满大宝所成层次高，
敬礼日月精美耳饰藏★[2]。
无论一切皆属内智慧，
解脱明论乃不退资粮；
具备无上功德吉祥源，
敬请大圣诸僧赐妙善。

第一，制定法律之历史。如是，《妙圣怛特罗》《金刚帐幕》及《觉者相合》等（经）中所讲的祝愿三宝之偈为前导。首先，世尊于舍卫城之太子祇陀林和给孤独园居住时，愚痴的十不善之诸业力于世间放荡不羁，有杀生、偷盗、邪淫、妄语、离间语、恶语、贪、嗔及邪见。其多行邪恶者，小罪投生为旁生，中罪投生饿鬼，重罪投生到地狱，遭受各种各样的痛苦。由地狱之守护神引领（彼等）到地狱，有的按倒在地上，拿刀乱砍；有的双方投掷火器，失手者被烧之；有的放入臼内用棍捣之；有的以磨研之；有的逼上刀山；有的投入火焰车及沸腾的铜锅内，或放入温水及浊泥里烫煮之，受尽了不堪忍受的巨大折磨。即使于今生，亦如《大宝鬘》（经）中所云："因杀生而成为短命，因害人而祸患多，因偷盗而使财富罄，因奸淫而与敌结伙，因妄语而遭毁谤者多，因两舌而失去智慧，因恶语而常闻丑事，因绮语而出言不逊，因贪心而破灭心中之愿望，因恶意而招致恐惧，因邪见而永存邪恶。"于是，世尊亲见十不善之果报难以忍耐，便为制伏诸等讲说《十善经》★[3]，并制定了摒弃十不善之戒律。圣者龙树★[4]亦撰述劝诫国王之《大宝鬘》，劝诫大臣之《般若百论》，劝诫人民之《养生篇》，此即戒除十不善之三论典。依此三论典为理论基础，参考历代大法王制定的法律，遂制定《苍龙喧嚣法典十五条》。

吐蕃时期的诸位法王制定的法律通过寓言故事叙述如下：

《惩治杀生律》是，有屠夫二人，一人名叫噶如孜，另一人名谓玛如孜，彼二人欲杀一只绵羊与一头猪。待猪呻吟时，玛如孜以土掩盖绵羊的双眼后遂杀之。责令噶如孜割去猪舌，噶如孜不忍心下手，任其溜之，（自己）逃至森林中，因无食物，饥饿难忍，偶尔食一野菜，由于其效力，由森林飞出远方。一猎人见此情景，遂禀报国王。国王下令把人带来，于是，将噶如孜带到王前，王问噶如孜："汝有何功德？"噶如孜答曰："无任何功德，因饥饿难忍而食一野菜后，就获得如此成就。"国王惊奇不已，遂重赏噶如孜。此时梵天道："杀生造罪孽，果报极明显；堕入地狱者，乃是玛如孜。噶如孜，入善趣。善恶因果，如实显现，神奇呵！"遂制定了戒除杀生律。

《惩治偷盗律》是，有一名谓衮玛噶窝的盗贼，随同众贼进一仓库中行窃。当其同伙偷来许多财物时，噶窝心中闪念道："我为何行窃，贪恋户主回向三宝的财物？"于是，不禁失声大笑，笑声虽被户主察觉，但对他置之不顾，而去追击其他盗贼。正当众贼报复衮玛噶窝时，木仙女持光（向衮玛噶窝及户主）示现授记，户主依照授记得黄金宝藏，成为富翁。此时帝释天道："由于福善之威力，噶窝★[5]户主得黄金；衮玛噶窝入善趣，其他同伙堕地狱。真稀奇！"遂制定了戒除偷盗、发放布施律。

《惩治邪淫律》是，有娼妓二人，一人名谓噶金，另一人名腮维卧。腮维卧自言道："如此羞耻、肮脏、罪孽大而无餍足之行为。"于是，她前往佛陀尊前，受净行戒。自此之后，她一直守持戒律，后转生为宝光天女。娼妇噶金欲愿愈来愈大，她心想："同欢时由他赏钱给（我），天底下哪有比这更舒畅。"因他淫乱不断，最终投生到恶鬼之胎浊泥处。此时天子宝善作偈道："腮卧（即腮维卧的简称）因弃轮回欲，转生光明天善趣；噶金淫乱堕地狱，此亦稀奇神奇矣！戒除邪淫守净行。"遂制定戒除邪淫，持受净行戒律。

《惩治妄语律》是，一国王名谓恰季，彼忌恨天竺。彼有二奴仆，一名婆罗门无妄语，另一名贱种大妄语。彼二人放牧一头名谓"超群虎纹"的水牛，此牛乃一千头水牛之牛王，出类拔萃。平日里食用最鲜嫩之献★[6]新青草，饮用最洁净之献新水，进时作引路者，退时当收尾者。常在高高的山顶上侦察野兽出没，后来两牧人将此牛杀死食之。由是，贱种道："婆罗门兄，说'超群虎纹'坠入悬崖而摔死，如此更为妥善，否则国王将处治吾二人。"婆罗门云："余自出生以来不会撒谎，此次亦不会说谎。"（贱种）云："不会谎言，国王将处以死刑。因此，非说谎不可。"于是二人约定撒谎。复次，（贱种）又试探婆罗门能否撒谎，当他确认（婆罗门）不会谎言时，唯恐（婆罗门）说实话。随之，在该地彼等遇见国王。王问："千头水牛完好无缺否？'超群虎纹'还生存否？"

由于婆罗门不会说谎，便回答：“‘超群虎纹’是我杀矣。”于是国王说一声：“阿夷（va-yi）！”遂重赏婆罗门，贱种以割舌处治。此时，大自在天云：“与假相反说真话，婆罗门获大奖赏；贱种割舌堕地狱，嘿呀奇异稀奇矣。”遂制定弃妄语，讲真话律。

《惩治恶语律》是，胜光王★[7]的侍从中有一人名曰拿波则巴，此人时常口出恶语。还有一人，其人名叫莲花禀性，此人对所有人说话和气，语言温柔而态度诚恳。莲花禀性对拿波则巴云：“不得如此言语，兵器所伤可以治愈，恶语中伤不可治矣。”拿波则巴云：“恶语是强者的英雄标志，也是阻塞叫嚣者的塞子。何人敢于反驳我。”如是，彼口出恶语及表里不一之语。对此，所有村民商议后，拿波则巴的一切财产被村民抢劫一空，然后将之转送给婆罗门莲花禀性。此时乾达婆护国王道：“因出恶言伤人语，大户家人财富失；温和言语合众心，妙哉婆罗门获财。”遂制定戒除恶语、语言温和律。

《惩治绮语律》是，迦毗罗城★[8]有一铁匠，人称彼名“絮叨”，相传此人任意口出绮语。又有一人名叫“拔若·扎巴森格”，此人言必有中。一个人称“日光”的比丘，走进铁匠家观看（铁匠打造）的模型。由于铁匠随意胡言乱语，拔若对彼云：“铁匠，汝无义之胡乱语如此多，到此休矣。比丘受累，请回寓所。”由于比丘只听到绮语，而根本听不到讲经说法的声音，致使全身劳累，神智错乱，便昏倒在地上。此时国王云：“我的僧人究竟犯何罪？”于是，拔若陈述了事情之原委，国王奖赏拔若·扎巴森格，铁匠絮叨受到割舌处治。此时天子仙甘达董作偈道：“绮语如狂癫，胡言失舌头；拔若获奖赏，嘿呀极稀奇！”遂制定了戒除绮语、言必有中律。

《惩治两舌律》是，摩揭陀国王影坚★[9]与一个称之为“拔若村官”

的富豪人家关系甚为密切,彼此之间有一个挑拨离间者,其名“无垢”。(无垢)于国王跟前云:“拔若曾对余言过:‘吾比国王更善良,财产亦比国王多,侍从仆人比国王多而精干’。”彼如此挑唆后,又跑到拔若跟前云:“国王曾对余言过:‘余乃拔若地方之长官,(拔若)是余之奴仆,(彼)若不听命于余,余可随时要彼之命,夺彼之财。’”如此,彼又挑拨双方的关系。如是,拔若和国王双方即将发生争斗。正当此时,一婆罗门,其名阎颇罗,彼善于调解一切(纠纷)。通过彼之居中调停,终于使国王安邦治国。由是,国王和拔若双方各自陈述事情之原委,最终发现纯属离间者之两舌行为,遂将离间者无垢以割舌处治。婆罗门阎颇罗因调解有功,(国王和拔若)双方各自赏赐黄金一百两。此时,人非人树王★[10]道:“离间分割异熟是,割舌堕入恶趣中;婆罗门阎颇罗,居中调解,得奖黄金二百两,遇见果报极奇异。”遂制定戒除离间语、调解不和律。

《惩治贪心律》是,于南方“斯达”(si-ta)国有一户主,名谓“光明”,其人虽家产万贯,但对自己的家财极为贪恋。对他人的财物,既惯于从中取利或诱骗之术,又贪得无厌,尤其对三宝的供养,常起贪欲心。还有一人,名谓“吠舍里★[11]无垢”,此人对财富,毫无贪欲之心。彼对户主光明云:“汝明明万贯家财,还贪恋他人之财,如是,非善也。尤其是对三宝之供养品,若起贪欲心,非特今生今世不吉利,而且来世亦堕入恶趣。所谓贪财之心,是贫穷人应具之,而富人之财物如此之多,应知足矣。”(户主光明)答道:“与此相反,饥饿之人无缘由钱财陪伴奈何?而富翁由钱财伴随,今后的缘分是仍然需要财富,财富何有知足呢?三宝的供品更有侵占利用之理由。”如是云云,此人乃贪欲之徒。彼时,相传突然间,光明的所有财产被人抢劫,彼之心脏由夜叉毗那亚噶(bi-na-ya-ka)亲手掏之,遂亡矣,后世投生恶鬼。吠舍里无垢受到国人之丰富供养，财物食品，应有尽有。土地仙女“丹玛”（bstan-ma）道：“贪财不知满足者，今世受难，后世堕恶趣。吠舍里乃毫无贪心，安乐富裕，极稀奇！”遂制定戒除贪心、摒弃耽著律。

《惩治嗔心律》是，斯里兰卡国有一力士，名谓“达瓦桑波”（zla-ba-bzang-po），凡接触过此人的无不受此人之敲击打砸，彼生性好斗，拽、拉、抢、夺、击无所不通。还有名谓“赛松”（gser-bzung）的一国王，彼具有菩提心，凡遇危难者，都得到彼之救护。据传，达瓦桑波在众目睽睽之下，由阎摩狱主带到地狱，而赛松国王真真实实地被延请至天界。为此，多闻天王道：“穷凶极恶害人魔，力士确由阎王带；菩提心肠赛松王，迎请天界极奇异！”如是，遂制定戒除嗔心、具有菩萨心肠律。

《惩治邪见律》是，外道祖师迦叶富蓝那云：“论述常见与断见，罪过极大。由于没有前世及后世，故不存在善与恶。没有业力及因果，三宝乃虚假。”彼非特自己如此行事，而且对别人亦如此开导。一比丘，人称“狮子”，彼深信有前生后世及因果缘起，敬信崇仰三宝。由于上述之异熟★[12]，迦叶富蓝那堕入无间地狱，而比丘狮子降生西方极乐世界。金刚藏菩萨如此作偈道：“具有神通的迦叶，活生生地堕入无间地狱★[13]，邪见者悲悯矣！狮子清净，又具利益，降生西方极乐世界，既奇异又神奇！”如是，遂制定戒除邪见、永持正见律。正因如此，教规与王法，虽然从起名及所戒除的（内容）而言，有所矛盾，但从能戒除的（行动）而言，并不相违。一个纯正的王法，仅仅显现于教规之中。

第二，讲述制定王法的利及不制定王法的弊。《银卓（yid-vphrog）仙女的故事》中载道：“北方五具国幸福富强，是因为其王治国犹如奉行佛法，故侍从百姓均听命于王。南方五具国痛苦贫穷，是因为其王治国与佛法相悖，故众百姓、眷属、侍从及奴仆均不听命于王，使国家愈来愈穷。”如是云云。世尊于《契经》中云：“不惩治罪犯，其罪过转嫁于当地王矣。”亦云：“对破坏其他智者之计策的人，若不予依法追究，今后势必胆大妄为。”如是云云。法官与诸位中证调解者，由于按照主张分析居心不正之共性律；主张揭露狡诈之墨瓶律；主张戒除罪行，公平正直之意中画律；主张调解之贤者神通律实行法律及诉讼，已获得极大的善报。祖先诸谋士云：“于沟头禅定修行，与于沟尾调解不和，两者毫无区别。”亚布拉赤桑（yab-lha-dri-bzang）云：“主张公平正直之意中画律，主张调解之贤者神通律，主张分析居心不正之共性律，主张揭露狡诈之墨瓶律。集一切于此四律中。”

第三，吐蕃法律产生的时间。亘古之时，于有如黑暗洲★[14]之藏地，制定十二邦之法律。依山造房屋，称之为山宅，以狩猎为业，以兽肉为食物、兽血为饮料，身衣兽皮，人们不知其何为善、何为恶。此幻化法王松赞干布，为使吐蕃百姓置于安乐，制定了以十善为准绳的法律。彼提倡五妙欲★[15]，相互送礼，下令其属下一切百姓信仰正教★[16]，派遣七名聪慧大臣，往赴天竺学习文字，彼等因在途中遇边鬼而返回（故土）。复次，吞弥阿奴（thon-mi-a-nu）之子，名谓吞弥·桑布扎（thon-mi-sam-bho-tra），此人聪慧正直，并具有许多优点。（赞普松赞干布）不惜一切代价，令彼携重金赴天竺学习文字。该大臣亦不惜自己的身家性命，遂前往南天竺，于婆罗门声明★[17]学家黎敬（li-byin）跟前学习文字。又于班智达拉日白森格（lha-rig-pavi-seng-ge）身旁学习一切论典，成为精通五明者，将《宝星陀罗尼经》《宝箧经》《观世音二十一显密经典》诸等佛经翻译成藏文。当赞普（指松赞干布）莅临喜庆宴会时，（吞弥·桑布扎）以藏文元音符号“那若”（na-ro）、“给姑”（gi-gu）、“郑波”（vbreng-po）及“夏布纠”（zhabs-kyu）为单位所组成的文章，敬献给

（松赞干布）以为献新文字。其文云："尊颜光润，满面春光；教戒深道，单传不断；消除一切，厄运习气；不败圣者，清净正士；洞察善逝，胜义智慧；即于三昧，寂止之中；圣者怙主，灭除烦恼；降伏调柔，邪魔三毒；观音菩萨，心传弟子；尊称法王，松赞干布；向您顶礼，佛法国王。"如是赞颂后，赞普（松赞干布）大喜。当时国王主要考虑佛法的昌盛，对大臣★[18]倍加恭敬及尊重。至于翻译文字的详情，可翻阅其他相关文籍。当时尽人皆知的大臣有三百名，其中以吹及·那钦日桑（vphrul-gyi-sna-chen-rig-bzang）、拉斯·消波丹桑（lhar-gzigs-shog-po-bstan-bzang）、该聂顿培桑（bkavi-snyag-ston-vphel-bzang）等六贤善内相为首的百名大臣，办理侍奉赞普（松赞干布）等一切内务。六严厉外相是：琼波·奔松赞（khyung-po-spun-bzung-btsan）、拉木赤·德拉赤赞（lam-khri-bde-lag-khri-btsan）、木赤·多吉朗赞（mu-khri-rdo-rje-rnam-btsan）、厅格·绛曲巧赞（mthing-gi-byang-chub-mchog-btsan）、塔巴绿坚赞（thar-pa-kluvi-rgyal-btsan）、绒波·吹及德赞（rong-po-vphrul-gyi-lde-btsan）。以彼等为首的百名大臣，由东方汉地和西夏引进工艺及算术的样子，由南方天竺翻译正法，由西方索波★[19]及泥婆罗打开食物及财物之宝藏，由北方霍尔及格萨尔★[20]获取法律及事业之典范。总之，吐蕃统治四方，尽享荣华，成为半个赡部洲之主宰者。当时赞普（松赞干布）云："吾乃护持佛法之国王，凡属于吾之命令及统辖范围的所有人等，汝辈于行动上要戒除杀生、偷盗、邪淫三者；语言上要戒除妄语、两舌、恶语及绮语四者；思想上要戒除贪心、嗔心及邪见三者。总而言之，要戒除十不善。杀人命价偿还千倍；偷盗偿八倍追九倍；邪淫偿付奸淫罚金；谎言妄语者，责令发誓。此即古律四条。复次，令众庶民百姓切记：要对三宝生起信仰及敬慕之心；要寻求正法，并予实修；要回报父母之恩；

对有学问的人要敬重；对种姓高贵者及长辈要倍加恭敬；要做有益于乡里人及近邻的好事；对亲戚好友要持长久之情意；秉公下令，要谦虚谨慎；跟随品行高尚者，并保持长期友谊；对食物及财务应有节制；勿使过去对己有恩的恩人伤心；按期偿还债务，保证秤斗绝无欺诈；对人少妒忌；勿听友人之坏主意，要有自己的主见；语言温和寡言；承受力强，虚怀若谷。”如是教导。复次,（松赞干布）颁布《在家道德规范十六条》，还讲述了《黄金方格排列顺序》及《牛（年）华翰》两部伦常道德论典。遵照赞普（松赞干布）的教导，以吞弥·桑布扎（thon-mi-sam-bho-tra）、噶尔东赞（mgar-ba-stong-btsan）、植·色如恭顿（vbri-se-ru-gung-ston）、聂·赤桑（gnyags-khri-bzang）等四谋士为首的百名大臣，对双方僵持不下者实行调停平衡；对贤善者给予奖赏；对好斗者处以刑罚；依法压制豪强者；以计谋护持低贱者；将侍卫军划分为四个部门；沟头之水蓄积为池塘，沟尾之水引入水渠；规定秤斗之计量；划分田地为块状；教人识文断字；画马点额。由于如此树立典型，戒除十不善，推行十善，终于使吐蕃全境得以安乐幸福。如是,由十善形成的《吐蕃法典二十条》，于“秀玛热”（sho-ma-ra）一地正式制定后，君臣众人加盖印章于上，有如日月光辉普照大地。

第四，有关法律实施的情况。分总论及要义。其一（总论）是，于判决各类诉讼时，考虑到所谓具备四秉正的八名作证人及公证人一人，共九人。公证人，即指法官和中证人。四秉正，是指经验丰富，胸有成竹，善处理疑难问题，会摸底。所谓八证人，是指由诉讼双方各自参加熟悉情况的重要人员四名。此即所谓中证人是正义者的寄托，其心境如悬崖之滚石★[21]，争辩胜负有如雄鹰，是非（曲直）有如锦缎上的条纹，耳朵是打听恶语的器官，口是贱人之器官，大襟包★[22]是贮存肉血之容器。

其二讲说要义，分三部分：首先，法官和中证人的必要性；其次，当事人与担保人的必要性；最后，《苍龙喧嚣法典十五条》。首先，担任法官及中证人的诸等人员，在诉讼中必须遵守三誓言及四珍爱。三誓言是：用心仔细倾听，此即开首誓言；不行善者逐出门庭，此即中间誓言；耐心跟随足迹，此即最终誓言。四珍爱是：一、无听候调解书约及保证人，不予判决；二、秉公办事，严禁左袒亲友；三、严防狡诈及虚妄之言，极力调和；四、咨询真心实意而毫无私心的智者。总之，需要一个如何利用缝补之针、切割之刀及能挥笔成章的人。

为此，首先由调解人召集诉讼双方各自的当事人及担保人会议。如是云：人身是幸福与痛苦的本源。人有善与恶，但人能改邪归正。树有瘿疖，有疖可用大小斧头砍掉。二人争吵时，中间出现一个人，此人乃活灵活现的天神。此即所谓战争源于天界，而调和于罗刹鬼界。当初失言争吵，最终和解，言归于好。纵然有千愁万恨，最终亦以调解和好。欲倒之树，由风重新扶起；息止之仇，由热血死灰复燃。挑起无理纠纷，其结果使有限的资财像抖灰一样耗尽无剩。无论如何，需要调解，首先必须用心听取诉讼人的争辩词。此时，当事人如此争讼道：

其一，所谓“提问黑暗讼”，是指不招惹非亲非故者，不召唤不知情者，不与案情无关的人进行谈论，不得罪残疾人。

其二，所谓“恶讼八压”是，鼠洞大的上口，可扎进（利刃），牛轭般的大件，却不能过滤（渣滓）。愚蠢计穷傲慢者杀人性命，却未有人索取千倍的金山奴仆。

其三，所谓“威严讼二十五”是，面前死人，令尸作证，杀人性命，却诬陷好人。

其四，所谓“答复锥尖讼”是，小子，汝虽为不屈不挠之硬汉，但余亦为能伸能屈，无人折断之温柔之士。

其五，“盛气凌人讼”，此即：四高贵因，四高贵征，四高尚功德。四高贵因是：祖先种性高贵，功绩卓著高贵，资材雄厚高贵（少一高贵）。四高贵征是：以茶酒为饮料，象征高贵；衣锦缎、猞猁皮及狼皮，象征高贵；役使犏牛及骡马当驮牛驮骡使唤，象征高贵；大人及远方人前来做宾客，象征高贵。四高尚功德是：顶礼膜拜上师三宝，有如头顶之珍宝，为高尚功德；视父母及其世系如马镫，高高抬起，为高尚功德；抚育子孙及眷属如牛犊羊羔，为高尚功德；攻击作恶多端的敌人，有如草坪上钉金刚橛，为高尚功德。诉讼性质是：此情器世间是否形成于汝父母时代？是否毁灭于余父母时代？于余时代能否将之★[23]出售？于汝时代亦能否将之收购。如此听完开首争论后，中证人道：请您二位讲话和气，话虽无犄角，能刺人心；话亦无四肢，能演会蹈；话又如射雕群，能射中要害，如在黑夜里放箭，其箭声回响于天神耳中一般。至于听讼人、担保人、旁听人及首脑的训诫场所，可适当安排之。其次，讲说当事人及担保人的要求，当事人必须戒除“三罪”以及略谈“四珍爱”和“三必须”。三罪是：伤害好打官司的窃贼，为第一罪；残害恋食的耗子，为第二罪；折磨勤耕的瘦削老牛，为第三罪。切记务必戒除此三罪。四珍爱是：一、不视公众代表为敌；二、不做对自家无益的争辩；三、勇者不失言；四、不诱骗担保人。三必须是：心平气和地争议时，语言必须悦耳动听，有如响铃一般，此即第一；与各种纠纷中开展激烈争辩时，必须有铁齿铜牙般的善辩之舌，此即第二；总结各种不同的案情时，必须言简意赅、抓住要点的口才，此即第三。总之，利用比喻、真实及象征三者，提出纠纷；利用相像、合适及应该三者，在内部展开讨论；利用利益、优点及弊端三者，向对方劝诫；利用斥责、粗暴及生硬三者，来了解（对方）计策之缺陷。担保人应具备的四珍惜是：一、承担我方的责任；二、抓住对方的弊病；三、交接善始善终；四、达成清晰完满的调解议定书。

《苍龙喧嚣法典十五条》主要内容有：《杀人命价律》《伤人处刑律》《盗窃追赔律》《狡赖赌咒律》《奸淫罚锾律》《离异协议律》《听诉是非律》《诽谤污蔑律》《买卖度量律》《余缺清算律》《损失平摊律》《半夜前后律》《英雄猛虎律》《懦夫狐狸律》《诉讼费用律》。若以王臣文件之准绳，非此莫属。

第一条，《杀人命价律》。霍尔及吐蕃的制度中，霍尔规定杀人偿命，吐蕃盛行佛教，信仰佛法，若杀人抵命，则造成二命同尽之罪孽。故赔偿命价千倍，甚为妥善。亦又出现所谓空无劫波★[24]的“空”，古时如上流人士被杀，赔偿命价千两及千钱，故称“东”★[25]。因须请求担保人之奥援及旁证人之奥援，令彼等许诺减免，亦称之为“东”。所谓“东”，乃是空空如也，此即所谓索取千倍，未必成富翁，赔偿千倍，亦未必为乞丐。命价如同赔偿死尸，故又称之为“死身费”，“东”与“死身费”义同，依人之贵贱分类施行赔偿。萨迦班智达云：“马百牛千人十万，有德贤者不可说★[26]。”如此云云。据世间老人云：“上部‘雅孜’（ya-rtse）王被‘霍尔’（hor）杀戮，用与其遗体等量的黄金赔偿命价。下部‘格萨尔’（ge-sar）王被‘典玛’（ldan-ma）王杀戮，其命价至今仍未偿清。”如是又云：“流浪汉、铁匠、屠夫三者，虽被人杀死，但彼等之命价仅值一根马兰草绳。”云云。当时，普通寻常人亦分上、中、下三等，上等中又分上上等、上中等、上下等三等；中等中亦分中上等、中中等、中下等三等；下等中也分下上等、下中等、下下等三等。上上等赔偿命价一百一十至一百一十五两左右；上中等命价为九十至九十五两左右；上下等命价为八十至八十五两左右；中上等命价为七十至七十五两左右；中中等命价为六十至六十五两左右；中下等命价为五十至五十五两左右；下上等命价为四十至四十五两左右；下中等命价为三十至三十五两左右；下下等命价为二十至二十五两左右。妇女被杀者极少，如有被杀，其命价大致十两至十五两左右，可与以上类推。相传被八岁以下的孩童用刀捅死，除偿付行善费外，无赔偿命价之俗。前来行窃的窃贼，被物主杀死，亦无享受命价的资格。但世传无论何人偷盗，皆由尸身争辩，故给予死者以适当的超度用品。复次，对绑架杀人及聚众行凶，其命价由自行决定的数量翻一倍。此乃“第悉仁波切”★27所制定的法律矣，或可随机行事。复次，说杀人，又说投毒，究竟犯何罪，经查未查清者，有偿付命价之二分之一的忏悔金之俗。还有用“拖”★28丈量良田，由良田代替命价之俗。如今守法者少，赔偿命价之诸等级，可顺势应变矣。对于先圣权贵的命价，可按规定实行特殊优待之。凶手命价中扣除十分之一的“札普”★29，“札普”的一半作为惩戒凶手的行善用具，行善用具亦称“善具”，此亦乃坟地用品，故又称“尸具”，善具与尸具，二者义同。须偿付命价一千两，每一两外加青稞一克，酥油又为赔偿青稞的一倍或四分之一等三种偿付法，可任选之。如今一克青稞强行交换二藏两★30酥油已成规矩。掩尸衣被、尸身防腐剂、血褥垫等等，随其所宜。焚尸所需各种物品，何种适宜，可灵活使用之。杀人所犯大、中、小罪，即所谓“白、黑、花”。有所谓压服刀鬼的切割铁器之具，还有寡妇的擦泪布、洗发皂、胸垫（肚兜）等名目繁多的物件，而义同矣。孤儿的生活费、母亲的安慰费、国王的“杰”★31所需费用，凡所有资财如何使用，均应附笔说明。复次，有所谓世代议会之首脑，共同父系之王道，兄弟之惩戒，共同舅系之王道，亲戚之王道，女婿之随函弓等等，名目繁杂的诉讼名词甚多，如何准确使用，亦应附笔解说。如若疏忽而忘却此事，尸主将会前来与凶手争辩，严防类似情形之出现。提前交接给被杀人的尸体举行佛事所需资财，对交接双方大有裨益。交付一方让接收一方成倍收益，已既成事实。接受一方如对死亡者怀有悲悯及同情之心，接收期就不能延迟至七日以上，因为期间死者灵魂游荡于中阴，通过举行佛事，方能消除通向菩萨十地及五道的障碍，故对接受者有益。但如今确有少数几人，对死者不怀好意，不愿死者成倍收益，却说不予接收，最终无人交付。将所有赔偿命金折合为物价的方法是："玛尔"★[32]"布藏达布"★[33]"布藏"★[34]及"松达布"★[35]。四者各自区别开来，一一进行交接。昔有贵族的命价偿付时间，分为三个时期，其命价的三分之一须交付"玛尔"之规定，依古风，葬尸所需酥油及青稞折合为成倍的命价。须交出杀人之真刀，以为招引刀鬼，无论刀之好赖，需从偿付命价的三期中扣减一两，此乃古律矣，亦云此即报仇雪恨之好兆头，然而多数人都不愿交刀。交接命价是凶手与户主间的交易，须将山坡和平川地带的牲畜、幼马、幼驴、能使唤的牛羊、铠甲、锦缎、氆氇、南货、北货、土特产品等均于三期内分别折价交换。折价时如意见不合，就采用亲手交付"玛尔肖"★[36]将之折合为"玛尔"命价，亲手交付"贝肖"★[37]亦将之折合成为"贝"★[38]命价。命价折合中，"玛"（smar）为"松"（zong）之八倍，此即法规矣。例如，非包扎伤口之布，则包经书之布，其每 16 肘长为一"玛尔肖"，每 12 肘长为一"贝肖"，每 8 肘长为一"松肖"；山羊毛口袋每 8 袋为一"玛尔肖"，每 4 袋为一"贝肖"，每 2 袋为一"松肖"。如此折价交换之。复次，1 000 捆竹子之命价为一两（黄金），一犁铧的命价为半钱（黄金）。除为积德行善之佛事拿去的青稞及酥油外，其余金、银、锦缎、合金铜锅等均折合为酥油及青稞的价钱予以赔偿，此乃智者之常规。

第二条，《伤人处刑律》。相传古时“上等人滴血值一钱（金子），中等人滴血值一厘，下等人滴血值一毫”。而如今对于发生争斗的根由，即何人有理、何人理屈、受伤人的伤势程度如何，诸等问题查清后，就分别索取青稞二克外加白皮青稞一克、酥油五“聂噶”★[39]、食盐一升、酥油汁二藏合，以为酬谢法官主持公道。至于如何交付受伤衣物、流血垫子以及“杰”（rgyal），《藏巴第悉十六法典》★[40]中称之为“姑杰”★[41]官等人的谢罪金，可灵活决断之。对于伤势严重者，如若坦然自若地决定加倍偿还赔偿金额，那么将其加倍的赔偿金折合为“玛尔”与“松”的半成。此乃虽已成规，但于多起纵火烧伤案中，对烧伤严重者，其衣物及血垫的赔偿，可酌情处理。另外，依照纵火烧伤者，以一钱黄金为赔偿金，共赔偿三次；拿刀砍伤者，以一两黄金为赔偿金，共偿付三次的成规实行之。若骨折则有两种规矩，此即：凡折断人骨者，均以金银贵重珍品赔偿三次；或被折断的每根骨头偿付赔偿金三次，可依法规实行之。关于向“杰”法官赔罪所需酒肉之数，实物之类别及多寡，可灵活决断之。若各持己见，对价格不和，须决定缴纳整羊肉三只，酿酒青稞三克，“郭梨”★[42]（其价值一钱黄金），围裙三件，价值一千（黄金）的宽帽一顶，毪子花毯三床，氆氇四匹，价值半两（黄金）的坐垫，价值一钱（黄金）的豹皮一张，价值一钱（黄金）的草豹皮一张。

第三条，《盗窃追赔律》。先法王松赞干布曾云：“盗窃偿八倍，追九倍。”但如今于不同辖区抢劫他人财物，应赔偿名七实八倍，或虚四实五倍。于同一辖区盗窃他人财物，大约赔偿名三实四倍，小的赔偿可依“三命名”，即名称多种而意义相同的所谓“生（存）、领（引）、减（降）”及“赢（胜）、名（虚）、实（真）”裁决之。左邻右舍相互盗窃，无论盗窃何物，为查清包括项链首饰在内，所有财产及牲畜之原物、原畜、原名，特派遣专人依法秉公办事，很是重要。如是，除以历时相关盗窃案为依据，认真调查分析，待查清真相后，对主动上交的可耻赃物，说明如何作价付款外，盗窃僧侣的公物，应予撤职；盗窃三宝的供养，赔偿八十倍；盗窃酋长的仓库、豪强者，偿付九十倍，或处以剜双目、断腘窝及割手三种刑罚等，可采取多种手段。

第四条，《狡赖赌咒律》。虽然于世代誓言警句中道：“誓小如小霜，小霜能湿鞋。”然而先祖松赞干布曾云：“弄虚作假者须赌咒。”此即，如有不明是非者，由土地及诸护法神作证，令其赌咒发誓。如若仅仅以知晓法律，懂得利害得失者为作证人，立下字据，义正词严地伸张正义，全神贯注于法律，而不向轻佻男子及惯于谎言和狡辩的无赖之徒发誓挑战，任其混淆双方，势必使善良者心灰意冷，让恶人气焰嚣张，得意忘形。正因如此，就必须选中发誓人，开启封闭之誓口。然而，戒除如恶魔之妄语，实在难如行走于悬崖隘路，明白此理，方能分辨真伪。选用发誓人，须排除应抛弃之四种人。四抛弃者是：所谓不擒泥塘中的金鹅，是指出家僧人不立誓，其原因是出家人戒律严明，发誓乃出家人所戒之范围，故可沾手，不可选用。所谓不串联小红璁玉为一排，是指子孙不立誓，其原因是子孙不懂利害得失之理，易食誓言（背誓），故可沾手，不可选用。所谓不以网擒住乌鸦，是指妇女不立誓，其原因是妇女为其丈夫容易背誓，故可沾手，不可选用。所谓不以网擒拿黑毒蛇，是指咒师不立誓，其原因是咒师知晓咒品及消除誓言，极易渝盟，故严防彼等沾手。随之，发誓者四人：知情发誓者一人；敌方发誓者一人；亲友发誓者一人；旁证发誓者一人，共需四人。但对此有争议，有人强调不愿作陪送者之亲友发誓者。于是，由法官及中证人适当调整后，收留知情人三至四人，其中选一人为榜样。尽管大家愿意发誓，但于细节争执不下，对此，待弄清争论的症结所在后，必须进行准确无误地批驳，以达到一针见血的效果。除此以外，于誓文中绝不允许有背弃誓约的文字及渝盟的陈词滥调。俗话说强迫发誓如同罗刹魔，自愿发誓有如新娘子，进而便知所谓何以为誓装，此即补充矣。如此行事虽无误，但仍有被誓装所食（所害）。譬如，一裸体人，头顶铜锅，颈系黑绳，上有被凿剁之血迹，身、胸、腹三处印有《伤人处刑律》，此人关进“吽”（hvum）字洞里，活活被誓装所食（所害），此乃暴力行为，不视为准则。诸如此类，彼此人数有限定。申辩人手持具福印章，沾手人手执一块肉条，鞋帽俱无。文中应记载：二人★43 所持神像均无舍利，亦无武器及护身符之类。由手持记述年月日及盟誓中作中证的诸神名单文书的人，将文书宣读一遍，然后开始立盟。如若口出杜撰之词，容易被人寻衅，责令其立誓纯正，不使被他人挑剔。若能如此实现，便可反复宣读十万诉讼官司，得以成倍调停的巨大数目。此即霍尔与吐蕃两地之法律。正如谚云：“上乘窃贼乃上乘惯偷矣。”为使名词通顺，亦云：“昼间窃及夜贼”。如有一定的把握，只是对实物有争执而已，就无须申辩，可依案情之大小及能否承担来自行解决。据传当今管家不忍心领取（财物），出现鼻尖粗于头部之类的各种怪事都不算法律。只顾当事人彼此间进行各种欺诈及反驳，而对诉讼门后的各种口舌（官司），不予立誓或迫使赌咒，就不能分辨是非曲直。狡辩者靠誓言，诉讼者靠公正，清洗污垢靠净水，所谓“清洗人心靠的是誓约”。此即善良之准则。如不清洗申辩，明镜再透亮，于黑暗之洲不显任何身影。无论如何，务必申辩盟誓，如有争执，可采取责令双方发“缓交抗交命价的罚金”誓言。通过调解，达到双方信任之目的。如今虽无有如盲人一般的信誓可言，而故意打官司的人，但仍有通过申辩，临近打官司时未寻得沾手人而退回之类的情形。复次，由于（物主）的内外财物被盗，疑心重重，随意臆测（某人）。如（某人）云：“户主，请您写一份不是您偷盗的字据，并予以申辩，然后我来赔偿被盗之财。”这有两种意图，其一是：被臆测的人认为，既然自己并非女贼，仅凭这点，他（物主）岂敢发誓。我让物主送我（法庭），是因为我与物主旧仇未解，我不偷盗我心里清楚，是他（物主）故意诬陷我，毒害仇敌乃是惯例。其二是：被臆测的人认为，我无所不偷，他（物主）一定会背弃誓约。我让他（物主）遭殃于我所栽赃的圈套里，让他赔偿我偷的一切财物，让他（物主）败在一连串的誓约上。遇到类似情况，物主往往犯糊涂。真可谓："窃贼头脑清晰，物主犹犹豫豫。”如有窃贼嫌疑，于当日由知情一人充当发誓者，经发誓及察言观色等查清真相后，根据其承受能力，确定赔偿倍数。复次，若想避开“二会议永存”之誓约，对确凿无疑的窃贼，或被臆测的贼，由物主发誓。窃贼发誓但背信弃义，其逮捕押解一案应改写为女贼。由于此事落入女贼（身上），有为女贼选择盟誓中证人，为物主选择申辩赌咒人之规。但如今一些不明事理者，强调所谓“要避开誓言”，不分青红皂白地叫嚷“如此申冤”。其结果造成物主选择盟誓中证人，中证人的亏损强加于物主的结局，还有为女贼选择盟誓中证人，于财产上物主蒙受损失的同样结果。无论怎样，其调解纯系左袒，不视为圭臬。所谓“调解取决于中证人”“被告取决于誓约”。意思是，给调解纠纷者选择盟誓中证人，为被告选择申辩发誓人。如谚所云："强盗靠搜索，物主靠誓言。”总之，南山背后的各种纠纷，采取“骰（骰点）大弃注”的方法，给赢者选择申辩盟誓人，为输者选择盟誓中证人，此乃世间智者之规，亦为法律。切记见多识广，勿使取舍颠倒。另外，对彼此间的诉讼争辩，众说纷纭。辩论的正题，必须有合理合法的调解文书，应形成内外调解圈。对于不合理的纠纷，应采用“石压羊毛团”★[44]或称“脚压马镫”的方法，阻止任何一方的争议。如不采取这种方法，势必导致所谓辩论有千扇门的喧哗。复次，因背信弃义，而陷于铁石★[45]时须缴纳“铁石罚金”。缴纳罚金有三种方式：交付金银细软三两；惯例数目为一两黄金；堆积货物以为罚金。何种适当，可变通之。还有一种所谓盟誓监督资格及誓装命价的说法。此即收取酋长一级的调解契约（协议）及下发调解公文时，如需由盟誓监督者请示，则依文件的重要程度，盟誓监督人为申辩人领取副本，并为审理申辩人的法官设小宴七次，随之领取副本矣。善良的中证人为盟誓者作证时，向来没有对中证人进行辩论的常规。即使由中证人发誓，谚云：“中证人发誓，贵于大宝黄金。”誓装费为白氆氇一卷，命价为黄金半两。

第五条，《奸淫罚锾律》。昔日于古印度云：“据咒师之子已所有，欲行而未行，逆反及寂静，此即四现象。”虽云凡奸淫他人之妻及与母亲或姊妹有血缘关系的人，处以割断四肢，逐出他乡的刑罚。然如今遵照祖先松赞干布“奸淫者须赔偿”的教导，奸淫他人之妻者，务必实行普遍盛行的所谓以男阴钱、藏香两、臀部厘、肚脐克、毫毛献新、尖端丝绸等等名目繁杂的罚金，作为赔偿罚金，并予以偿付。复次，夫妻勾结，暗施诡计，若能打动他人★[46]，可洗清其奸淫罪，并退还其奸淫罚金。此乃常规矣。

第六条，《离异协议律》。（夫妻）彼此间，自从迎送新娘起，直至最终离异，有所谓“婆恰”★[47]的罚金。首先断定何人有理，如男方无理，须向女方缴纳“婆恰”金银细软一钱，也有缴纳金银细软及杂物四钱。如女方无理，须向男方缴纳“婆恰”罚金三次，每次一两。古人云：“男无理，罚一钱；女无理，罚一两。”照此行事，极为妥善。还有一种彼此不谈“婆恰”的规矩，有所谓男财不增，女财不虚（实在）的说法。复次，妇女操持家务的亏损费，普遍流行每日薪水的一半支付金银细软，一半杂物，共计两升。另外，薪水的多少，按身份的高低而定，必须做到双方同意后，交付收取。还有一种所谓随函附礼品的方案，无论何方案，凡是合法，交付后给予协议书。此乃世间常规矣。

第七条，《听诉是非律》。诉讼调解者，用三白昼请教懂行人，用三黑夜进行周密思考，找出纠纷案的产生根由是十分重要的。相传诉讼案之根由占斡旋的三分之二，亦传诉讼案之根由，只占打官司的四分之一，如鸟与石之谚语★[48]。对此，诉讼双方坦率诚恳地商定调解契约，并促使原告和被告上交保证要点，如不上交，请示法官加以追问。

第八条，《诽谤污蔑律》。譬如明目张胆地把人扑倒在地上，或气势汹汹地给人以掌嘴，目无法纪等等。纯系于光天化日之下，侮辱人格，须处治以向对方屈膝下跪、呈献青稞酒等不同惩罚。

第九条，《买卖度量律》。彼此售购之时谈论物价，首先确定“钱”★[49]的换算法。1 钱金银细软为 8 克青稞；1 钱粮食牲畜为 2 克盐铁；1 钱杂物为 8 克杂物；1 钱酥油为 3 克 5 两酥油；1 钱茶叶为 4 藏两茶叶；1 钱白银为 4 厘白银;1 钱黄金为 6 钱白银;黄金与白银之间的差价为 6 倍。如何交易，彼此观察试探后，随即按货物之质地，议定合理的钱数及克数。

第十条，《余缺清算律》。古人云：“算错三年照旧算。”借贷放债，或买卖贸易中，往往出现余缺不等，而造成互相不和睦的局面。此时，由筹算袋里取出石子和细木棍等筹码，一直算到彼此信任为止。

第十一条，《损失平摊律》。譬如强盗于彼山背后追赶上物主，物主和强盗彼此于昼夜巡查之空隙间，因遗失货物而相互翻脸，竟落到发“缓交抗交命价罚金”誓言的地步。物主申辩道：“由此以内的货物均已失散，所存之货仅此而已。”强盗亦云：“此山以内于我手中劫获之货物仅此而已。”通过彼此申辩终于取得信任。正如世间老人所云：“不和睦，则掺和分配。”即争论之根由，须掺和分配。遂其亏损之一半由物主承担，另一半由强盗偿付。此即世间智者之规矩。

第十二条,《半夜前后律》。譬如左右邻舍彼此租赁驴、马、牛等，虽日落时由租户将牲畜亲手交给畜主手中，但若于半夜前死亡，应由租户承担责任，是租户之过失，须交付牲畜的半价之赔偿金与畜主。

第十三条,《英雄猛虎律》。凡彼此一口咬定无过失，心存怨恨极深，难以决断仇者间的不实之词。待听完争辩笔录后，由双方各取一份随意杜撰的不实材料，随之派遣（有经验）的诉讼调解人（来斡旋）。此乃贤者之规矣。

第十四条,《懦夫狐狸律》。譬如某人曾经偷窃过，但后来心生懊悔，金盆洗手。如若物主一指点，即刻领悟，金盆洗手。此可谓“女贼金盆洗手，胜过身旁儿子”。是故，除偿付原物之价款，或偿还原物，或赔偿顶替物三者外，不加重惩罚。

第十五条,《诉讼费用律》。虽然由世间老人的传言中获悉，早先大臣桂 · 白玛旬奴（mgos-pad-ma-gzhon-nu）所欲求的贿赂，即所谓“审判润笔聚会用品”，于后期规定中已取消。然而杀人及其一切纠纷中，假如凶手先开口,先动手,二者俱先,那么凶手须向审判官或称“姑杰”（sku-rgyal）的官员缴纳罚金的三分之二，向润笔者（即文书）缴纳三分之二，向法官缴纳三分之一。假如口、手二者与之相反★[50]，那么按以下缴纳罚金，即缴纳官司费四分之一及长嘴竹笔（润笔）费四分之一,一律为金银细软。还有中证人的份子，即所谓毫毛献新、鼻子献新、接近十之边缘等义同而名称繁杂的进项（贿赂）。颁发调解书时,按其家底之差异,收适当的酒肉,其一半由调解官即中证人收受，剩余的六分之一由担保人收受，六分之二退还给当事人，六分之一由文书收受。类似贿赂，如若上峰派遣人员，美其名曰“聚会用品”，无派遣人员的普通（案），则称之为酒肉，只是名异义同而已。“聚会用品”与“僧服”义同，每当聚会时，必须凑齐（酒肉）已成为定制。所谓大襟包是装牛羊肉腿的容器，是指临近判决时，背地里收受随函礼品及各种贿赂，此即汉区称之为“受贿”，藏地名谓“占便宜”。类似贿赂，本来不该收受，但如不收受，又恐（当事人）误解不善待彼等而惶恐不安。如若（当事人）再三行贿，作为奉命身居调解席位的法官，务必把握分寸，绝不能做违犯法纪的事。复次，关于何人有理及做弱小人的靠山方面，除圣旨外，于西藏地方乃是治法官吏及大小酋长的本分。要论托人情，开窍心思，非“朗喀白”（nam-mkhav-dpal）莫属。应以彼为典范，彼善于办事，精通法律。彼曾云：“不收受无理一方的贿赂，虽可收有理一方中，其理被人压服的贿赂，但若收受无理者之资材，势必违背谕旨，故不可收受。以公道使人晓以王法，将王法言于口上，记于心中。诸等未开通思路者，每日催促（长官）尽速处理诉讼。”尽管如此，后来某人又试探“香白”★[51]，问香白云：“王虽高坐于厚垫，但双眼仅盯于碟盘，少许用心否？”（香白）答曰：“如此（汝）多接近（余），（汝）便能了解余。香白思想清晰，精通法律。”后期，香白口中总是嚼一古璁玉。某人云：“试彼（香白）有何言谈？”翌日清早此人以精质茶具给香白敬茶后，禀报道：“今晨呈文急切，但君心不在焉，如前所述，万不可失误。”香白默默无语，用己舌将口中的璁玉翻了个个儿。此人试探香白后云：“昨日繁忙，未记心中。果然如此，香白口中含有真理，（彼）虽未开口，但暗示‘开通心思，酌情处理。’有如口头教诲。”总之，妥善公正地办理一切事情，不要忘恩负义，尊重智者，不要侮辱愚者。一言以蔽之，对佛法及世间之所戒除（舍弃）部分，尽力正确取舍，极其重要。如此行事，彼等视之为典范，不受因果和法律的惩治。譬如，前言不少，后语不多★[52]。中证人决断如雷劈，能驱散无理之狡辩。给伤员配备武器，为死人举行长寿仪轨，纯属无聊之事。勿做弃约之事，如有违约之喧哗，中证人用善良的菩萨心肠，取消占卜师于诉讼中议定的“二会议永存”之契约，给予无理者以法律制裁，到此为止。如若责令上交担保契约，既有损于长远的需求，又不合乎法律术语。实则所谓：“约装无人衣”及“违约者多，偿金者少。”的成句早已流传于世。正因如此，承担官吏职务者，调解母亲田庄的纠葛者，乡村的年迈者以及执掌法律的诸位仁人志士，切记治法不偏不倚，主持公道。

如是，诸有心人所需之著述《观察二法明镜》，不违背早先诸法王之心愿，尤其是本书以松赞干布王所著《黄金方格排列顺序》及《牛年华翰》二论典为依据，以大司徒★[53]之规章条例为陪衬，总之，按照法律典籍撰述之。愿此书成为敬信法官与中证人，敬信圣者上师，具有三昧耶★[54]，敬信三宝，信赖佛法，供养僧侣，给乞丐发放布施，服侍父母，疼爱亲友，心地善良而秉性正直，根器★[55]锐利而天资聪颖，头脑清晰而思维敏捷，理解能力强而虚怀若谷，语言温柔而健谈，慈悲而无恶意，大公而无私以及与世间众智者一样的诸等贤者之必读书本。祝愿吉祥圆满。

注　释

★1　能人王：即如来佛祖。日：即喻佛祖为太阳。

★2　藏：即三藏。经、律、论，佛教典籍的总称。“藏”音译为“毗支迦”，意译为“箧”或“大斗”，原为盛放东西的竹箧。另有“括摄”之意，即于所诠中摄集多义。三藏包括十二分教的一切文义、色法以及遍智之间的一切所知。①经藏，音译为“素怛缆藏”。于何处为何补特迦罗说，为契合处；叙说世俗谛与胜义谛的一切性相，为契合相；叙说蕴界生处等为契合法；叙说甚深意趣为契合义，此四合称为“经”。经藏主要阐述增上慧学，十二分教中的契经、应颂、讽颂、自说、授记、方广、希法都属于经藏之中，凡是经皆为佛说。②律藏，音译为“毗奈耶藏”。“毗奈耶”意为“灭”或“调伏”，是佛教为比丘、比丘尼制定的禁戒，以制伏诸恶。“律”主要阐述五堕罪、堕戒因、还净、离堕、依何制戒补特伽罗、所制学处本体、学处名目、抉择犯、抉择未犯等八事，以灭三业罪过。律藏主要宣说增上戒学，十二分教中的缘起、譬喻、本事、本生都属于律藏。③论藏，音译为“阿毗达磨藏”或“阿毗昙藏”，意译为“对法藏”。“论”音译为“阿毗”，意为“对观”或“对证”，现证真实性。它有三层含义：第一“证”，即现证真实性；第二“再三”，即由蕴、界、处、假有、实有等再三宣说而显现；第三“威慑”，即制胜各种说法。论藏主要宣说增上慧，十二分教中的议论分属于论藏。

★3　佛教所主张的十种善行。善行是佛教戒律中的基本道德信条，其主要内容是：①不杀生；②不偷盗；③不邪淫；④不妄语；⑤不两舌；⑥不恶口；⑦不绮语；⑧不贪欲；⑨不嗔恚；⑩不邪见。前三者为身业，中四者为口业，后三者为意业。十善还分止、行两种：止则但止前恶，不恼于他；行则修行胜德，利安一切。认为止则息于重倒之恶，行则渐归胜道之善。故止、行两种，皆名为善。强调善以顺理为义，息倒归真，故之顺理。或加以道名，以能通至乐果。它相信行善业者必有善报，进而主张扬善弃恶，对几乎全民信仰佛教的藏族人民的道德行为影响极大。

★4　古印度佛教的大论师，大乘佛教中观派的创始人。

★5　即衮玛噶窝。

★6　藏族民间习俗。流行于西藏、青海、甘肃、四川、云南等藏族地区。有两义：①藏族的一种农业祭祀活动。秋收时，要把第一次收获的青稞、麦子、谷类等粮食敬献出来，以酬谢自然精灵和天神保护农作物，使各种粮食免遭野兽践踏和风雨、冰雹及霜冻之侵袭。②藏族在吃（饮）新鲜饮食前举行的一种敬神活动。如青稞酒、糌粑面、切玛等新鲜食物制作完后，首先要摆于佛龛前的供桌之上，以示敬献佛神。吃（饮）时，还要用手指拈食物少许，向空中弹撒三次，以示敬献佛、法、僧三宝，完毕，方开始食（饮）用。

★ 7　即波斯匿王，是古印度舍卫国王。

★ 8　古印度一城。

★ 9　梵文音译为“频婆娑罗王”。

★ 10　梵文音译，“紧捺落”。

★ 11　吠舍里，梵文音译，意为广严城，即古印度地名及居住该地的人名。

★ 12　即果报。

★ 13　无间，梵文音译是“阿鼻”，无间地狱，即阿鼻地狱。

★ 14　指佛法未有传播到的地方。

★ 15　即指色、声、香、味、触五种外物对眼、耳、鼻、舌、身所引起的作用。

★ 16　正教，即佛教。

★ 17　大五明之一。声明即语言学，是纠正语病以使语言规范化以及阐述梵文本质、结构、组合变化规律及藏文文法规律的学科。主要有四部论著，是古梵文四大名家的四部声明学著述，即古印度六面童子所著《嘎拉巴》（积分论）、月八戒居士所著《赞扎巴》（月八戒论）、妙音天女所著《央金玛》（妙音论）和婆罗门马尼所著《巴尼巴》（巴尼论）。藏族地区普遍使用妙音天女所著的《央金玛》。

★ 18　此处大臣，即指吞弥·桑布扎，7 世纪人，赞普松赞干布之大臣，藏文创制者。7 世纪上半叶，遵赞普松赞干布之命，随同 15 名藏族青年赴印度留学，师从婆罗门黎敌大师学习梵文。回藏后，创制了藏文。其一生对藏族语言、文法皆颇有研究，不仅是一位伟大的语言文字学家，而且亦是一位翻译家。著有《三十颂论》及《文字变化法则》等 8 部著作，并翻译佛经 21 部，其中大部分译典被收入大藏经《甘珠尔》中。

★ 19　此处索波不是蒙古，是粟特。

★ 20　此处格萨尔，指回纥。

★ 21　悬崖之滚石，意为高屋建瓴，形容居高临下的事态。

★ 22　大襟包，藏式长袍的宽绰胸襟，可装婴儿及各种东西。

★ 23　指情器世间。

★ 24　劫波，即梵文音译，简称劫，佛经上说是一计算漫长年代的单位名称。藏文赔偿命价千倍的“千”字，与空洞的“空”字，同音同字，故有此说。

★ 25　“stong”，即数字千，藏文发音“东”。

★ 26　“不可说”：即一大数目名，与无价之宝同义。

★ 27　“sde-srid-rin-po-che”即指西藏帕木竹巴政权的第一任第悉大司徒·绛曲坚赞（1302—1364 年）。其出生在西藏止贡地方（墨竹工卡县）。3 岁开始学习藏文拼读，7 岁从京俄却协巴受居士戒，取名绛曲坚赞，9 岁依堪钦次达受沙弥戒出家，14 岁前往萨迦寺作达钦桑波的侍从，使他有机会接受萨迦寺的一套宗教教育和政治教育，因其才华卓越，很受寺主器重。20 岁回前藏属地，就任丹萨替寺住持和帕木竹巴万户长，命所属各地植树造林，建桥修路，发展农牧业，扩建泽当寺，广传帕竹噶举教义，加强其政教合一的势力。派兵攻打雅桑、蔡巴、止贡和萨迦，于元至正十四年（1354年）打败了萨迦政权，建立了统治全藏的第悉帕竹政权。绛曲坚赞随即派人到北京向元顺帝请封，元顺帝封他为“大司徒”，命他接管西藏一切政教事务。他将原十三万户政权结构改变成13个行政单位，取名为“宗”，官吏名叫“宗本”，每三年轮换一次，并掌握任免权。他依据吐蕃时代的《十善法》，订立了有15条内容的新法典。他持戒甚严，禁绝妇女人内，戒饮醇酒，过午不食。59岁时，著成了自己的传记《遗言史》，次年将布敦·仁钦朱徒弟仁钦南嘉译师等多人邀请到泽当寺雕版印制《甘珠尔》和《丹珠尔》。至正二十三年（1363年）将政权交给嘉央格西释迦坚赞。

★28 “mtho”即“虎口”，即大拇指和食指相连的部分。古代西藏以虎口为丈量单位。

★29 “dgra-phud”，札普，意为交给凶手的费用。

★30 一藏两约四两重。

★31 “rgyal”，审判官名。

★32 “smar”，藏语音译，即金银细软及最昂贵的财宝。

★33 “spus-gtsang-ldab”，藏文音译，即珠宝财物，仅次于“玛尔”。

★34 “spus-gtsang”，藏文音译，即次于“玛尔”和“布藏达布”的物资。

★35 “zong-ldab”，藏文音译，即次于“玛尔”“布藏达布”及“布藏”三者的一般货物。

★36 “smar-zho”，藏文音译，此即计量单位，一玛尔肖为六克青稞，五厘黄金。

★37 “sbad-zho”，藏文音译，计量单位。

★38 “sbad”，藏文音译，是一般财物。

★ 39 “nya–ga”，藏文音译，即藏秤。一聂嘎重量为一藏两。

★ 40 此疑为后人所加，因《十六法典》于 1631 年制定。

★ 41 “sku–rgyal”，即调解纠纷之官职。

★ 42 “ko–li”，藏文音译，疑是一种物品。

★ 43 指申辩人及沾手人。

★ 44 将无用之废话，有如石压羊毛团一样搁置一旁。

★ 45 意为处于走投无路的境地。

★ 46 他人，指被奸淫的女人。

★ 47 “bor–cha”藏文音译，即无理罚金。

★ 48 即一石簧驱散百鸟，喻举一反三。

★ 49 此处所说的钱，是一特殊的计量单位，与普通的一两为十钱的钱截然不同。

★ 50 意思是后开口后动手。

★ 51 “zhang–dpal”即朗喀白的敬称，藏语“香”意为舅。

★ 52 喻言语适中，措辞妥当 。

★ 53 大司徒，即西藏帕竹政权第一任第悉绛曲坚赞。

★ 54 三昧耶，梵文音译，义即不可逾越的金刚誓词。

★ 55 佛家称眼、耳、鼻、舌、身为五根。

拾肆

藏巴第悉噶玛丹迥旺布时期制定的《十六法典》

解　题

《十六法典》产生于17世纪初的西藏噶玛政权时代。西藏噶玛政权始于辛夏巴·次丹多杰之时。公元1565年，辛夏巴·次丹多杰推翻了仁蚌巴政权后，其势力迅速膨胀。公元1605年，他又联合止贡噶举派打垮了第巴吉雪巴，控制了前藏。此后，辛夏巴·次丹多杰之孙彭措南杰，接连击败山南的领主雅郊巴并攻破澎波的乃乌宗，到公元1618年又消灭了名义上还延续着的帕竹地方政权，并统一了西藏大部地方，正式建立起西藏历史上有名的第悉藏巴政权。公元1621年，彭措南杰得天花病去世后，由其16岁的儿子噶玛丹迥旺布继任藏巴汗。

噶玛丹迥旺布于公元1606年生于森格垅地方，童年时代他便显露出多方面的才能。史称他“智慧超群，深思熟虑，豁达大度，气量宽宏，对佛教尤加敬信，精通书写和念诵，善知诸学问，射箭等技艺可与格萨尔王匹敌，通达佛教和世间诸事，对臣民仁慈爱怜，对残暴、顽固者如同帝释天教训有方”。噶玛丹迥旺布凭着自己的聪明才干开始创立自己的业绩。首先，他下令除桑主孜（日喀则）等重要的十四个大宗外，其余险要地方的小城堡全部拆毁，有效地防止了反叛者以城堡作为据点进行谋乱的企图，故使藏族社会一度未发生过乱事，得到了相对的安定，从而推进了藏族封建农奴制社会的向前发展。其次，他为护持佛法，一律不接受僧侣尼姑之礼拜。他对藏族地区的诸多教派皆采取了平等对待、积极扶持的政策，在经济上给予他们大力的援助。他曾将数百个庄园赠送给各教派的寺院，同时将各教派的数万名僧侣迎请至驻锡之地——桑主孜殿进行供养，先后赐予金、银、珍珠饰品、绸缎、马、铠甲、铁、糖、羊毛、染料、药材、盐、青稞等财物，每年还要向所有僧人提供吃穿等日常生活用品。为方便给各教派的寺院敬献礼品、供品等，他下令取消各地设置的检查关口。同时为便利众香客前往寺院朝拜佛像，还在各地建立了驿站，为年老体弱及饥寒困厄者提供粮食、牛羊和路费。再次，他吸取了昔日仁蚌巴因给所属百姓摊派税务太重而引起百姓不满、聚众造反的教训，制定了每年轮流减免一百户属民的支力役物差税，其所管辖的地方每年还要进行均贫富的活动。

此外，他借鉴以往因没有法律，致使小邦离散，犯罪猖獗，国民遭殃等历史教训，为维护奴隶主阶级的利益，加强对人民的统治，保障内部稳定，巩固政权，遂制定了通常被人们称为“丹次卡如”的统一度量衡制度，并命令手下官员贝赛哇草拟一部法典。贝赛哇遵循第悉噶玛丹迥旺布的旨令，前往乌斯藏、门隅、珞隅及蒙古族聚居的地方达11年之久。在漫长的岁月里，贝赛哇每到一地皆细心地观察当地的风俗习惯，调查了解民事纠纷，拜访谙熟法律的专家，并先后参考了帕木竹巴时期的《苍龙喧嚣法典十五条》以及《桑主孜法典》《奈邬德漾宫的吉祥圆满之法律》《蔡巴法律》和古代法典之附则、传记等，而后依止最基本的法律条文及噶玛丹迥旺布的旨意，于1631年制定出《十六法典》。

《十六法典》分绪论和正文两部分。绪论介绍藏巴汗政权的基本情况，阐述立法思想和立法经过；正文由十六款法律条文组成，其内容涉及军事、刑事、民事、行政、生产等方面。《十六法典》是农奴主阶级的法律，它的立法思想基于最大限度地剥夺占西藏人口百分之九十五以上的广大农奴和奴隶的权利，极力保护官府、贵族和寺院上层等封建农奴主的利益，维护封建农奴制。这部法典不仅起到了巩固噶玛政权的作用，而且还被西藏后来的统治阶级所沿用，五世达赖喇嘛时期制定的《十三法典》，承袭的就是《十六法典》。尽管这些法典在条目、排列和解释等方面有所不同，但在内容上是大同小异的，皆反映了统治阶级的立场观点以及三大领主的利益，并成为维护西藏封建农奴制度的一个重要工具。

译　文

利德于诸凡人世间，
王法犹如千金辐轮，
顶礼威震四方之王。
声如雷鸣震撼大地，
统治大地英明王子，

诸吉祥圆满之因缘，
无数劫具足二资粮★[1]，
对守纪者以诚相待，
对顽敌如阎魔★[2]擒获，
对护持政教者如文殊★[3]，
对臣民像如意之宝贝，
其大名称藏堆之王★[4]，
其世系如珍宝饰串，
佩戴顶上美观奇有，
如意诸事源于恩德，
天授福泽有所获求。

上述赞颂词记载于《贝色之传记》★[5]中。藏堆之王（gtsang-stod-rgyal-po）的事迹如下：彼之宫殿高大，领地幅远；彼之法律条文及遗教，皆为取舍之律，易懂易通。此法律条文皆参考古代诸贤者撰写的法典、传记、旧文献及传闻等编纂而成。最初，世界史中撰有诸贤者之事迹，其文武之业绩已超越凡夫所辖之境，具有深奥、详明、备悉无遗之特点，愚昧者甚难领悟贯通。即便领悟亦如同无智者写修辞和诗律一般，只可胡编乱造地写些喜补之言，智者视之，如同顽猴玩弄雄狮之鬃毛一般，为众人之笑柄。然而，亦把各自之观想略加叙述，撰写成文。

其次，整个雪域西藏为殊胜观世音菩萨的徒众之刹土，所有徒众皆成为不可思议之幻化者，特别是依止法王祖孙三人★[6]之恩惠，创立、译释和发展了藏传佛教。祥瑞之政教两种制度使众生得到幸福，亦使臣民们兴盛昌隆。

所谓西藏前弘期★[7]、中弘期、后弘期，即前弘期之佛教犹如果品之美味；中弘期之佛教系具吉祥萨迦巴犹如栽果树之王，第悉内邬栋巴（sde-srid-snevu-gdong-pa）之名如同冰上之石瞬间即逝。此后，中弘期之尾至后弘期之首期间，悄然在乌斯藏★[8]出现数名豪杰，彼等于各地兴建堡垒，依靠自己之计谋管理各自所辖之领地。后来，野蛮的蒙古人孤兵占领西藏的所有地方，西藏一时兵火四起。值此众生未能安宁之际，昔日法王祖孙三人对众生仍深表恩德、慈悲，遂从法界大海中冉冉升起如意之光辉，普照整个世间，故藏堆之王的政绩因缘自然形成。后弘期之始，彼之王统于赤松德赞★[9]父子执政期间编撰完《金刚乘经》，此事迹详见于贤哲中名称涅古玛热（gnags-ku-mar-ra）之史籍中。彼之传世期间，诸大德智者广行佛法，彼等护法护教、虔诚修习诸神通业绩，并非普通世系之所为；彼之母系亦连续不断地得到守舍神★[10]之护持，遂天授神子名称辛夏巴·次丹多杰（zhing-shag-tshe-brtan-rdo-rje）★[11]，其门阀高贵，具有福泽。其后渐次出现神、格萨尔、噶玛巴却迥（karma-pavi-chos-skyong）等之化身，彼等文武事迹及诸化身是难以叙述和撰写完的，故只可简而述及之。

承天奉运之统治者辛夏巴·次丹多杰乃为吉哇噶玛巴·米迥多杰（rgyal-ba-karma-pa-mi-bskyod-rdo-rje）和至尊塔巴贡嘎卓曲（rje-btsun-dam-pa-kun-dgav-grol-mchog）授记其管理乌斯藏的，其实为发始者。其有九子，著名的有雪域法王之化身噶玛图多那杰（karma-mthu-stobs-rnam-rgyal）、贝那坚之化身贡邦拉旺多杰（kun-spangs-lha-dbang-rdo-rje）、格萨尔之化身噶玛丹松旺波（karma-bstan-bsrung-dbang-po）等三人。彼等三人于后藏上部斩除凶残的敌对势力，迎请噶尔钦噶玛巴师徒，把乌斯藏之大小政事交与其管理，彼等无数文武事迹如同格萨尔之故事难以写完。依止彼等三人之恩德，方开创伟业之端。

彼等三人之子彭措南杰（phun–tshogs–rnam–rgyal）★[12]，因其反攻击败蒙古兵，故名★[13]。其是莲花生大师★[14]之化身，如日月之光辉普照人间。其于铁狗年★[15]降生在桑主孜★[16]地方，由保姆们将其抚养成人。幼年时，心性刚毅、沉着、智慧远谋，具有统治者之才干。其幼年时父母双亡。二十五岁时，率领八支部队前往前藏，消灭雅加本钦（yar–rgyab–dpon–chen）等敌对势力★[17]，前藏南方一带由其统辖。此后，消灭乌斯藏之诸残暴土邦，制定法律，使藏族社会出现了老妇不忧携金上路的太平盛世。此后于土阳马年★[18]，大批蒙古军队抵达卫地，西藏北方全被蒙古军队占领，拉萨大昭寺★[19]亦被蒙古军队占领。因此，印度之卓吉、多康★[20]、恰塔贡三地，乌斯藏等地的信教香客们只好在遥远的地方向释迦牟尼像祷祝，不能亲自前往进行转经、祈祷等善事。通往东方的运输茶叶的桥梁也被焚毁，给人们造成极大的不便。人们除了等候前往邬金★[21]之禁区哲孟雄★[22]的朝圣机会外，再无其他办法。是时，藏巴汗彭措南杰组织自卫反击大战，率兵至堆龙地方，其部队如同神兵一般瞬间遍布整个西藏，消灭所有外寇，收复了乌斯藏四如★[23]、多康三岗★[24]、洛门四部等地，皆由其管辖。为防止叛乱者们复来谋乱，故除桑主孜为主的十四大宗和受战火毁坏的土邦等承认、护持者外，其余小城堡全部烧毁。同时，为木工们发放修复以拉萨为主的寺院以及桥梁、牛皮船等所需的材料；拉萨二尊释迦牟尼像前摆满无数供品，香火不绝；于镇肢寺庙★[25]等处进行大规模的祭祀活动；将以色拉、哲蚌、甘丹三大寺为主的寺院中之诸离经叛道者驱逐出寺院；召集守持戒律的僧人及尊者擦拭佛像，并开始修复被毁的寺院及佛像。噶玛巴却英多杰（karma–pa–chos–dbyings–rdo–rje）★[26]将管理乌斯藏的大权交给他，并赠给红黑印两方，遂使大部分地方出现繁荣昌盛之景象，僧俗百姓得到无数的益处。完美的法律使人们犹如生活在圆劫之时幸福安乐。

藏巴汗彭措南杰之子系恰那多杰★[27]之化身，示现出护法之高贵容貌和福泽，其大名称噶玛丹迴旺布（karma-bstan-skyong-dbang-po），如同日月之光辉普照人间。《噶当小卷帙》记载曰："佛陀能显示任何化身，幻化为国王即可救度众生，幻化为王子渐次可执持国政。若非王子本人即未能得到王位，将会发生战乱。是时，愈益依止善知之王。"阳火马年★[28]星辰圆满之日，噶玛丹迴旺布降生于森格垅（segn-ge-lung）★[29]。星相家们观之，认为降生之地名与降生之星择期相合，乃为吉祥之兆。尤其是白玛林巴（pad-ma-gling-pa）所著的《明镜预言》曰："莲花生从邬金之神秘地方抵达西藏时，把此地命名为'森格垅'，并于此地建有一佛塔，称谓'王之降生'，此期间，幸福之阳光普照西藏众生。"彼所预言与事实相符，确凿可信。所谓"人类英勇无比之王"出现了无数奇有之征兆。幼年时，威光赫奕，高瞻远瞩，实力雄厚，未有表现出孩童之稚气。其智慧超群，深思熟虑，豁达大度，气量宽宏，对佛教尤加敬信，亦精通书写、念诵等，善知诸学问，射箭等技艺可与格萨尔王匹敌，通达佛教和世间诸事，对臣民仁慈爱怜，对残暴、顽固者如同帝释天教训有方。十五岁时，登上桑主孜之狮子宝座。至尊贡噶宁波（kun-dgav-snying-po）预先为其安排妥一切吉祥事宜；噶玛巴师徒授予西藏法王之教言，并赐予无数就任之权力；乌斯藏所有的官吏、百姓皆向其顶礼，宴庆规模之大是不可思议的。第悉噶玛丹迴旺布为世间所有食糌粑者之王。

蒙古的一队兵马复至西藏，占据拉萨，使一年一度的释迦牟尼供奉法会停滞两年之久，整个社会不得安宁。是时，藏巴汗丹迴旺布向乌斯藏四如军队委派重任，率八支部队向前藏进发。藏巴汗丹迥旺布主张要歼灭蒙古军队，但临近拉萨时，因其有大德福泽及威赫权势，故蒙古军队闻风丧胆，纷纷向海边逃窜。此后，其统管全藏，并为父王建有一座大圆满塔，把地方的所有收入用在各教派的期供★[30]和期茶★[31]之上，补建和维修父王遗留下的夏鲁★[32]、那塘★[33]、塔尔巴林和桑顶等寺院。随从至尊贡噶宁波闻习博大精深之教法，所闻之教法铭记于心。随从噶玛巴师徒广闻噶举派教法，还迎请至噶钦扎林坚（sgar-chen-vdzam-gling-rgyan）宫廷★[34]。是时，僧俗马队相迎，千供万供之礼品不计其数，僧俗众人皆大欢喜。福田与施主心心相印，如同天空之日月双双运行，福田与施主二人之美名遍传大地。

其次，还随从具吉祥萨迦派的大学者和达隆巴等雪域西藏的诸位大德贤哲广闻教法，亦曾将数百个庄园赠送给寺院。特别是他具有著名的五大功业：

一、为护持佛法之教制，一律不接受僧侣尼姑之礼拜。曾把各教派的数万名僧侣迎请至桑主孜殿，自始至终斋僧茶未有间断。赐予的礼品有金、银、珍珠饰品、绸缎、马、铠甲、铁、糖、羊毛、染料、茜草、盐、青稞等凡百希求之财物，使僧众皆大欢喜，心满意足。每年还要向每位僧人供给吃、穿等日常生活用品。

二、为使所有臣民得到幸福，其对待弱小无力者像父母一般关心备至；为防止出现违法乱纪之行为，其编纂了大卷法典，遂出现了臣民们日日夜夜安乐于太平盛世之中之景象。

三、为使纳税者认识到休息养生与幸福安乐之益处，其曾制定每年轮流减免一百户属民的支力役物税★[35]之制度，其所管辖的地方每年还要进行均贫富的活动。

四、为进行无畏救度施，其曾施舍肉、骨、皮于无主动物；为救护生命垂危之动物，使它们平安无恙，遂发布从神变节★[36]至十月间的封山令★[37]和封川禁令★[38]。

五、其从遥远之边地运来曼荼罗★[39]和服饰，敬献给拉萨大昭寺的释迦牟尼像，即如同为恩人父母送去舍利一般，遂五体投地虔诚祈祷。为方便给各教派的寺庙奉献礼品、祭品等善事，故取消北翼之法检关口，方便了边地之善良香客以白云为证，面朝白雪，于黑土地上五体投地，虔诚朝拜佛像。凡体力弱小及人困马乏者，可至绛康★[40]等地养息；凡受到饥寒困厄者，可至绛如（byang-ru）等地寻求牛、羊等路资，同时还可至前藏之宗★[41]、谿★[42]寻求糌粑等食品，且赐予氆氇服饰。施于慈悲之恩惠，使彼等诸人完成各自希冀之业后，安全返抵各自的家园。从而使从汉地之北大门蒙古至乌斯藏之路途出现老妇不忧携金上路的太平盛世。

其次，唯为修息、增、怀、诛四业之众生的方便，其所持业绩与藏堆王之大名相符，绝非藏堆王之虚言假语。

藏巴汗历代王统居住之中心宫殿名为桑主孜（bsam-grub-rtse）王宫，此威严之宝殿犹如须弥山堆积珍宝一般，四面有用松耳石镶嵌的雄狮，外门楼为绘有狮子的大门，外围墙犹如罗刹之寨堡坚固而威严，墙上挂着敌人的头颅、肠子以及从残酷的刑法中拯救出来的眼珠和手串，令人毛骨悚然，倍感恐惧。中门楼犹如多闻子★[43]之宝殿，是储藏珍珠宝贝的仓库，有用像月亮般洁白的石板铺成的宽阔院子，四面有美丽的门楼、凉亭和阶梯。宫殿中心犹如妙法佛殿，美观而看不餍足，金碧辉煌的汉式金瓦屋顶，柱、顶、斗拱下的横木及撑柱，如彩如画。有用金宝幢★[44]，伞盖、吉祥饰装修的象征身、语、意之佛像、佛经、佛塔以及如来佛之舍利子等殊胜供奉之物，乐器之声传至由旬★[45]之间，犹如极乐世界之刹土。藏巴王和王妃就坐于金椅、银椅之上，座前排列着无数僧人、土邦、骑士、俗官等，犹如玉皇大帝之宝殿一般。四面聚集着护卫者、仆从以及印度王阿喀巴尔恰（ar-gah-par-bya）、汉地王、南诏王★[46]、蒙古六部公使等金字使者，彼等如同蜜蜂围绕着花丛，吸取着花朵之甘露。

宫殿周围有四座园林，东方欢乐园中的树木像掌心一样整齐匀称，入内顿感精神抖擞；南方吉祥园中有房屋、浴池以及盛开着各种花朵的花园和各种鸣叫悦耳的小鸟，置身于其中使人心旷神怡；西方喜林园中到处是果树，置身于其中使人悠闲恬静，故亦称为“僧人之众喜园”；北方的湖泊和茶园，一年四季湖水长流不断，置身于其中使人流连忘返。

宫殿所属之分殿有夏尔江喀孜（shag-rgyal-mkhar-rtse）殿如同狮子在空中跳跃一般，巴那龙祖孜（pa-rnam-Lhun-grub-rtse）如同吊在空中的量筒★[47]一般，雄伟壮观的庄园遍布各地。外围城的情形：东面有防止达波★[48]、工布★[49]进犯的永恒不变之噶达孜（dgav-stag-rtse）堡；南面有预防珞巴★[50]、门巴★[51]进犯的永恒不变之托卧宗堡（do-bo-rdsong）；西面有防止尼泊尔、印度进犯的永恒不变之那杰拉孜堡（rnam-rgyal-lha-rtse）；北面有防止蒙古、中原进犯的永恒不变之桑阿德钦堡（gsang-sngags-bde-chen），以及还有防止各地火灾的许多坚不可摧之堡垒、前藏持金刚拉萨幻化寺★[52]、数万座寺院以及犹如空中星星一般的部落、村庄等。畅通无阻之汉藏桥梁、集市贸易比比皆是，农业五谷丰登，牧业六畜兴旺，人民生活富裕丰盛，美满幸福，吉祥如意。此乃为藏巴王之福泽和恩德所致也。

依照此三种传统法律和遗教制定出藏巴王统之圆满法律。若违此法即受到严惩，守此法即受到奖赏。对诬赖狡诈者，令其于煮沸的油锅内抓黑、白石子★[53]的办法来判断其有无罪行；对杀人者，为平息愤怒，令其赔偿命价★[54]，其赔偿办法要根据人的地位高低做出不同的赔偿标准。对金字使者的惩处办法是根据其所犯的罪行，需赔偿命价的四分之一。威严的法律使得天下出现老妇不忧携金上路的太平盛世，如此佳矣。

转动法轮之王制定的此法律，如金牛轭那样沉重；如宇宙中出现的日月那样不徇私；如位于中心之须弥山那样任何力量亦无法使之移动；如大海一般深而莫测，任何人亦难以证悟。藏巴王之思维，任何人亦难以理解及知晓，像吾★[55]这样的平凡之辈何以知晓。然而，遵循大王之令前往防范蒙古进犯的桑阿德钦（gsang-sngags-bde-chen）宗执行任务，即像毛驴披上虎豹皮一般。吾于无毛皮垫之上执行任务的十一年中，根据世间论述法律和审判等遗教制定法规。这些遗教就像写在石板上的字一样清晰可辨，使人易读易通。

前藏之诸法律条文非藏巴王统世系之可依据之法律，这些法律条文是边想边写而成的。彼等不分是非黑白，胡乱治罪，贪婪使者可走到哪里吃到哪里，随便记账；主子随意向因狗咬或得病而死的仆人家属催逼超度命价★[56]。其次，各个地方还有各种不同的诸多法律条文。

藏巴第悉噶玛丹迥旺布之令遍传整个乌斯藏，桑主孜宫亦急需此法律条文，故加盖水晶大印，请示呈文。迄此，管理仓库者和主管仆人之诸老翁草拟了一份完整的法律条文，并命名为《吉祥圆满之法律》。编辑后，放在奈邬德漾宫（snevu-bde-yangs）内，此后，因此法律条文遗失，故有人将一卷假的法律开头的赞颂词和主要内容冒充放在奈邬豁卡地方，造成此法律条文既不完整又不正确，亦难于理解。尤其是此法律条文还是冒充遵照藏巴王之令草拟的，且加盖了大印。若追究根源，此法律完全属于主观臆断、凭空捏造出来的。

此后，在扎西岗地方（bkra-shis-sgang）将散失后剩余的法律草稿重新进行编纂。除向奥罗晋美多杰（ao-lo-vgyur-med-rdo-rje）询问有关如何制定世间法律条文外，在制定十六法之前还参阅了旧法典、附则、传记，以及龙巴奈（lum-pa-nas）手中掌握的一份可靠蔡巴★[57]旧法典，据传说此旧法典乃为祖先相传而来。吾亦曾前往乌斯藏、蒙古、珞隅、门隅等地，按照彼等风俗习惯，依止法律最基本的条文，制定出包括教法、王法、自法等三种法律。教法像绫罗结一样柔和，即温柔和顺；王法像金牛轭一样沉重，即以武力压制；自法具有很高的德性，自觉遵法守纪。教法即是用佛教所说的“十善法”★[58]去压服“十不善”，故祖孙三法王（即松赞干布、赤德祖赞、赤松德赞）依照此“十善法”治理天下。王法即在身方面，对杀人、邪淫和偷盗者要进行罚赔命价、奸淫罚金、归还偷盗之物等多种处罚；在语意方面，对说假话、贪心和使恶意者，要下令让彼等以智慧作证，发誓再不重犯。

自觉遵法守纪如同下述故事一样，传说古印度有三种动物即大象、兔子和鹧鸪生活在一起。大象力气大具有在水中驮运物品之本领，兔子聪明伶俐经常出主意想办法，鹧鸪具有飞翔之本领，能飞到树上采集野果。这三种动物为求得生存，遂共同生活在一山沟中。此山沟年年适时降雨，五谷丰登，故这三种动物过着幸福而又愉快的生活。婆罗门★[59]的术士占卜曰：“此三种动物亦懂得自觉遵守法规，和睦相处。”如今商人们为谋求各自的利益，在驻守驿站★[60]、排队购物和防御敌人等方面亦经常推荐一位具有学问之商主为头领，所有商人皆听从其指挥。若每人都能遵守自法誓约，那么必将一路平安，顺利返抵家园，因此人们把自法传为佳言。藏巴王命令所有执任地方的官员们亦须遵循“让人出家，首先自身守戒”的在家道德规范★[61]，必须遵纪守法。有愧知羞耻者乃为谨慎无放逸，在“三宝”★[62]面前不知羞耻者，倘若讨得官员欢心，须遵命杀死毛驴★[63]，即官员所下达的命令皆要服从，并给予极大的奉承。善于领会官员之意图者、完成官员所下达的任务者、正慧善妙者、非异想天开者、非随意行事者、以所有圣贤上流为榜样者、无遗漏误差者等，藏巴王皆以上述者作为自法之楷模。其在制定有关法律条文时，把所有记忆在心的范例牢牢掌握于手中。不认识上级或知心朋友者、口蜜腹剑者、能用针治好蚂蚁病之智者、能取出虱子的筋络者、能舔出虮子的脑汁者、把前所未闻之事铭记于心者、不计较因果关系者等，上述彼等诸人虽偶尔一时会在三宝面前知晓羞耻，然而最终不可得到圆满，亦到达不了彼岸。能分摊官员之职责，后把所有罪恶皆降至自己身上，这样的人即被称为“有愧知羞和高尚美德者”。

世间之吉祥之始，需要具备有愧、知羞耻、高尚行为等四种人道。这种正直之人不管是地方头人或者买卖商主，还是官员的执事者，所有头人和商主皆要大胆地制定自己的行为准则，地方官吏亦要执行此准则。若按照藏巴王的旨令去行事，所有天下百姓皆会得到太平安宁，即会出现昼夜无盗之太平盛世。倘若过分地对上级官员尊敬和奉承，所谓官员和仆人之间的关系即会如同冰花一样薄情。宗本★[64]们奉献给藏巴王的礼品，要以维护法律、珍视情义为主。最近流传着一谚语道：“执法者须要带头守法，倘若有一位不守法之头领，有谁还能听从其指挥。”有十人以上的头人或首领需要具有大志，有大志和知廉耻的头领，在制定法律判决书和挑选中证人等诸方面，首先要居心正直，秉公办事。正如一谚语所说：“派遣虎皮衣者★[65]不一定办成中证人之事，派遣居心正直之乞丐亦可做公正之王。”

要把佛经所述的根本善恶和法律所述的根本王法的汉文高挂于空，藏文平铺于地。按照藏巴王所规定的法律条文以及地方法律条文为范本，并广泛搜集有自法之卷宗，从而制定了《十六条法律》。世间文武官员、僧俗众人皆要把此十六法铭记于心。所谓的十六条法律即为：第一，《英雄猛虎律》；第二，《懦夫狐狸律》；第三，《地方官吏律》；第四，《听诉是非律》；第五，《逮解法庭律》；第六，《重罪肉刑律》；第七，《警告罚锾律》；第八，《使者薪给律》；第九，《杀人命价律》；第十，《伤人抵罪律》；第十一，《狡诳洗心律》；第十二，《盗窃追赔律》；第十三，《亲属离异律》；第十四，《奸污罚锾律》；第十五，《半夜前后律》；第十六，《异族边区律》。

第一，《英雄猛虎律》★[66]。要制伏敌人，对此《根本说一切有部毗奈耶》论典中记载曰："智者须具备摧毁、极多施、引诱、辨别和完成部队诸项任务等五种能力。"制伏敌人之办法，应为不战而胜，正如民间谚语所述："外部不使莲花蕊瓣凋落，内部不使百灵巢穴受损。"即既飞不了鸟又要得到蛋。

（一）智者须具备"摧毁"之能力的意思是，如若国政力量和军事力量相互等同的敌人，或者自我估计力量等同的敌人，开始均不要向这些敌人发动进攻。首先要弄清敌我之间的利害关系，要从所建立的驿站中了解征服敌人的办法，以及在息、增、怀、诛（zhi-rgyas-dbang-drag）四业中适用何种办法，所有这些皆要细心观察。金字使者亦要以自己所属官员的事情为主，认真完成所赋予的任务。若战斗坚持下去，要正确区分利弊。对待有奇谋的敌军，自始至终要防止他们搞阴谋诡计，正确取舍妙善与恶行。开始，所有人员莫考虑贿赂品和交通等难事，要大胆地利用善巧之办法，顶住来自各方面的压力，运用外柔内刚之法，开导教育敌军，使他们转变思想，心向我方。正如民间谚语所说："平等对待他人，使其感到四方之温暖。”既要考虑到盈亏，又要真正完成所负之重任。例如对方的会议厅里挤满了人，大家纷纷提意见，若不听取他们的意见，就是胆小没出息的表现，亦完不成大的事业。若对方不熟悉我方的情况，就像艾绒草火星蔓延成大火一般，一半的主意要去向敌方。不管何时发生战乱，驿站必须畅通无阻，不能诬骂金字使者，亦不能引诱或欺骗金字使者，彼等之间要相互鼓励奖赏。工作人员与金字使者皆要信赖首领，金字使者无论是遇到官员、喇嘛或头人，均须将其送至目的地。

（二）所谓“极多施”的意思是要为敌人多施舍钱财和物品。倘若敌军众多，如果俘虏到两个敌人，须将一个敌人拉到我方，瓦解敌军内部。设法赐予彼等地盘、城池及房舍等，造成离心力，削弱敌方主力。

（三）所谓“引诱”之意思是，背信弃盟者、结亲者和结交朋友者，非引诱也。善巧者设法引导上当受骗或用甜言蜜语诱骗，后将其投入监狱，以及颠倒是非者、掩藏制敌之术者、赠送礼品者、乔装军队人马者、说假话办坏事者等于夜间偷偷地在距离敌方很近的地方点燃许多火把，给敌方假信号，造成敌人内部混乱，即为引诱也。所谓“制伏敌人的英雄”即是善智者。彼等免不了使用欺骗手段，比如声东击西等，但绝不可用渝盟、掺毒之办法制伏敌人，否则将不齿于人类。不但要做一位无愧弃耻之活英雄，而且也要做一名道德高尚的殊胜死者。

（四）所谓“辨别”，即是要善于观察。制伏敌人要从何处下手，还要观察敌方所处的地理位置，包括山川是否险峻等，以及敌方军队的人数和实力，辨别敌人从何处而来，来的动机是什么。同时也要观察我方所处的地理位置，自卫防备以及与敌交战之能力。总之，要善于观察敌我双方的利弊，即谓知彼知己，百战不殆。

（五）所谓“完成部队诸项任务”，若上述诸办法均不成功，军队则须摆开战场，设法制伏敌人，为此所有官兵要上下一心，正如谚语所说：“要除掉掺杂于黄金中的黄铜和碎银。”一支好的军队，心必须要齐，全体将士要有福同享、有难同当、心往一处想、箭往一处射，有所谓“拔一根头发全头痛”的观念，大家绝不可下撤后退，要齐心协力，围剿敌人。不可靠之人，在不影响我方的原则下，设法使之离开部队。要派遣敢死敢拼而又勇于转动轮回者、知晓将利害关系看作如磐石压羊毛团一样重要者、伺机乘隙者、思想毫不在乎敢于在刺堆上睡觉者、善于向他人问释者、能在暗地注视敌情者等具有此种智慧的英雄前往战场，布置阵地。对敌人要凶猛、残酷、武断，绝不可像儿子坐在父亲面前求情，父亲可心慈手软。但是正如谚语所说：“一半人虽已变为恶鬼，另一半人亦要依止法律。”须依照法律办事，若不依照法律办事即会出现内战、内盗和内乱等不顺缘之果。一旦发生战争，首先要由大王或官员下令从地方头人中挑选一位公而忘私、富有经验、具有威信的军官，而后由其从军队中委派两名具备英勇、聪睿的精干者，后将军队分成右翼、左翼、中翼三支，支部队里亦要任命如本★[67]一人以及甲本★[68]和久本★[69]多人。官员要服侍好英雄，反之英雄受官员之养育，则须对官员崇敬。具有英雄称号及作战勇敢的民兵们亦要将彼等编排成“定”★[70]，且任命一位精明者为“定本”★[71]，由其管教、训练。开始要把所属头人的军官集中起来进行训练。倘若对方的某个敌人是大王的勇士，那么他将会以大王的名义为重，进行反戈，此期间，所属百姓即会得不到安宁，会发生所谓真正的战乱，人民即会遭殃。

若是民兵，莫让彼等做有损于公众之事，要认真讲明利害关系。要像佛经中所说的那样，对敌人要以武器相待，对朋友要以爱心相待，因此，须要签订契约，契约之内容即为对敌人敢于竭尽全力进行斗争，对自己的朋友要全力支持和爱护。总之，要服从一切旨令，按照契约中所签订之内容执行，不能有超越现实的欲望。俗话说：“虽是一张小小的白纸，一旦用墨水写上字、盖上印，即成为不可动摇之准则。”为防止不服从旨令和随时转变意志现象的发生，须要签名画押，将其意牢记于心，无须征收而要主动准备好战马、预备帐篷、保护生命之铠甲、护身之服装等，绝不可应付差事。上述这些战马、服装等不同于街上看热闹百姓的防身用品。天下人为我一人之英才方聚会于此而战，故须慎重思考后，方可行动。

军队中有四种人不可缺少：一是救治伤病员的医生；二是预示吉凶的卦师；三是卜算测天象物候的星相师；四是祈祷战神的巫师。开始要由星相师卜算吉日良辰，搜集天象资料，供行军打仗时参考。军官、将领、英雄、士兵均分营造册，此后依花名册安营扎寨。要把所有的兵器对准敌人的营门，将三宝之塔和枕头对准我方，举宝伞和旗帜的两人莫要弄颠倒位置。指挥员要集中在三个宝伞中间，要将军队的组织、驿站的位置、哨所的位置以及敌我双方的暗语等毫不保留地告诉我方官兵。军队转移时，则须做三件事情：第一，要处理好篝火；第二，将军营的全部帐篷收起来；第三，从军队右翼起依照侦察兵所探线路按队列顺次行进，以防敌人的追击。切记莫要将大驮子和小驮子掺杂在一起；不要抛弃伤病员，而要把他们放在坚固的牛皮船内；对路途脱逃者，不发放食品；若临阵逃跑者，则要加倍惩处；对抢劫者要处罚其抢劫财物的八倍赔款；白天在军营中盗窃者要实行偿旧、科罚和赔新★[72]等三种惩处办法；对晚上盗窃者除让其交代情况，不要作任何惩罚；行窃者被擒后，除将其双手绑缚外不准殴打；误把小偷当作敌人或被流箭、流石等武器打死的，视为善事也；由于内讧而武装残杀者，要罚赔双倍的命价以及罚赔双倍的平息愤怒费，受伤者也要按上述赔偿；遭到祸害，例如被盲人或被带角动物杀死的，称之为“带角凶手”★73；对摧毁象征护卫地方之旗幡以及袭击自己一方势力的军队，首先要把头人的马匹、铠甲置于营中，后有实物者交付实物，无实物者交付赔偿品。交物者须交付监督人员一份，所谓“惯匪”者要把其所有财产的十分之一交出来。若对得失数目意见不一致时，要用称为“那雅都库”（mnav-gyag-tu-khug）掷骰子的办法解决，凡赢者须送去赔偿的数目，凡输者则要送去赔偿的物品。此后，双方要把所有的物品各分一半。所谓的“交付三次”（sprod-gsum-sprod），即不论丢失大小牲畜，也要交付此牲畜的一部分，交付两岁犊的一部分，交付牛犊和羊的一部分。例如，福禄羊★74掉入悬崖下即会摔死，羊的六肢以及羊皮即会破碎，此即所谓的“胡楚巴库米仓”（lhu-drug-lpags-khud-mi-tshang）。若队伍向山谷转移时，提前一天多派遣一位猎人和一猎狗前往侦探，富有经验的老者要观察地形。开始搜寻敌人时，年轻者首先前去侦探，后派猎狗前往。若有敌人，则将肉放置于路旁以示警惕，若地方安宁，则继续寻找肉，得到肉者将肉分成大小不同的若干份，分送每人一份。

藏北高原辽阔，为发现敌情，则须派遣一位骑士前往侦探，亦要熟悉当地的情况。所谓“夜晚很早到达金山，白天很晚才能抵达藏北”。夜晚要睡在地上，白天要观察敌情。观察时，莫要把敌人的运输队伍和野兽群相混淆。敌人运输队伍的马蹄弹起的尘土是朝着一个方向飞扬，天空中的尘土是白茫茫的一片；野兽弹起的尘土是飞散在空中，时而尘土飞扬，忽隐忽现。亲自用眼观察的经验是，野兽行走为灰白色的一片；牧群行走为黑乎乎的一片；若敌人的骑兵是来自北方蒙古，行走相当凶恶;若是藏族骑兵，行走相当雄壮;若是驮畜，行走相当踉跄;若是步兵，行走相当懒散。

莫要把狡猾敌人的假火把和军营中的火把相混淆。假火把别人看得最明显，并可一一地数出来，照得整个地方白花花的一片，十分耀眼。真正的军营火把比其他地方的灯火要略大点儿，许多火把模模糊糊，火光黑红重叠，密密麻麻。总之，要善于观察，莫要将真假相混淆。

如★[75]中举军旗者，应为精明机警的侦察员。与敌人进行交战时，则需要三支如、三种智慧、三支鼓号队，所有的长号角和胫骨号筒之响声要震天动地，右前方为火枪手，左前方为弓箭手，中间为拿戟、矛和板斧者，后面为拿铁链者，此后方为骑兵和步兵的混合队伍，彼等须如同神兵一般疾速，此后方为身上插着鸟毛的队伍，左右角为身带弓箭囊的骑士和驮着箱子的战马,彼等来回穿行,如翱翔在天空的雄鹰。前进时，以军旗为先导，以鼓乐为信号；转移时，相当快速；驻扎时，相当威武。这支部队能围攻北方的敌人骑兵，能调遣路门（lho-mon）地方的敌人，能战胜西藏的敌人骑兵和步兵。

全体官兵只要服从部队的命令，听从指挥。那么敌人的逃兵即像未有安放梯子一样无路可逃，像野牛受到惩罚一样乱蹦乱跳；我方的逃兵即像未有找到置身之地无处躲藏，掉进深山沟一样暴露无遗。总之，要善于卜算过去和未来之时辰，观察三智慧之飘幡。参战者于战场上取得胜利后，即可获得“英雄猛虎”（dpav-bo-stag）之美名。胜利之日，部队所到之地即命名为“达米查夏”（rta-mig-khrab-bsham），为部队出谋划策者亦将列入英雄之名册是肯定无疑的。

第二,《懦夫狐狸律》★[76],即同于“胆怯”一词。若英雄包围城堡时，莫要过多地言谈和探望。固守阵地时，莫乱射弹掷石，谨防关隘和陷阱。

敌我莫要混淆，不要攻击善良的调解者。若战时败阵者，不论其地位高低均须将其盔甲献于英雄之面前。若遇败阵者，无杀害之例，倘若一旦杀害,亦不可称懦夫为“持枪英雄”(mtshon-thog-tu-dpav)。两将相遇时，若其中一懦夫杀害对方，则可用丝条缚其双手，让其仍骑己马，且视其家境贫富,穿着命价衣服,使其不失身份。身份为普通地位而诡计多端者，将其双手反绑于背后，发髻披散。若为头人，则施其一劣马，配以劣质鞍具，且解开马尾之结，此乃为旧时逮捕人之规。破关逮捕者，其刑法与上述类同。以计谋抓获者，要赐给有关参与战事的官兵适当财产，然禁止虐待投降者。嘉奖投降者，则理当如故，但不可过度。虽地位高贵者，亦不可以马匹迎送。以殊食招待施计谋之子，使其高兴而欢乐。释放其返家时，若对其存有疑心，应签订契约，契约之内容应根据俘虏身份的高低而定。尔后之律仪法统为杀牲后将血盛于盘中立誓为证，未过一代人之期限，不允许使任何坏心恶意翻案及复仇。

第三,《镜面国王律》或《地方官吏律》★[77]。按照大王之令所派遣之地方官吏，要摈弃谋私之恶习，以操持公务为主，尽力效忠于历代第悉★[78]和法王所开创的业绩，其目的即为以服侍和信奉佛法为主。不改教派之冠，不改信他宗。在节日期间的五个月内，禁止渔猎、清扫粮仓以及修缮身、语、意之佛像、佛塔，禁止修筑险道。藏历七月为“猴月”，要求各地僧属众人要祈祷十天。此期间，聂仓★[79]的工作不得中断，日常生活用品的支出，除加盖印章之批文外，宗本不得擅发指令。《大司徒遗训》★[80]中曰：“主仆之区别乃在于糌粑之优劣。”宗本不得大量食用上等糌粑★[81]；私人所欠公债，宗本不得私自前往索取；除个别因战乱而被迫流浪者，其他人不得办理租借粮食之手续；对满一年的旧债，要尽可能地收回；剩余的债，该交或该拿做出相应的判决，不可不结账；

属民与官吏之间的差别，不能像蒙古部落一样，应加以区别；法庭上不可感情用事，亦不可有亲疏远近之分；在辨明真伪之后，违法者予以严惩，执法者予以关照和爱护；内外任何地方均不得挑拨离间，以避免不和；至法庭大声喊冤者，不得放任，但允许其讲明缘由，使其满意而归，绝不可以权压人；执法者在任期间，无论对敌对友均不应有亲仇之分。总之，不能明知故犯，不分辨是非而偏倚一方。官方大小诸事，均依世间之法妥善办理，不可任人唯亲或左右摇摆不定，故请诸位应以此为鉴。

第四，《听诉是非律》★[82]。首先要有双方当事人进行起诉，诉讼之初须双方到场对质，如不到场即无法进行对质。后可通过调查审讯，从而满足双方之意愿。尤其在拉萨河下游一带历来就有一些违法户，彼等视自己之利益为重，故不分远近至法庭相互告发，此乃为自讨苦吃。从今以后，对此类告发者予以惩处，诬告者则予以严惩。如对上诉双方的情况不甚清楚，则可暂缓审理，等澄清事实后，方可判决。如二者均不坦白事实真相，双方则各负一半法律责任。已向法庭申诉争端而拟重新收回进行内部解决的，原告和被告可到法庭申请，说明事由，予以内部协商解决。

第五，《逮解法庭律》★[83]。对违纪犯法者，下令进行逮捕法办。尤为在王宫前持刀殴斗者拘捕；饥寒行窃者拘捕；向头人造反者拘捕；恶意起诉者拘捕；以恶语攻击地位高于自己者拘捕；对重刑罪犯则要强行拘捕，加盖关防，并套上枷锁、脚架；对处以肉刑者，则要发布告示，严加法办。此外，凶手要根据被害者身份的高低，给予适当的命价赔偿，并予以赔礼认罪。

第六，《重罪肉刑律》★[84]。行五无间之罪者★[85]；抢劫上师、僧人和国王之财物者；严重损害官方之名声者；投毒、挑拨离间者；无论何时杀人劫马者；在太平年代，进行打家劫舍，持械行凶，阴谋策划平民叛逆者……总之凡违法犯纪者，即施行肉刑，处以剜目、刖膝、割舌、剁肢、投崖、屠杀等刑。须根据情节严加惩办，以儆效尤。若多人向上造反，则将主犯投溺水中。

第七，《警告罚锾律》★86。凡未构成肉刑罪的违法者，皆给以一定的处罚，以警告之。所谓的“处罚”，即由法庭依据罪行的大小做出处理。惩罚的轻重，一般以黄金的两为单位，或以合金的两为单位，或以合金的钱为单位等多种形式进行处罚。其中严重的罪行有，聚众行凶杀人者、伺机报复进行抢劫者、阴谋策划反叛者等，法庭均应根据其情节轻重分别处罚黄金 8~15 两不等。其次，对情节较轻即非故意杀人者和因饥寒行窃者等同类罪犯，处罚合金 3 两或视情而定。稍因取舍失误而触犯法律者，予以警告，罚金两三钱，酌情处理。金的重量只能以纯黄金计算，而不准以假充真。

罚金有下列九种换算方法，即一古尔肖（mgor–zho）★87 等于二十四厘 (se–ba)★88，八钱等于一两。犏牛和牦牛要根据其品种的优劣进行划价，其中黄金价由司列空★89 制定。根据一古尔肖等于二十四厘黄金的计算方法，以后藏地方的藏升为标准每厘黄金相当于一剋（khal）★90 青稞，如此计算，一钱黄金折合青稞二十四剋（khal）。若以官家秤斗为计量制以及根据集市上的价格对黄金进行划价，则优质合金和各类货物都有先划三种不同的价，最后取中间价之习俗，一两合金含纯金四钱，即四玛肖（smar–zho）。若按后藏地方的藏升为标准计算，一玛肖折合青稞八剋（khal），黄金一钱翻倍即折合青稞十六剋（khal）。亦有以孜升★91 为标准计算的习俗，官方秤斗每六剋（khal）计一玛肖，每十二剋（khal）计一钱黄金。还有官方秤斗每八剋（khal）计一玛肖，每十六剋（khal）

为一钱黄金。卫地尚有四藏升为一钱和三藏升为一钱等多种计算方法。

关于肖（zho）的计量方法,《蔡巴法律》等有关法典中又把肖分为上中下三等，其中一上等肖分别折合犏牛、马、骡各一匹；一中等肖折合公驴一匹；一下等肖折合母驴或小牛一头，以上均以官方秤斗之肖价六分法为标准计算。若以青稞价计算，一两黄金以八肖制计算折合青稞九十六蒑（khal）；一两黄金以六肖制计算折合青稞七十二蒑（khal）。若以商品换算，前世诸法王及蔡巴时期，曾有一两合金即可手抄一部《八千颂》或一部金汁《金刚经》等良好的风俗习惯。此后又有一驮砖茶计为一两合金，一头牦牛计为一钱黄金，薄绫二匹计为一玛肖，每四匹绸缎计为一玛肖等多种计算方法。聂仓（gnyer-tshang）对所属地方发生的争抢水源等纠纷的处罚，以一玛肖为二蒑★[92]酥油计算，即要罚六蒑酥油，纯正的上等酥油即可罚交三蒑。而今有“玛色吉尚”（mar-gser-gyi-srang）之说法,但在《蔡巴法律》中把“玛色吉尚”释为以“玛”为例，视金为贵重，其次是把“玛肖松肖”（smar-zho-zong-zho）释为以“玛肖”为例，故视之为准确之说。

第八,《使者薪给律》★[93]。所谓的“忽尔扎”★[94]是指蒙古曾统治汉区并派使者至藏区传旨时，汉人备受藏人之尊敬，故以此为名称。此处引申为要对官吏加以尊重，诸官吏亦要掌握一定的分寸。尤其是拉萨一带，因正法混乱，不分公私，凭仗权势在布达拉宫领到印章后，随便从拉萨一带选派人前往逼债。对此无任何是非界限，食物必需品的处罚即为临行时要交付口粮二升、酒一升，共计三升。每天官吏所到之处皆要按上述标准交付。

后藏地方自称其藏升、斗为标准的计量衡器，然而昔日因税务繁杂且衡器标准太大，故无论数量的多少均不可以此为标准进行称量。若如今继续使用之，则对属民负担太重。因此，做适当规定：自发布此法令起，无故不得私自前往讨税。除布达拉宫派遣专人外，不许擅自领人前往。公派前往讨税者须知，昔日之法律规定，若税金不足一两者，不得设宴，不交付其他费用；若满一两者，均要拿出税金总量的四分之一作为设宴熬茶、支付膳饷费和脚钱，这些应交予官吏。然而目前凡纳重税者，要按照公文中所说的："除为官吏及随从人员交纳狗、马、骡之费用外，还要令其提供肉食一条羊腿和一驮货物。"在未还清税金之前，纳税者须为官吏每日分两次分别供应大小羊腿各一条，同时要为所有的随行人员每日三次分别供应小羊腿一条、茶叶五包和青稞酒，每日供应每匹马、骡饲料二升★[95]，还要支付膳后金一钱，彼等子孙辈不可得这种税金。以上税金的计算方法是从官吏抵达日至结清账目之日算起，昔日法律虽有要交足用于设宴、膳饷、脚钱等税金总量的四分之一，方可结算以后的账目之规定，但对此有些误解。所谓"垫"（gdan）即指讨税人员需同自己的官员坐在相等的坐垫之上；所谓的"筵宴"（ston-chas）是指宴会所需要的食品；所谓置办的"百牛筵宴"，意思是要交付一百剋（khal）青稞和宰杀一头牛，这些物品要尽可能从纳税者家中拿取。

《第悉之法律》中记载，所谓"垫"即不可使公文摆置于地上之意，令其交付公文之"垫"费为税金总量的四分之一。所谓"筵宴"是打开公文之费用，即纳税者应交付宴会费四分之一、脚钱费四分之一、惩罚金四分之一。最严重的惩罚是将被罚者之双手反绑，把所有的税全交给公家。讨税官吏的费用应从抵达之日算起，交付的合金数量应为：一般两人以上要支付膳食羊腿，每日分三次支付小羊腿、茶和青稞酒。若讨税人员有马匹，则要交付适当的草料，但不可获取太多。若税金不足一两者，须支付每位官吏半条羊腿，支付给每位官吏的随从半条小羊腿和五升青稞作为脚钱。此外，税金不足一两者，应免去所谓的“垫”和“筵宴”之费用，但须为催逼租税的工作人员发放必要的膳食。然而讨税之差头切莫一日三餐顿顿口足腹饱。

按时交纳差税者，可不支付脚钱；若拖延交纳差税者，每日要交纳脚钱为五升青稞，天数要从讨税者抵达之日算起，讨税者一旦离开交纳差税者之家门，即可不用支付脚钱。对于个别不服从差头之令而拒绝交纳税金者，讨税者要对其严加管制，且令其交出所有天数的脚钱。对于狡猾、强辩喊冤者要处罚一钱黄金。对于穿着誓衣为政府办事，而需要发誓时亦不穿誓衣即办事的，即知法犯法者，要斟酌情况处罚一二两黄金。对于中下等擒手要支付其一二钱黄金，对于自我发誓者要支付其一钱黄金。在抓石时，所谓的“神幔、神垫、铁锅、平口锅、火铲、铁钳”等用具及其工作人员的费用，不论是私人或公家开支，亦都要交付所属官员七份或九份。对违犯抓石规定者，一次要罚其交付一两黄金；在抓油时，亦有所谓的“神幔、神垫、放油的铜锅”等一切用具，凡违犯抓油规定者，一次要罚其交付一两黄金，总之要斟酌情况，适当拿取。对于普通的擒手要支付其两玛尔肖，对于自我发誓者要支付其一玛尔肖。对于家庭不和，所分的财产发生纠纷，意见不统一，双方不讲真话者，要按照前藏的惯例，得势者要分得三分之一的家产，未得势者一般可获得十分之一的家产。依此分取后，剩余的双方再各自拿取十个直至分完为止。总之，要按照双方占理大小做出适当的处理。

擒拿罪犯者，可将罪犯身上所有的衣服拿走。超度命价者只可得到一点财物。其他则按照前藏之习俗，亦可得到十分之一的财物，但前藏此习俗不合适。按照后藏之习俗，两人相互交换财物★[96]时，要举行所谓的“松普松丹”（zong-phud-zong-stan）仪式，即交换财物双方中的交付者须把物品放于地上，拿取者要把金钱放于垫上，而后双方平均各拿一种。倘若须交付合金，交付者要点清钱数，拿取者要量清粮食的剋（khal）数，交付者可得到粮食晒垫的四面，拿取者可得到适当的合金。上述这些习俗最初记载于旧法典之中。

有人命者，凶手本人要按照有关规定交纳一定数量的代金，代金的多少要清楚地写在判决书的末尾。若需要交还脚钱之代替品，则须当面点清代替品的数量，这些代替品究竟是统一拿取，还是各自拿取，须酌情做出决定。未有交还物品的地方，要为参加判决的所有人员支付以瓷碗为主的礼品三份或五份，以茶包为主的礼品七份或九份，绸缎、铠甲、牛马等数量的多少要适当。此外，按照规定尚须支付写判决书的笔墨费四分之一，支付贵族头人四分之一的费用，贵族头人之费用由卓尼★[97]或上交的内外工作人员获取，四分之一的笔墨费由仲益★[98]获取。

第九，《杀人命价律》★[99]。价者，皆指无价或数量之多而命其名曰价也。昔日，据传说："上部雅孜（stod-ya-rtse）王被霍尔（har）所杀，其尸价与黄金等量。下部格萨尔（ge-sar）王被丹玛（ldan-ma）行刺，至今命价尚未偿还清。"此意思即为，所谓"东"（stong）即命价者，无比昂贵，尤以人之等级分为上中下三等，此三等中之上上即指德高望重之赞普★[100]，其命价是无法偿还的。此后，上上者与妇女大概不会被人所杀。如果被杀，即判罚以土地与沙金无数，以示其身价之贵重，所有这些均酌情处理，对于妇女则要比各自之命价少出半倍。

《蔡巴法律》中记载曰："疯子、未成年孩童及牲畜等或其他非故意杀人者，无须交付命价。医生因医治不当而死亡之人，其目的是为患者而康复，不仅无错无罪，而且死者家属要心记其恩德。"此乃是说疯子和八岁以下之幼童，因彼等未有分辨是非之能力，故除为死者做善事外，无须赔付命价。无有思维之牲畜造成死亡事故，牲畜之主人应付死主四分之一的善事费用，上述规定直至今日亦兴盛不衰。此前，普通的人被杀，无有现今如此威严之王法，仅以各自之主人、父辈及女婿之势力大小论处。倘若死者之主人势力大，则要将死者之尸体葬于地势较高的地方，称之为“若托吉瓦”（ro–tho–skyel–ba）★101，把尸体送到墓地进行告别仪式后，死者家属方等集结兵力进行复仇，且定期送寡妇哭坟，以及送垫子和衣服。若死者有小孩，其小孩在未成年之前，则须交付抚养金。昔日之判决书中规定，死主之饭费，父方筹集兵力费，孤儿之抚养金，寡妇擦眼泪用的纸、布皆由死主决定其数量，肇事者要想尽一切办法满足死主提出的所有要求。如今为平息死主之悲痛和愤怒，亦要赐予“压悲钱”。

其次，旧时倘若凶手势力大，则将死者之尸体葬于地势较低的地方，称之为“若帕东瓦”（ro–babs–gtong–ba）。牛马等供品的多少要以葬礼的规模而定，若供品非牛马而是以其他物品来代替，则要交付双倍的财物。命价数量的多少要根据凶手的财产，合理地做出判决。

旧法典中记载曰：“国王至尊之贵体，以万物作为其命价。较聪明之凶手要为其举行‘若帕东瓦’之埋葬仪式，根据尸价决定交付财物的数量。”如今实行“札普吉恰”（dgra–phud–kyi–cha）★102 这一办法。事实上如果命价太少影响劝诫，即起不到惩处凶手之作用；如果命价太多，凶手未能承受得了，地方众人亦会为此而发生争执，互不搭理；倘若凶手交付不起，即会把人肉拿来作抵押品，由此会发生不安宁的动向。为使凶手和死主双方皆得到满意，故要为死者增加大量的“压悲钱”，并为凶手发放“扎普吉恰”等。

昔日有所谓凶手应交付的费用以及凶手和死主双方交付的相互协调

之费用的规定。如今凶手交付的费用为三两金，死主与凶手双方同意后可把协调金交予称为“古结”（sku-rgyal）之人。昔日上交之时，分为白命价（stong-dkar）、斑命价（stong-khra）和黑命价三种。赔偿时，又分为玛尔（smar，意为财）、查（khar，意为珍宝）、松（zong，意为货物）三种，其中又将玛尔分为玛尔（smar）、玛尔日（smar-ri）和玛尔斯（smar-zir）三种；将查分为查（khar）和查恰（khra-chags）两种；将松分为松（zong）和松那（zong-nag）两种，此外尚有松那吉贝觉（tong-nag-gi-sbad-gcod）等多种称谓。所谓的“白命价”最为贵重，“斑命价”适中，“黑命价”最轻，以此作为准绳。赔偿“白命价”时，要交付“玛尔”和“玛尔日”两种，“玛尔”包括金子、银子、上等茶叶、青稞、稻米等能消除罪孽之财物；“玛尔日”比“玛尔”要略轻些，可交付少量青稞、中等茶叶和氆氇制品。赔偿“斑命价”之时，要交付所谓的“查”和“查恰”两种，“查”包括青稞、油菜籽、豆类、有用的牲畜、氆氇等；“查恰”包括能换肉食的青稞和酒糟之类的混合物、良种牲畜、布匹、肉、羊皮等。赔偿“黑命价”之时，要交付所谓的“松”和“松那”两种，“松”包括交付优质纸张、马、驴、青稞和酒糟之类的混合物、装饭袋、饭勺、旧衣服和氆氇等；“松那”包括交付七剋（khal）精选的青稞、普通弓箭、旧碗旧碟、油渣和干酒糟等。所谓“松那吉贝觉”是指交付赔偿物结束后，还要交付几片纸张和装饭袋，各值金一二两，旧鞍和旧铜子各值金一钱。总之，将一有洞之石和仅能跨过法场之门槛儿的老马、老驴作为日常偿品交付，比上述赔偿更轻，即称为“东秀龙其”（stong-gzhug-rlung-khyer），即连一名乞丐亦可按照法律赔偿其几两或几钱。

上述乃为昔日具有聪明智慧的人们根据死主和凶手的地位高低贵贱，制定赔偿命价多少之规定，称为“那钦”（nag-chen，意为重罪），是以玄虚其名目而隐藏一些命价之善巧方法也。但后来“松那”等又以命价之赔偿金出现，还曾一度盛兴过赔偿金交付钱物均可之制度。在大王本人制定的法律中记载,不可根据势力的大小设置“集结军队”“把尸体埋葬在高处”或“把尸体埋葬在低处”等制度。如果出现上述情况，除交付命价的赔偿品外，不再付偿金。如若利用其势力则依轻重增减赔偿金。人分为上中下三等，其中上等又分为上上、上中、上下三等；中等又分为中上、中中和中下三等;下等又分为下上、下中和下下三等。上上与旧法典中所述的《英雄虎豹律》相同；上中是有三百以上仆从的头领、政府宗本、寺院堪布★[103]等，彼等命价值金三百至四百两；上下是扎仓★[104]之活佛、比丘★[105]、政府仲科★[106]及有一百名仆从的官员等，彼等命价值金二百两；中上是仲科官员之骑士、寺院扎仓之执事、掌堂师等，彼等命价值金一百四十至一百五十两，侍卫兵、各扎仓之老僧、小官吏、骑士等，彼等命价值金八十两；中中是运送粮草、弓箭等武器者及小寺院之僧人，彼等命价值金五十、六十、七十两多种；中下是世俗贵族之类，彼等命价值金三十至四十两；下上是无主独生者、政府的勤杂人员、屠夫，彼等命价值金三十两；下中是占有差地★[107]的铁匠、屠夫、乞丐等，彼等命价值金二十两；下下是旧法典所述的“铁匠、屠夫等三种人，彼等命价值草绳一根”，流浪未有固定居住的铁匠、屠夫和乞丐，彼等命价值金十两至十五两，也有慈悲者赔偿二十余两之习俗。

此上中下三种命价律曾吸取了古代旧法典和传记中比较合适的传统惯例以及古代君主和诸高僧尊者之教言。为严加惩处凶手，则将凶手的命价从一两降至十分之一。以前死主遣送寡妇哭坟的擦泪纸布、孤儿抚养费、父辈和女婿结集军队之费用等，皆须满足死主之要求，还须将“压悲钱”增加至两倍。命价“松那贝觉”（zong-nag-rbad-gcod）之赔偿费中的一部分可把两降为钱来计算。积德赔偿金每一两补加青稞一剋，积德赔偿每十剋（khal）青稞补加一剋酥油，从积德赔偿费用之多少来确定是否有利于调解工作。故特设置“肖”（zho）的计量单位，“肖”又分为“玛尔肖”（smar-zho）、“查肖”（khra-zho）、“松肖”（zong-zho）三种。先王之时，规定官家秤斗中的斗和两计量单位中之利息皆为大王所有。计量标准的差别亦很大，有八剋（khal）为一“肖”的，也有把剩余两剋作为误差，制定了官家秤斗即六剋（khal）为一“肖”。总之，“肖”的差别也因地方不同而有所变化，大小两种“肖”的区别为大“肖”要比小“肖”多两剋（khal）。计量“肖”的标准一般以犏牛、小骡子能驮动的为一大驮；母牦牛、黄牛、毛驴能驮动的为一中驮；母毛驴、小牛能驮动的为一小驮。昔日祖孙三王用法律的形式制定了判决命价之“色哲”（gser-bre）★108，标准的算法为一“色哲”等于四“肖”，如今拉萨地区的人们尚在使用着这一计量单位。倘若以驮的标准和“色哲”计量法换算“肖”，所有地方的人们皆知晓六剋（khal）为一“肖”的官家秤斗的标准算法，但现在使用的是八剋（khal）为一“肖”的官家秤斗的算法。如果不用法律严格约束这一时期的人们，那么将来法律就会被践踏，丧失其应有的作用。俗话说“官吏善知诸法律”，应考虑各种情况依章办事，例如遇到一起中等命价之祸害，其罪行的大小尚无定论，若此人已死亡，即要追究凶手责任，以告诫使其引起注意，目前尤其重要的是须适当赔偿其命价和善事费用。夜晚死者之命价为六十两，尚须交付积德善事之青稞六十剋、酥油六剋、“压悲钱”三大两，同时应从中减去“札普”（意即交给凶手）的六两。在交付命价之“札普”费用时，要把两降为钱和官家秤斗计量，如质量不符合标准，应从所交付的数量中减去四“肖”。交付时，自始至终要把时间、人员登记清楚，双方要向“古结”（sku-rgyal）官员敬献吉祥的洁白长哈达、中等茶叶、十二面薄绫等五包或七包，所有这些物品要妥善交付。此后，依次准备妥四份笔墨之费用和工作人员的三顿茶叶、碟子、整腔羊肉、牛腿肉、四桶酒、六剋（khal）糌粑。如因故推迟交付死主抵押品，须在交付保证金的公文中写清增加交付“压悲钱”的计量制应为“大两”（srang-chen）。所谓“大两”的计量制是一“大两”为“玛尔肖”之八“肖”青稞，若按一“肖”为官家秤斗六剋（khal）计量单位换算即是六乘八等于四十八剋（khal），亦就是一“大两”；若按一“肖”为官家秤斗八剋（khal）计量单位换算即是八乘八等于六十四剋（khal），此罚金要按“玛尔”和“查”对半交付。作积德善事用的青稞、酥油等须要交付自家产的。虽赔偿金为一“大两”，但交付时要降至一“肖”，“玛尔”为六“肖”，“查”为四“肖”，“松”为二“肖”，平均只有四“肖”。故交付赔偿费时，从应得的各种赔偿费中减去或增加几“肖”，使之上下相等，亦即是四“肖”。此后，至于命价的多少要根据各地方的习俗酌情处理。若又要从“玛尔”降至“松”时，则要以双倍计算；从“松”降至“玛尔”时，则要以半价计算；“查”的上下皆以九藏合★[109]青稞计算。若又按八“肖”制计算，和上述的计算方式相同。如死者有重大罪过，其命价则要以死者在世时的年龄为标准计算。所谓“伤下舍偿”和“尸下之伤”的这种说法和上述没有什么不同之处。

倘若有利于积德行善，命价则要加倍；若不利于积德行善，只可按原价计算。对于究竟是否有利于积德行善，将会发生意见分歧，故规定为四十九天之内交付者为利于积德行善，超过四十九天不交付者为不利于积德行善。若偿金恰巧在第四十九天交付，不管积德行善程度如何，皆以双倍来计算，并将“查”降为“肖”；若不利于积德行善，其偿金不变，依然按物品的价值计算。实际上积德行善费要从命价中支付，非故意而造成的罪行，不分事故的大小，凡有利于积德行善之事，亦要按原定赔偿金支付，但是所有支付的积德行善费要从命价中减去三倍。还有一种方法，实际上积德行善费和命价是分别交付的，只不过是名目不同以及凶手的心理偏见或传统习惯不同而已。另一种是根据罪行的大小而定的，交付完各种赔偿物后，代表人需在判决书的背面注明，必须保证判决书的前页所述各项赔偿费全部如数交还。此后，死主和凶手双方不能推脱责任。倘若出现违例，还要补交碎金两，同时双方要签字盖章，注明是什么人作证，盖的是什么样的章等。其次，如是仓库管理官或宗本进行审判，则要写明年、月、日，判决书要一式两份，其内容为：“你俩（指死主和凶手）未有大的纠纷瓜葛，而由其他原因，造成致人死亡之祸。”首先法官要将判决书上交“古结”（sku-rgyal）官审阅，此后凶手须交付训诫费一两半合金，积德行善费及命价的多少皆要按照上述法定的章程办理。

再次，若中间人要撤诉进行调解，则必须弄清事故之缘由。例如何年何月何日发生的事故，并以足够的理由设法使双方得到满意。中间人所述之证词皆要与事实相符，要考虑死主和凶手双方各自的利益，须认真地调查核实。开始中间人要向法庭说明缘由，此后凶手须将杀人之动机向“古结”官员交代清楚，这样赔偿金即应按命价的半价计算，先将各项赔偿金交给法庭，然后由法庭按规定进行公平合理的判决。是时，凶手要付给死主胜利金三两。所谓“尸下之伤”（ro-vog-tu-rmas），意即死者生前对凶手造成之伤痕，凶手若需医治伤病，根据伤势的轻重，其医治费用可从死主的胜利金中支出。但历来未有以争辩的方式来判决谁胜谁负之前例，所有赔偿的财物皆要按照法定的章程办理。

倘若既未有到法庭进行审理，亦未有请示汇报，中间人首先要拿听证说明自己的身份，并介绍其与家主或尸主之关系如何，然后将协商统一的呈文上交。呈文之内容应为："这段时间虽进行过各种大大小小的审判，双方仍然有不同的要求、埋怨和阳奉阴违之事。"反之，须于法官大人面前亲自交付保证金。双方各以此呈文为证，并加盖印章，双方各执一份，判决书上之言词与上述相同。是时，此"古结"官要由地方宗本或一人代理，如其所属宫殿管辖，须将赔偿物交给仓库管理官。凶手付给死主的胜利金与上述相同，写调解书时，不需交付保证金，但要立下誓言。各方应该向中间人交付调解费，为此事也许会发生一些口角，实际各方须对中间人要尊敬、感恩。如若在法庭上审判，工作人员之费用皆要由死主和凶手支付。对于被盗贼杀害的无主者，以及强盗斗殴被杀者，皆要以法庭中老官员作为其主，对凶手进行惩处法办。亦有将命价的赔偿钱作为积德行善之费用，即施舍予僧人、乞丐等人作为教化之善根，此乃亦是一种原有之法规。

第十，《伤人抵罪律》★[110]。古代旧法典亦记曰："尊者滴血值一钱，卑者滴血值一厘。"因价值不等，故在平民反叛中，伤人上下有别。民伤官，视伤势轻重，断伤人者手足。主仆之间，主失手伤仆，除治伤不用判罪，主殴仆致伤无赔偿之说。地位同等者可相互治伤。旧时虽有"伤下舍偿"（rma-vog-tu-gshags-dor）之说，然而此乃为一种不正确之说。对伤人要以事实为根据，如用粗暴野蛮之手段殴打对方，致使对方承受不住，遂而进行还击，因还击致伤者，除对其医治伤病外，无须补偿。相互持刀殴斗时，对先拿出刀者应该惩罚，如惩罚欠妥，须查清事件的真假而后依法惩处。倘若相互为谋自己之利益进行捅刀，应于养伤费用之上增补活命价一两或半两合金，须量刑做出合情之处理。

若受伤者本人是贵族，应向其交付“活命价胜利金和养伤补血费”，数额为命价的四分之一。总之，要根据伤势之轻重来决定赔偿的物品。衣物方面，须为受伤者披上肩被★[111]；血垫方面，须交付毡子和白氆氇等，旧时即有这种传统习俗。而当今贵族受伤者不多见，如若出现，皆可根据实情进行必要的医治。对于中等受伤者，根据伤势之轻重及事由之真伪做出判决。依据上述的各种方法，制定出如今人们普遍皆知的“买肖摘桑”（me-zho-dras-srang）★[112]之法，即用火烧伤者以一钱金子作为其价，用刀砍伤者以一两金子作为其价。总之，须用此种方法认真做出判决。此外，用刀砍伤者亦要根据伤势的轻重，决定其需要赔偿的数量。对受伤者，凡是受严重内伤者，须交付赔偿金二三两；无有内伤只有外伤者，若外伤面积为四指宽，则须交付其赔偿金二两，对此尚可协商妥善解决。对骨折者，虽然有一种“根据骨折之程度赐予等量赔偿金”之说法，但依靠这一点等量赔偿金是不够治疗伤病的，如此处理恐怕受伤者会受到损失。故规定若受伤之骨头像豆子一样大，则付赔偿金一钱。对于流血太多者，尚须赐予其血垫氆氇等物，血垫的多少视当时的情况而定。

上述之受伤者，倘若无理，则受伤者应交付对方五成或三成之胜利金，对方亦无须交付受伤者补偿费。倘若双方皆受伤，则按照双方的伤势轻重，各自计算其所交付的赔偿金。七天之内，伤人者要付给受伤者一至六尅（khal）的糌粑，或者半个羊肉腔，或者半个牛肉腔、一桶酥油以及酿酒用的青稞等，根据伤势的轻重要给予适量的赔偿费和两次请医生的治疗费。在医治期间，须妥善安排好医生的饮食。此外，如果治好病，医生可取治愈费，亦符合法规。

打人者不为受伤者请医生治病是不符合法规的，必须根据法律之规定交付治愈费。交付费用时，有一种治伤费用和医生的饮食等费用依据双倍计算的传统方法。对被打掉牙齿或拔掉头发者，旧时法律中有一种"掉牙偿马，掉发偿羊"之说法，然而此后再不实行，现行规定对被打掉牙齿者之赔偿费要比上述骨折者的赔偿费略多一些。对被拔掉两三根以上的头发者，对方须酌情赔付偿金一钱等。倘若五官中之眼和手、脚、指头等被致残者，须按伤残者命价赔偿费的四分之一、三分之一和五分之一来计算。总之，要根据人的手、脚及其他器官作用的大小来决定赔偿金数量的多少。

第十一，《狡诳洗心律》★[113]。对是非狡诳者需要进行立誓。所谓"立誓"，即像自己的鼻子所处于面部之位置，相当正直。所谓"立誓"亦要由具有智慧眼和幻化身等先知先觉的护法神作证，以明鉴真伪。

挑选发誓人时，旧法典记载曰："金鹅无须用网抓，黑毒蛇不可往下坡追，无须用石块打乌鸦，无须用木棍打母狗，无须串联小红璁石。"金鹅即指喇嘛★[114]、善知识★[115]、尊者，彼等无须立誓，故不可算在吃咒发誓者之内；乌鸦即指饥饿、馋食之穷人，因彼等故意舍弃罪恶，为维持生命求得食物而随便发誓，故彼等不得参加吃咒发誓；黑毒蛇即指具有法力之咒师，因彼等可用魔力解除咒誓，故不可算在吃咒发誓者之内；所有的母狗皆指妇女，因彼等为丈夫及其孩子可违心地吃咒发誓，故不可算在吃咒发誓者之内；小红璁石即指不能分辨是非之幼童和傻子等人，因彼等不晓得取舍誓言之利害，故亦不可算在吃咒发誓者之内。那么什么样的人方可立誓呢？凡懂得或知晓自利和他利者、明见事理者、正直诚实者、能遵循因果规律者、胸怀宽阔可视仇敌为己友者，若符合上述条件者，方可立誓。如若找不到符合上述条件者，即须用煮油抓石和煮泥抓石★[116]等方法来分辨是非。

上述这些有无道理，要看是否会出现山盟神证之因缘等。虽以事实为主，但将盟誓搁置一边亦不可生效，这是因为无论大小事情皆不能主观臆想，人是在经常不断地变化着，故心里亦随时会产生许多错综复杂之念头。例如，表达这类事实之言词若有损于发誓之仪轨，则不可列入日程。虽未有因缘之事实，然而出现征兆乃是德高恩重的护法神之愿力。神志清醒者将丝巾缠在他人头上，在此丝巾之下莫要做任何事情，此乃为一种立誓方法。若发誓后将丝巾抛弃，即会依次出现征兆。若对立誓之过失者进行惩处，须在裸体下垫上鲜皮垫，用装满血的牛肚在胸前来回摆动，思虑后随之会出现与上述立誓相同的征兆，又如未有思虑者均会炫耀自方有理。无论上述寻思如何，彼等亦会因有相当理由和充分把握而一心一意地向智慧神求得分辨真伪之方法。因有智慧神作证，必然会出现真理之征兆，但是亦要依彼等诸人之寻思，并按照这些思虑进行立誓。

倘若立誓，则须有一位合格的法官或中间人，开始山盟神证时，需要具有一双慧眼来分辨过去、未来和现在三时内之真伪。此后，辨清是非即由世间法力无比之神进行判处。立誓之时，发誓者要以自己崇拜之阳神等作证，须供献神饮誓水，如若进行油中抓石和煮泥抓石等仪式，要事先准备有神帘、神垫以及完好无损的铁匠之工具和石子，而后于铜锅或铁锅中倒入干净之菜油，油的多少一般以淹没拳头为宜，将两块拇指大小重量相等的黑、白小石子放入油锅之中。如尚进行煮泥抓石之仪式，即在锅中放入一种浓稀如酸奶一般且能淹没拳头之泥浆或浊水，此后将两块黑、白石子放入锅中，以人们看不见石子为准，则可用手下锅去抓。

上述仪式要与盟誓相互对比进行，所有法官和中证人要坐在远近适当的地方，诸盟誓者须将各自之心愿和誓词如实地写于判决书之上。开始，若立誓洗心者要亲自献新，同时又对立誓仪式不同意，即须掷骰子决定，按照上述判决书中之誓词所言，胜者可挑选中证人，败者可选择立誓之方式，无论骰子出现何种情况，中间人皆要向立誓者念三遍誓词，须使发誓者亲耳所闻，并牢记于心中。若能熟练地念一两遍，肯定达到立誓之要求，那么方可将立誓人带入护法神殿，此后要立誓者或披头散发、放下刀和护身符，或脱掉上衣即赤裸着上身，究竟采取何种方式，须根据当事人之地位高低和情节轻重来决定。立誓者不论大小诸事，除放下上衣、刀和护身符外，无须交付誓物。立誓者献神水及祈祷后，须于判决书上加盖印章，用立誓者本人的唾涎封住，如有手链和绳索则将其手系住，识字者须念诵誓词，非识字者则须随从他人念诵誓词。

如若违背誓词，即受到惩罚或遭受某种报应，被处罚者要将盟誓之物高举至头顶，尚须用石块立誓的话，则将洗干净的石块放置于盟誓物之上，以说明真理是立于雄厚的事实之上，并非靠碰运气。若抓石者需交换物品，双方要将上述物品准备好，此后，由名为“阿达”（a-ta）的僧人祷告祝愿，铁匠将各自的炉火点燃，石头一遇到火即会发生不同程度的燃烧，是时，抓石者用水和奶汁将手洗净，须将手上原有之黑痣和伤疤标清记号。当把所有石头烧成灰白色后，用手取出置于铁锅内，挑选出未有尘土和灰烬的石子，而后将这些石子再放入碟子内。按照上述方法进行挑选后，两位抓石者须手对手行走三步或七步，两只手来回搓动，并将石子放置于所到之处。当把石头放到火上，若三次从火中蹦起，则视为有理，无须进行抓石。此后，用布将手包裹起来，法庭执法人员在布上加盖印章，等三天或七天后打开，若发现手上出现一点儿黄斑，即视为无有其他过失；若手上很干净且又有像豆子一般大的水泡，则视为有轻微过失；若过三天后仍未出现任何征兆，亦不可将原有的黑痣和伤疤视为征兆，需重新进行分辨是非，神帘、神垫归“阿达”的僧人所有，锅和碟归铁匠所有。若煮油抓石，其立誓仪式与上述相同，立誓者要像以往一样勤奋念诵誓词。在公众大厅内举行洗心立誓仪式时，所需的油和油具要从政府仓库中支取，所交换的物品要由各自准备。倘若一方拿油具，自然另一方要拿油。若发现破裂残缺之用具，受疑一方要重新准备，将准备好的用具交予法庭工作人员。

煮油抓石时，抓石洗手、念判决书、盖章等仪式皆按上述程序进行。此后，将黑白两种石子放入油锅，确认油达到沸点时，判决书上第一位签字者先抓。开始用手搅一下油再抓，不管拿到哪一个石子皆要抓出来。若是抓到光滑而明亮的白石子，手上除留下石子之痕迹外，不会发生任何伤情。如抓不出石子，即会出现火旺油溢等现象。若搅动油后，抓到一个黑石子，拿石子的手即会被烫伤或起水泡，是时则视为无理。若抓石者手上伤势小且又抓到白石子，那么他即有一半获胜的希望，但是如今把这类现象算作获胜之范围，故以此来对待。

尚有一种仪式，即无须用石子，仅用手指伸入滚烫的油锅内，看双方的手是否会被油烫伤，最后根据受伤的轻重来分辨是非。用铁分辨是非的方式是依照教派戒律进行的，以后大部分立誓者皆不采用此种方式了。虽然有部分人尚在沿用此种方式，但立誓之方法同煮油抓石之方法相同，以是否烫伤为根据进行是非辨别。煮泥抓石等仪式与煮油抓石之仪式相同。

第十二，《盗窃追赔律》★[117]。盗窃赞普之财物等罚赔原物之万倍，偷至宝★[118]之财物罚赔八十倍，偷与自己同等地位人之财物罚赔七倍至八倍或八倍至九倍不等，依退赃、科罚、赔新三法，盗者被抢也要交付羞耻同情费等多种方法对小偷进行不同方式的惩处。赞普包括官员、地方首领和头人；至宝包括上师、僧人之物品和寺院之供品等。偷地方上与己同等地位即近处百姓之财物，须罚赔七倍至八倍；偷盗邻居之财物，须罚赔八倍至九倍；偷距离远而未能返家之盗贼，须对其以退赃、科罚、赔新等三种方法进行惩处，上述均可根据退赔的情况做出公正的处罚。傻子或边地语言不同之流浪者，因饥饿不能忍受而进行盗窃，须给予所谓的"羞耻同情费"，即给予适量的食品和衣服。

其次，对诬陷他人为偷盗者，须对诬陷者如同盗窃者一样对待，除进行惩处外，还须让其赔偿与盗窃者数量相等的财物。

再次，尚有一种所谓"比捡坏和比偷好"的说法。对捡到财物不归还失主者、将财物隐匿他处者以及狡诈欺骗者等，须对彼等以退赃和赔新等方法进行惩处。所谓"盗者被抢"，即指盗窃者所偷之物又被他人抢夺下交还给失主，是时，失主须将所盗之物的一半作为奖赏品赐予此人；捡到财物能在集市或大庭广众之中叫喊认领者，失主须将财物的三分之一作为奖赏品赐予此人；捡到财物原封不动者，例如捡到马或毛驴未上鞍鞴，捡到羊未剪羊毛，一年后归还失主，失主须将财物的四分之一赐予此人。尚有其他奖赏方式，即对普通捡物者予以饮食和酒类款待等诸符合法律之方式。

打伤盗窃者无须付赔偿费用；用弓箭或石块打死盗贼者，除交付"松那贝觉"（zong-nag-rbad-gcod）和"东久隆其"（stong-mjug-rLung-khyer）之命价补偿外，还付念经善事之费用；已捕获盗贼而后又将此盗贼杀死者，须依照法律交付其命价及善事之费用；捕获入狱后死去的盗贼，须根据其罪行的轻重，酌情给予一至五两的命价赔偿费。

第十三，《亲属离异律》★[119]。例如，夫妻欢乐而离异或由中间人调解而离异等，无论彼等高兴还是痛苦离异，皆按最初结合之誓约，查清夫妻离异之主要原因，认真判处，务必公正。对此，旧法典中规定："弃夫者罚金十八钱，称为'虎纹赔偿法'；弃妻者罚金十二钱，称为'豹斑赔偿法'。"事实上若夫有理而被妻抛弃，妻方须分三次付夫方十八钱黄金，且赐予一套衣服或照管好饮食、衣服等。对身份高的人须赔偿其活人命价，对身份较低的人须赔偿其三分之一的活人命价。总之，要根据占理的多少来赔付。若一女有理，被夫抛弃，男方须付给女方十二钱黄金，以及交付"服侍赔偿费"，日薪为三藏升青稞，夜薪亦为三藏升青稞。尚有一种"日薪为一厘金，夜薪为三藏升青稞"的赔偿法，具体赔法还要根据女方人口的多少及占理的多少来判定。赔偿时，妻子出嫁之前由父方赐给的衣服和粮食归女方。无论是给男方的，还是女方的，只要是父方赐给的，不论是否有理均归女方所有。若以夫方之名义所赐给的财物，皆归夫方所有，女方虽有理，丈夫亦不必因理亏而将财物送给女方。

其次，子女的归属则须遵循"子由父养，女由母养"的原则，儿子的乳金依其年龄的大小酌情判定。分属女儿之粮食及母亲之口粮均须合情合理。对家庭兄弟分家土地、房屋和衣物等、父子分家等，须根据其家庭人口的多寡，合理分配财产。女性应分得财产为男性的四分之一。土地、房屋和财物等所有家产须按人头合理分配，父母及其长辈有权优先自由选择所属财产，剩余的财产可用掷骰子等方法轮流挑选，总之，须酌情合理分配。如果有即将出嫁的姑娘，其嫁妆等陪嫁物要从公有财产中提留。若有出家的尼姑则须为其代分厨具、份地、僧粮、衣物和小马。若有出家之僧人，亦可按上述分配原则，妥善处理。若系非血亲关系组成并且以往能同甘共苦的家庭离异，则须查清团聚时双方拥有的财产数量，做出公正的判决。

第十四，《奸污罚锾律》★[120]。古代法王之旧法典记载曰："奸污他人之妻者，割断其手指、脚趾后，流放至边地。"此乃指对上师、官员等之妻进行不正当的行为，则须严加惩处之意。对其他奸污罪行之判决，旧法典中亦有过一些规定。如对奸污者处罚以钱财、绵羊、山羊、马、牛等，但处罚要以事实为依据，依照罪行的大小处以不同的罚金。与不同地位者之妻通奸，则要处罚三两罚金以及活人命价之四分之一的罚金，赔礼费是以茶叶为主的七份礼品。倘若奸污同等地位者之妻，须判罚活人命价之总数为二至三两金，赔礼主要以衣服和食品为主的五份或七份均可。

如系女方主动勾引男方所致，则处罚男方奸金一两，赔礼费是以瓷碗为主的三份，无须赔偿活命价。奸污尼姑者，皆须按寺院法规惩处。若有女人勾引邻居有妇之夫，勾引之妇须交付其妻以茶叶为主的七份赔礼费，或以瓷碗为主的五份不等。若丈夫偶尔一两次犯奸，后可改邪归正，则无须交付赔礼费。总之，须根据情节轻重做出合理的判决。

第十五，《半夜前后律》★[121]。譬如，无论马、骡、犏牛、牦牛等何种家畜被人所借，若牲畜死于借者之手，则须付赔偿金。若所借牲畜无病无伤归还后，过夜而死，主人则不可诿罪于借者。又如将所借牲畜无病无伤归还后，若前半夜死亡，借者须付给主人偿金；若后半夜死亡，主人不得向借者讨取任何赔偿费。上述规定皆记载于旧法典中，至今仍在沿用。又如因鞍疮等伤而造成牲畜死亡的，借者须根据鞍疮的大小给予部分赔偿。其他东西的借还方法，均可按照上述规定的办法处理。因集市上的饲料而造成牲畜死亡事故，亦有一种法律惩办之规定，所有这些皆要遵照地方传统法规判处。

倘若店主在秤斗方面欺骗顾客，店主须以物价的三分之一赔偿给顾客，卖主若以变质之肉食或破损物品出售，买者则可进行反抗，根据物品之价格，依照法律条款要求卖主进行赔偿。虽购物已过若干天，但买者若退二十剋（khal）物品，即可从卖主处讨回四剋。如劣质掺假货物出售后，买者亦可退还，但不必交付退货费用，账目虽已超过一年，然而卖主亦要将旧账寻找出来重新计算，按照规定将财物退还给买主。

尚有其他多种法律条款，如烧毁他人之麦秸、木料等，亦须按上述有关规定进行惩处，还须向物主交付偿金及其适量的赔礼费。又如居心不良者于夏天往他人之田地里乱灌水及拔青苗、放牲畜入田等，亦须依上述有关规定对其惩处，其交付主人之赔偿，应将秋天收获粮食的数量和春播籽种之数量加在一起计算。又如主人故意将自己的牲畜赶往他人所属之草场吃草，若昔日有协议，给予象征性的赔礼费即可，若系牲畜自行进入草场或田地，牲畜之主则无须支付赔偿金。

第十六，《异族边区律》★[122]，指盛行于西藏四周如门巴族、珞巴族和蒙古人等地之法律。因珞巴、门巴等族群属边鄙之人，故既蠢又傻★[123]，大部分法律亦未能盛行。此条法律对西藏之用处亦颇小，故除阐述有关命价之差别，其他法律在此无须多赘。

蒙古人是以格萨尔王之军纪和汉地法律等严明法纪治理于天下。蒙古之法律条文虽甚多，但此条法律所记载之内容颇有裨益。蒙古语称一种善妙法律为“艾齐”（al-phyi），大蒙古之金字使者所需之马匹及“乌拉”★[124]，皆可在自己部落或他人部落任意挑选马匹；无论何时到达驿站，均可根据金字使者及随行人员之人数及食量，除挤奶和驮运牲畜外，可任意挑选牛羊宰杀享用，但不可将牲畜之内脏、头和皮张带走。

如内部发生口角及殴斗，设法使双方和解。对不听劝解之顽固者，可用马鞍绳将其套住，使其只能骑着马兜圈儿或在马上拉空弓，而不能拔刀射箭。若有拔刀者即可劫其马，若有射箭者即可夺其弓，若有械斗者即可牵其马，若有人受伤由铠甲管理之官员将其马匹和铠甲收缴，马受伤则须付赔偿金。在门隅地区★[125]被杀死的中等官员，规定交付八十眼绿松石作为其命价赔偿金，若以每一眼的价值为一头黄牛计算，则应交付八十头黄牛;在蒙古地方★[126]被杀死的中等官员，规定交付六十“牛载”（mdzo-khal）之财物作为其命价赔偿金，每一“牛载”之价值为一头挤奶犏牛或一头驮运牦牛；藏区则以“松坠”（gsum-sprod）之方式，以合金交付命价赔偿费。“压悲之补偿品”待凶手女儿订婚后须要交付，对此法律调解书亦如此规定。

盗贼窃官员之马鞍垫子，则须交出其马匹；窃地位相同者之财物，赔偿牛或羊均可。比上述更为严重之惩罚，称为“款摩喀达”（kho-mo-kha-btags），即令盗贼将家中的一半财产拿出来，其中一半须交予官员，另一半交予失主。被盲人或有角牲畜所杀，带角凶手若逃跑时，派一快马追赶带角凶手，如跑在前头，无论何人骑快马拿到何种财物皆归其所有；若马跑得同样快，则按扔鞭子的前后计算，马鞭所扔到的地方，全部财物归其所有；若由助手跟踪追回被盗之财物，失主须与助手平均分配这些被盗财物。抓住临阵脱逃者后，取其马和铠甲，即算作将临阵脱逃者杀死。猎人之标志为，持牛尾是快马骑士，持皮张是获胜壮士，持铃舌是英勇战士。谁先用箭射死野牛，谁即可获得上述之标志，较重的奖赏为牲畜的四肢或一条前腿和一条后腿。

又如一位猎人正追赶着一只猎物，而另一位猎人乘机跑上去将猎物杀死，这位猎人则应受到公众的斥责。对强盗的惩处办法有三种：一种称为“格格儒儒”（gaw-gaw-rog-rog），此乃为较轻微的惩处；一种称为“松坠”（gsum-sprod），此乃为中等的惩处；一种称为“齐响尔”（phyed-sho），此乃为最严重的惩处。偷政府之牧群和北方民族之黑帐篷者，须用所谓的“松坠”方式惩处，对门隅之地诸愚蠢者，须用所谓“齐响尔”的方式惩处。其次，尚有一种盗贼发誓，即盗贼由自己所属之头领为其签订协议，协议之内容除吃喝外，包括所剩余的财物以及可分配之牲畜数目。此后，发誓者须将经文举在头顶，方可进行发誓。是时，主持仪式之官员和盗贼之头领须献新★[127]，此后要为经忏僧官★[128]、执事★[129]和诸掷骰者发放肉食等，其费用要由输的一方支付。

进行发誓仪式后，将盗窃之财物交还给失主手中，还须用“松坠”方式对其惩处。丢失的牲畜无论大小，也要按照牲畜之数量由盗贼为诸发誓者发放三等份之礼品。即第一份为全口牲畜，第二份为二岁犊，第三份为牛犊和羊，盗贼方面亦需要有中证人，但随便推选出的人称为“帕尔赛”（bar-zan）。

根据丢失牲口的多少来计算所需食品，亦要将这些食品交予称为“恰帕尼”（bya-vbabs-gayer）的官方诸执事。谚语称“红眼马其嘴亦要红”，故官方要尽量满足牧马人和牧童之要求，要经常不断地与彼等发生联系，及时了解情况。

第悉法王（sde-srid-chos-kyi-rgyal-po）★[130]亦将异族边区列入法律之中。驱逐政府牧群者须用“格格儒儒”之方法对其惩处，有实物者退还实物，无实物者要赔新。除吃喝完的食物，要将手上剩余的财物全部交出来。若现在尚欠缺，要将现有的实物全部交出来后来年一定要补交齐。

达垅寺（stag-lung）★[131]红宫之东门被强盗所捣毁，交付此赔偿费时，亦需向官方之军官献新，中证人要由官方之心地善良、思维敏捷的两三人担任。根据丢失财物数量的多少，开始要为中证人发放食物，即给名为“帕尔赛”的中证人发放母牦牛、小牦牛及两三只羊等。总之，要根据丢失财物数量的多少及中证人所担负责任的大小给予适当补偿。

若执事官员索取食物，则赐予一至四只羊均可。若丢失财物不在官方帐篷前，而是从帐篷后面取出，是时须认真观察辨析，所需赔偿物品则应由官方支付，丢失财物者须当面过秤。取出丢失财物的工作人员应分得财物的十分之一。若官方筵席上有臀肉即可带走，若私客筵席上有臀肉即可食之，剩余的食物要交予主人。若过秤者需在帐篷内过夜，必须和多人一起夜宿，否则认为不吉利。

交付政府之惩罚物品，上部者★[132]应交付数头小牦牛，下部者则应将强盗之马交出。此后，考虑到官员之名声，故用蒙古之法律代替此习俗。属于政府管理有关丢失的财物方面，亦与上述相同，但无须交付政府之惩罚物品。根据政府之有关规定，追回之物品可取出一半用做献新和以“松坠”之方式进行惩处。若有钻在箭、刀、枪、神像之下发誓者，有可免除对其惩处之传统习惯。

综上所述，事情无论大小，凡违背法律者，不论由谁做法官和中证人，亦均毫无偏见地做出公正惩处。以三宝作证，对正直者要给予支持，对狡诈者予以防备，对初犯者须让其安分，对犯罪者要大胆揭发，对无罪者须纵容放任。总之，要依照事实公平处理。金字使者无论到达何处，皆要忠实地服侍。不管对自己做了任何善事，若大部分人均能如此正确取舍，未将此善事置于己方，那么天下将会和睦太平。虽属庸俗之辈，首领亦要对其关怀备至，积德行善，从而使首领犹如众敬王★[133]一样，永远得到众人之敬仰和爱戴。

有诗曰：

具有大恩大德之法王，

主持公道正义无偏见。

同饮智慧大海之水滴，

渴望取舍世间之法律。

如愿获得丰足之喜悦，

无知者从中吸取经验。

此中倘若有不妥之处，

祈请诸法王贤者海涵。

注　释

★1　即福德资粮与智德资粮。佛教僧侣把“福德”和“智德”看作是修法者应具备的两种资粮，认为以此二德作为资粮可证佛果。

★2　即阎罗，梵音译作阎曼罗杂。一切死人的统治者，佛教典籍中译为阎罗王。

★3　藏译“曼殊室利”，意译“妙德”“妙吉祥”等，佛教菩萨名。中国佛教四大菩萨之一，相传其显灵说法的道场在山西五台山。其为释迦牟尼佛左胁侍，专司“智慧”，常与司“理”之右胁侍普贤并称。顶结五髻，手持宝剑，表示智慧锐利。塑像多骑狮子，表示智慧威猛。

★4　意为“后藏之王”。

★5　“贝色”系噶玛丹迥旺布执政时的一名地方官员。其曾受第悉之令，草拟了《十六法》，在起草过程中主要参考了日喀则的《法典晶印》《法律通论如意妙善》以及奈邬务卡的法律记录残片、蔡巴时期的法律等文献，并走访了藏区许多谙熟法律的专家，所到之处又细心观察了当地的地方习惯法，最后撰写而成。

★ 6　藏传佛教僧人将松赞干布、赤德祖赞和赤松德赞合称为祖孙三人。

★ 7　自藏王松赞干布至热巴坚年间的藏传佛教。

★ 8　元明时地名。“乌斯”指以拉萨为中心的地区，即前藏，清代译“卫”；“藏”指以日喀则为中心的地区，即后藏。元代属乌思藏纳里速古鲁孙等三路宣慰使司都元帅府。明代设置乌思藏都指挥使司，管辖该地区的行政事务。清代初期改译“卫藏”。

★ 9　赤松德赞（742—797 年）：吐蕃赞普。唐天宝十四年（755 年）即位，其大力发展佛教，宣布苯教为异教，迎请印度僧人寂护、莲花生至吐蕃，建桑耶寺，始剃度吐蕃人出家，任用亲信僧人为却论（僧相），开吐蕃僧人干预政事之先声。在位期间，兵力雄强，权臣达扎路恭于公元 763 年一度领兵攻入唐都长安。为吐蕃最盛时期。

★ 10　守护人体某个部位的神。

★ 11　辛夏巴是明代后藏地方封建势力名，原为仁蚌巴家族的下属。嘉靖四十四年（1565 年），辛夏巴·次丹多杰推翻并取代了仁蚌巴的统治，与噶玛噶举派联合，实力日渐强大。

★ 12　亦称为藏巴汗彭措南杰。藏巴汗原为明末卫藏地方政权的领袖名，引申为该地方政权名。藏巴汗彭措南杰系辛夏巴·次丹多杰之孙。万历四十六年（1618 年），辛夏巴家族的彭措南杰占据卫藏大部分地区，于桑主孜（今西藏日喀则）建立了地方政权。因首邑设在孜地，故汉文史籍称藏巴汗，藏语称第悉藏巴，意为孜地区的政务总管。他与噶玛噶举派联合共同对付格鲁派，支持格鲁派的蒙古军队曾于公元 1617 年和

1621年两次进藏与藏巴汗军交战，藏巴汗军先胜后败，实力受挫。后与青海蒙古喀尔喀部却图汗相联合，继续与格鲁派为敌。崇祯十年（1637年），却图汗被支持格鲁派的蒙古和硕特部固始汗擒杀。十五年，彭措南杰之子丹迥旺布也被进藏的固始汗擒杀，该地方政权遂告覆亡。

★13　“彭措”藏语意为兴盛发达，“南杰”藏语意为克敌制胜。

★14　亦称“乌金大师”，8世纪印度僧人，邬仗那（在今巴基斯坦境内）人，属印度“因陀罗部衣”系的密教传承。应吐蕃赞普赤松德赞之邀请，到西藏传播密法，曾利用密宗法术同苯教巫师斗争，并与寂护共建桑耶寺，对吐蕃佛教战胜苯教有一定的作用。后世藏传佛教宁玛派尊称其为“祖师”。

★15　此年为明嘉靖二十九年，即公元1550年。此处似有讹误，应为火狗年，即公元1586年。

★16　即今西藏日喀则地区。

★17　公元1610年第悉藏巴彭措南杰领兵攻破雅加巴，夺取第巴雅加巴顿郎扎巴之权位，把他监禁起来只给少量饭食。

★18　此年为明万历四十六年，即公元1618年。此年蒙古喀尔喀确科尔汗的3 000多人到达卫地，与卫地的军队一起进攻藏巴彭措南杰。

★19　西藏著名古寺之一。大昭寺，藏语称“祖拉康”，意为大寺集会殿。创建于公元7世纪吐蕃王朝松赞干布时期。据藏史《贤者喜宴》记载：“赞普松赞干布时建立了逻娑白哈尔……”逻娑即今西藏拉萨，白哈尔即大昭寺之古称。整体建筑系藏式石木结构，现有建筑面积约21 500平方米，内有经堂、佛殿、原西藏地方政府办事机构等。主殿四层，上覆鎏金铜顶，气势雄伟壮观。正殿采用梁架、斗拱、藻井等形式，主殿二、三层檐下又有成排的木雕伏兽和人面狮身泥质半圆雕塑，既有唐代建筑风格，亦吸收了尼泊尔建筑艺术特点。主殿“觉拉康”内，供奉着文成公主从长安带来的释迦牟尼十二岁时等身紫金像。二层配殿内，供有松赞干布、尺尊公主、文成公主等人的塑像。殿堂及四周回廊间绘满壁画，其中《文成公主进藏图》《大昭寺修建图》等具有一定的史料和艺术价值。寺前有《唐蕃会盟碑》等文物古迹。

★ 20　古译“朵甘思”，别名“麦康”。即今青海省、西藏昌都地区和四川甘孜藏族自治州境内金沙江流域。元置吐蕃等路宣慰使司都元帅府，归宣政院管辖；明置朵甘行都指挥使司。

★ 21　亦称为乌仗那，古印度一地名。

★ 22　即今锡金。

★ 23　古代藏文典籍中分康、青、藏地方为上中下三区。上区阿里，中区卫藏，下区青康。卫藏又分为四如，即后藏依东西分为也如和如拉，前藏依河流分为约如和伍如。到 17 世纪中，依次改名为也如、运如、布如和共如。

★ 24　亦称为“三高地”，多康、多麦和宗喀三地区总名，包括青藏境内长江黄河上游的全部地区。

★ 25　古代传说西藏地形为罗刹女仰卧状，松赞干布时建以镇压女魔肩部、臂部的四座寺庙，即也如的藏章寺、运如的昌珠寺、布如的嘎采寺、共如的充巴江寺。

★ 26　却英多杰（1604—1674 年）系噶玛派黑帽系第十世活佛，生于古洛地方。七岁时，一位蒙古族领袖克洛济邀请他去传法，因故未能成行。1614 年，他又受到邀请，去蒙古地区为一名叫岱青的蒙古首领传法。1620 年，他受到察哈尔和喀尔喀蒙古汗王的奉献。他曾于 1611 年和 1617 年两次遣使向明万历帝朝贡。1660 年，顺治帝遣使致书并颁发印信赐予黑帽系第十世活佛。1642年，固始汗进兵西藏，消灭了第悉藏巴政权。是时，其处境困难，后经四世班禅调停，噶玛噶举派和格鲁派的关系稍有缓和。时隔不久，工布和山南地区爆发了噶尔巴反对格鲁派和固始汗的斗争，其被当作嫌疑人抓起来，后逃到云南丽江木土司家中。1663年返回楚布寺，受达赖喇嘛监管。其后，历世噶玛巴活佛不再干预政治事务。

★ 27　恰那多杰（1239—1267年），萨迦派著名人物。南宋淳祐四年（1244年），受阔端之召，其跟随伯父萨班及兄八思巴前往蒙古地方。萨班为其灌顶，并传授诸多教戒。传说其精通佛教诸密法，为密宗事部三怙主（即佛部文殊、金刚部金刚手和莲花部观音）中具有威德和神变的金刚手菩萨。嗣后，蒙古皇帝忽必烈封其为白兰王，赐金印及同知左右两部衙署，并将公主墨麦卡顿（一作茫噶拉）嫁给他。曾让其穿蒙古服装，任命其为蕃地三区总法官。景定四年（1263年）返回萨迦大寺。咸淳三年（1267年）卒于廓如书楼。

★ 28　此年为明万历三十四年，即公元1606年。

★ 29　意为狮子之地。

★ 30　为一种定期法令、定时祭祀的宗教活动。

★ 31　定期或定时供应僧人茶水。

★ 32　位于西藏日喀则东南。北宋元祐二年（1087年）由藏传佛教僧人杰尊喜饶迥乃创建。元时，把持该寺实权的地方势力阶氏家族曾受封为万户长，是卫藏十三万户之一。延祐七年（1320年），阶氏家族迎请当时权威学者布敦·仁钦朱（1290—1364年）主持寺务，创立夏鲁派，同时对该寺大兴土木，扩建维修。寺的主体建筑“夏鲁拉康”为木架结构，斗拱、琉璃瓦顶、吻兽等都是元代的建筑风格。文物除各种法器、贝叶经外，还有萨迦法王转发给各地的八思巴文文告。

★ 33　位于西藏日喀则西南。南宋绍兴二十三年（1153 年）由噶当派僧人董敦兴建，最盛时寺僧达三千人。主要经堂有 13 间，寺前大殿外檐悬挂有清世宗题“普恩寺”匾额。寺内设有藏区最早的印经院，藏有极丰富的藏文印版和佛教典籍手抄本，世传那塘版《甘珠尔》《丹珠尔》系雍正年间由当时西藏地方掌权人颇罗鼐督饬该寺刻印。今寺院已毁。

★ 34　在西藏山南郎卡子境。为女活佛桑顶·多吉帕姆驻锡之所。由琼波南交的后辈兴建，属藏传佛教噶举派香巴噶举支派。

★ 35　在西藏封建农奴社会中，所征收的差税共分为两类，即支人畜之力役差和缴纳钱粮或其他产品税，故名。

★ 36　“神变节”亦称“传大召”，是藏传佛教界著名的传统法会。据佛教史籍记载，在古印度，佛教创始人释迦牟尼经过苦学苦行，获阿罗汉果位。此后，外道教徒们竭力反对释迦牟尼修行成佛，火龙年（公元前 511 年）正月一日至十五日，释迦牟尼在祇园精舍城法会显示神通折伏外道六师，大获全胜。为纪念这次胜利，创立了大供养法会，每年从正月一日至十五日，印度的一些小邦之王和富翁每天施舍巨财，供奉佛像，布施僧众，祈求永世太平。土牛年（1409 年）正月，格鲁派祖师宗喀巴在阐化王扎巴坚赞的大力资助下，传大召法会按古印度祇园精舍城法会的仪式在拉萨隆重举行。自此拉萨传大召法会每年举行一次，法会期间进行各种宗教活动。

★ 37　旧时，禁止上山打猎的禁令。

★ 38　封川禁令。旧时，封闭川原泽薮，禁止渔猎的保护令，不许伤害水栖、陆栖大小动物。

★ 39　亦称“曼遮”或“坛城”，佛教所用供品之一。

★ 40　“绛康”，即藏北靠近康区一带。

★ 41　“宗”是藏语音译，意为“城堡”。原西藏地方政府下属地方行政机构名，相当于内地的县。每宗设宗本，一般由五品以下的僧俗官员一至二人充任，管理全宗行政、司法、粮赋、差税等事务。宗署一般设在所在地的高处，为石块砌成的高层碉堡式官寨，周围散布一些低矮的民房。

★ 42　“谿”是藏语音译，意为“庄园”。旧时，领主占有的成片土地，即所属百姓连同住宅在内的地产。

★ 43　北方一神名。

★ 44　宝幢是象征胜利的一种幢，有金属打造或用绸布缝成等类型，是宗教建筑物上装饰品之一。

★ 45　一由旬约为 26 市里。

★ 46　亦称“蒙舍诏”，古国名。唐初以乌蛮为主体建立，原为六诏之一。因地处其他五诏之南故名。贞观二十三年（649 年），其首领细奴逻建立“大蒙”政权，首府在蒙舍川（今云南巍山彝族回族自治县）。开元二十二至二十五年（734—737 年）间，其首领皮逻阁在唐朝的支持下，相继统一六诏，击败吐蕃，后其子阁罗凤又兼并东爨、西爨地区，使南诏成为雄踞中国西南的一大政治势力，与唐保持密切的联系。除一度依附吐蕃外，大部分时间均接受唐朝授予的“台登郡王”“云南王”和“南诏王”等封号。

★ 47　藏族地区作量具的木筒。

★ 48　地区名。松赞干布时划分前后藏为五大翼中“夭如”之一部。当时是以达氏为主的一个部落所在地，故名达波。其后改为加查、朗、拉加瑞、匝鲁那木吉和金东五个宗，约在今西藏自治区加查县和朗县境内。

★ 49　地区名。古代有名为“工”的一个部落,长期管辖此地,故名。旧时属太昭、索克、足木和则拉四个宗所辖地区。今属工布江达、雪巴和林芝三县所辖地区。

★ 50　中国少数民族之一。分布在西藏东南部的珞隅地区和隆子、米林、墨脱、察隅等县的边沿山区。据藏文史籍《红史》记载，松赞干布统治时期，该族所在地区即辖于吐蕃王朝。其后，该族人民与藏族交往日益频繁。近代西藏地方政权设有专门管理该地区的机构,征收差税。操珞巴语，属汉藏语系藏缅语族，有较大的方言差别，无文字，以刻木结绳记事。

★ 51　中国少数民族之一。主要分布在西藏东南部门隅地区，部分分布在珞隅地区的墨脱、梅楚卡、巴加西仁和更仁一带。7 世纪时该族即为吐蕃政权所辖。9 世纪以后相传为嘎隆旺布土王所统治。13 世纪初，蒙古首领阔端派兵入藏，势及门隅等地，头人皆臣服。17 世纪中期，五世达赖喇嘛派遣其弟子梅惹喇嘛和措那宗宗本郎喀却扎赴门隅等地阐扬黄教并管理该地事务。18 世纪初，西藏地方政府统一整个门隅，并将全区陆续划分为三十二措。其后又在首府达旺设立“达旺细哲”和“达旺住哲”等机构管理全区事务。该族操门巴语，有多种方言，属汉藏语系藏缅语族，部分人通晓藏语，无文字，通用藏文。

★ 52　即大昭寺。

★ 53　旧时西藏法律，每逢诉讼不能判清时，在煮沸的油锅内放入黑、白石子，令诉讼双方赤手抓出。凡是抓得白石子者无罪，抓得黑石子者有罪，这是旧时判断曲直的一种陋规。

★ 54　即杀人命价。死者存活已经无望，故名命价曰“董”，意思为“空或无”。古代西藏法律分人为九等，依此等级决定被杀者之命价，自黄金一千两至十五两不等。上上等人的命价须赔黄金千两，故名命价为“东”（藏语意为“千”）。

★ 55　此处指作者，即撰写《十六法典》者。

★ 56　古代藏俗，为病死仆人诵经超度所需财物费用。

★ 57　西藏拉萨市东郊地区名，元代置搽里巴八田地里管民万户。元世祖至元五年（1268 年），忽必烈封桑结额朱为蔡巴万户长，执掌当地政教大权。后其子仁钦坚赞袭万户长职，赴京朝贡，忽必烈又赐诰命金印，为前藏势力较大的万户之一。元顺帝至正七年（1347 年），蔡巴贡噶多杰联合萨迦、雅桑等万户，攻击帕竹绛曲坚赞，为绛曲坚赞所败，蔡巴万户自此衰落。

★ 58　即不杀生、不偷盗、不邪淫、不妄语、不两舌、不恶口、不绮语、不贪、不嗔、不邪见。

★ 59　别译梵志，古印度的贵族僧侣阶级。

★ 60　旧时供传递政府文书的人中途更换马匹或休息住宿的地方。

★ 61　藏族在家道德规范十六条是吐蕃赞普松赞干布制定的。1. 敬信三宝。2. 求修正法。3. 报父母恩。4. 尊重有德。5. 敬贵尊老。6. 利济乡邻。7. 直言小心。8. 义深亲友。9. 跟随选贤，远虑高瞻。10. 饮食有节，货财安分。11. 追认旧恩。12. 及时偿债，斗秤无欺。13. 慎戒忌妒。14. 不听邪说，自持主见。15. 温语寡言。16. 担当重任，度量宽宏。

★ 62　“三宝”指佛、法、僧。

★ 63　藏族禁吃毛驴肉，故认为杀死毛驴是一种不道德的行为。

★ 64　藏语音译，原西藏地方政权“宗”（县）一级地方行政官员，掌管一个宗的行政、差税、诉讼等事务。一般由五品以下的僧俗官员一至二人担任。

★ 65　旧时战场上英雄所穿的服装为虎皮衣服。

★ 66　这条法律规定在遭受外敌进攻时，用和平或武力的手段制伏敌人的一些措施。

★ 67　亦作“如琫”。藏语音译。旧时藏军中的中级军官，相当于营长。清乾隆《藏内善后章程》厘定代本之下设如本，领兵 250 名。

★ 68　藏语音译，旧时藏军中的军官，相当于连长。

★ 69　藏语音译，旧时藏军中的军官，相当于班长。

★ 70　藏语音译，西藏旧时兵员编制单位。

★ 71　亦称为“定琫”。藏语音译，旧时藏军中的军官，略似排长。清乾隆《藏内善后章程》厘定甲本之下设定本，领兵 25 名。

★ 72　此为旧时西藏惩办偷盗的三种方法。

★ 73　有角家畜触死人及他人所有无角家畜者，名称“带角凶手”。西藏古代刑法即以此有角家畜赔偿命价。

★ 74　亦称大吉羊。旧时藏俗，用以象征人畜两旺的一只良种绵羊，常于角、耳、颈上挂系彩带，永不宰杀。

★ 75　藏语音译，意为“旗”“翼”，旧时西藏的军政单位名。7 世纪时，松赞干布仿唐朝府兵制建立，掌管辖区内军政事务。吐蕃境内分为四如（一说五如），每个如又分上下两支如，每个支如下设有四至五个东岱（千户府），主管行政和军事。支如设大将、副将、判官各一人，以不同毛色的马匹和不同图色的旗帜相区别。

★ 76　此条主要讲古代遭受强敌进攻无法克敌制胜时，用以避免失败的一些措施。

★ 77　此条主要记载地方官吏应当遵守的法律。

★ 78　亦称“第巴”，藏语音译，意为部落长。旧时藏族某些部落组织的头人及地方实力集团领袖人物的称谓。清朝初年，第悉代表达赖喇嘛参加蒙古和硕特部在西藏建立的地方政权，具体处理西藏地方政务。康熙六十年（1721 年）清廷废第巴掌政制度，实行噶伦联合掌政制度。

★ 79　藏语音译，意为仓库。

★ 80　大司徒即指绛曲坚赞（1302—1371 年），为帕竹第一代第悉，元顺帝至正十四年（1354 年）以帕竹万户兵围攻萨迦，擒其本钦旺尊，遣使朝拜元顺帝，贡纳方物，受封世袭万户长之职，遂于乃东建立帕竹政权。其曾分合松赞干布以来的历代法律，编纂成《古代法律十五条》。此部法典除无“异族边区律”一条外，其余基本上与《古代法律十六条》相同。

★ 81　藏语音译。藏族的主要食品，即用膨爆的方法将青稞炒熟，再磨制成炒面。上等糌粑需去掉青稞皮，精细加工而成，旧时专供上层官员、活佛和大领主食用。一般用茶水、酥油茶或青稞酒搅拌后，捏团抓食。

★ 82　此条主要讲听取诉讼、辨明诉讼双方是非的法律。

★ 83　此条记载古代逮捕犯人依法惩治的法律。

★ 84　此条记载古代对犯人施行剜目、刖膝、割舌、剁肢、投崖等摧残人身的法律。

★ 85　即杀父、母、阿罗汉，破坏僧团，使坏心往佛身上洒血者。

★ 86　古代为警诫再犯，罚犯人缴纳财物赎罪的法律。

★ 87　“mgor-zho”，藏语音译，是衡量金属的重量单位名，约重市制七分强。

★ 88 “se-ba”，意为“厘”，衡量黄金时小于钱的一种重量单位名。

★ 89 后藏的物价机构。

★ 90 藏语音译，西藏旧时量器，倒四楞台状木斗，两侧有提手，用以量粮食、食盐等物。各地大小不一，一般以容 28 市斤青稞为标准。

★ 91 意为拉萨布达拉宫的藏升。

★ 92 藏语音译，旧时西藏称量酥油、羊毛的衡制。各地标准不一，拉萨、那曲等地区计算方法为每剋等于二十涅噶（nya-ga），每剋约合七市斤。

★ 93 古代西藏人民为官家派来的差役所供应食宿、支付脚力的法律。

★ 94 “hor-vdra”，藏语音译，意为像蒙古人，亦称为“青吏”或“差役”。旧时西藏地方政府规定所属百姓对于官家派去的差役小吏，应像对待元朝派遣入藏使者一样，殷勤接待，故名。

★ 95 即藏升，旧时西藏容量单位名，约可盛青稞市制一斤又二、三两，每升为六藏合，二十升为一彭。

★ 96 藏俗称有市价可计算者为货，藏语称之为“zong”。十分珍贵无价之物为珍宝，藏语称之为“khra”。现金及细软、粮食等为财，藏语称之为“smar”。

★ 97 藏语音译，意为“知宾”“知客”，西藏三大领主宅邸中的传事头人，专门负责传达主人指示、接待宾客及其他对外事务。在布达拉宫和噶厦地方政府中司此职者称大卓尼和噶卓，分别为四品僧俗官衔。

★ 98 藏语音译，意为“文书”或“秘书”。原西藏地方政府所属管理僧官总机构的主要官员，共四名，均为四品僧官。凡一切僧官的培养、任命、调迁，都由仲益拟具名单，呈请噶厦转呈达赖喇嘛或摄政核准任用。仲益对达赖和噶厦负责，主管班禅系统以外的全藏宗教事务，负责达赖印信、文书，起草地方政府的公文、命令等，职权很大。

★ 99 此条主要是责令蓄谋杀人已遂的凶手赔偿命价的法律。

★ 100 亦作“赞府”“钱逋”。藏语音译，意为“雄强的男子”。吐蕃君长的称号。6 世纪时，囊日论赞受平民拥戴，被加给“赞普”尊号，是为吐蕃君长称赞普之始。

★ 101 藏语音译，意即将尸体运到地势较高的地方埋葬。

★ 102 藏语音译，意为“交给敌人（凶手）之财物”。

★ 103 原为藏传佛教中主持授戒者的称号。后指藏传佛教大寺院中，小的扎仓住持及小寺院的住持。原西藏地方政府的僧官系统中也有堪布的称号，如基巧堪布为管理布达拉宫宫廷事务的僧官。相当于“僧统”“僧正”之类。

★ 104 藏语音译，意为僧院，即藏传佛教僧众学习经典的学校。各寺院拥有的扎仓数目并不相同，如色拉寺有三个、哲蚌寺有四个、拉卜楞寺有六个。按学经性质不同，分为居巴扎仓（密宗）、参尼扎仓（宗教哲学）、丁科扎仓（天文历算）、曼巴扎仓（医学）。扎仓由堪布主持，下设翁则、格贵、强佐等执事僧，组织扎仓会议，管理本扎仓的学经、财产和经济事务。

★ 105 指出家后受过具足戒的僧人。

★ 106 藏语音译，旧时西藏地方政府俗官。

★ 107 旧时，西藏地方封建政权的官家、贵族、寺院三大领主将其土地分给农奴领种。农奴占有一份土地后，即被束缚于领主的土地上，终年为领主支应各种徭役、实物和乌拉，承受残酷的剥削。农奴对差地有使用权而无所有权。农奴若丧失劳动能力，差地将被领主收回，分配给他人使用。

★ 108　藏语音译，意思是“金升”。旧时西藏的容量单位。

★ 109　旧时西藏的容量单位，一藏升等于六藏合。

★ 110　西藏古代对斗殴伤人致使出血者，依伤势轻重，责令其赔偿财物的法律。

★ 111　藏族服饰之一，即斜缠肩头胁下的长幅肩带。

★ 112　藏语音译，意即“火伤为钱，刀伤为两”。指用火烧伤者须赔偿一钱，用刀砍伤者须赔偿一两金子。

★ 113　古代责命狡赖欺诈的诉讼双方，在神前发誓，并用抓油、抓石等方式以辨别是非的法律。

★ 114　藏语音译，意为“上师”。藏传佛教对高僧的尊称。原指有地位、有学问、有较深修养而能为人师表、领人进行修行的僧人，与称作“扎巴”的一般僧人有别。

★ 115　原为藏语“格威喜年”的意译，简称为“格西”。可理解为博士或硕士，在藏族地区已成为学衔，即按格鲁派的学制循序修学五部大论（即法称著的《量释论》、慈氏著的《现观庄严论》、月称著的《入中论》、功德光著的《戒律本论》、世亲著的《俱舍论》）之后，方可取得。因卒业成绩的优劣，可分为四个等级：一等为拉然巴格西，二等为曹然巴格西，三等为林瑟格西，四等为日让巴或度让巴格西。

★ 116　旧时藏俗立誓者从煮沸的泥浆或浊水中抓出黑白石子以辨是非的一种陋俗。

★ 117　古代对盗窃公私财物者，依情节轻重责令其交还原赃并加倍赔偿之法律。

★ 118　指最珍贵稀有者，即有最妙功德者。

★ 119　古代夫妻等亲属关系，因纠纷而相互离异时，责令理屈一方用财物赔偿理直一方的法律。

★ 120　古代西藏法典中规定，对凡与他人之妻女或丈夫私通者即处以罚金之法律。

★ 121　此条法律中规定租赁牛马等家畜，在归还当夜发生死亡时，即判定夜半以前死去由承借人负责，夜半以后死去则由畜主负责等的法律。

★ 122　此条专指盛行于西藏四周的异民族如门巴族、珞巴族和蒙古人等聚居地方的法律。

★ 123　历史上门巴族和珞巴族的人口比较少，聚居的地区又十分闭塞，故受到歧视。这些语言是对门巴族和珞巴族的诬蔑。

★ 124　藏语音译。亦译为“乌拉差役”。“差”，意为“负担”，指农奴为封建领主及其政权服劳役和缴纳实物、货币等的全部租赋。“乌拉”源于突厥语，亦见于蒙古语、满语，专指一定形式的劳役（包括畜役）。旧时，西藏、四川、青海、云南等藏族地区的农奴主及其封建统治机构以分派差岗等形式，向农奴强制摊派包括人役、畜役、粮食及其他实物、货币的混合负担，占农奴领种份地收获量的60%以上，其中劳役占家庭负担的一半以上。

★ 125　地域名，位于西藏山南地区南部，即门巴族的聚居区。

★ 126　此处指西藏周边的蒙古人聚居区。

★ 127　此乃为藏区的一种宗教祭祀活动。即将新鲜饮食在未享用之前，首先取以供神的部分，敬献于神灵，祈求平安。

★ 128　藏族地区旧时下乡登门串户为人念诵经咒、禳灾祈福的僧徒或在家从事佛教职业者。

★ 129　藏语称“勒参”，旧时西藏地方政府五品僧俗官职名。

★ 130　此处指藏巴第悉噶玛丹迥旺布。

★ 131　位于藏北达垅塘，属黑河县。公元1180年，帕木竹巴的弟子达垄塘·扎西贝所倡建，从此传称达垅噶举派。

★ 132　古代藏文典籍中分康、青、藏地方为上、中、下三部。即上部为阿里，中部为前后藏，下部为青康。

★ 133　按佛教的说法，最初世界上出现人类之后，很长时期未有君主、臣民等称呼，亦没有私有财产，人们共同生活。过了很久，由于物产减少，出现土地私有，遂出现偷盗、相互杀戮等现象，社会不得安宁。故众人共同商议，推选出一位大家信赖的人担任长官。这位长官是平民百姓的代理人，担负公共治安及产品分配等工作，只是为大家办事并无任何特权，因此，受到大家的尊敬和信赖，人们称其为“众敬王”。

拾伍

第七世噶玛巴却扎嘉措制定的法律

解　题

第七世噶玛巴活佛却扎嘉措生于1454年，少年时，他曾见到许多藏族著名的大师，如嘉木样钦波、霍尔东噶西巴森格坚赞、噶西玛塞、嘉摩本波、塞恰斋瓦索耶、竹扎喇嘛、霍绒国师衮嘎坚赞等贤哲，不仅随同他们修习佛法，开启了智慧之门，而且在思想、行为方面也逐渐成熟。特别是在他五岁时，藏族著名的伏藏师热特那林巴前来拜见，并将自己发掘的伏藏、圣物以及第六世噶玛巴之预言等敬献给却扎嘉措。此后，热特那林巴与却扎嘉措又有多次交往，并为其传授了声闻乘、独觉乘、菩萨乘、事部、行部、瑜伽部、生起大瑜伽、大圆满等教法，使第七世噶玛巴却扎嘉措对宁玛派的教法有所修习。1465年，由贡钦嘉木白桑波任堪布，国师白觉顿珠任轨范师，为其剃度出家，赐名为却扎嘉措白桑波，授圆满沙弥戒之正行。后师从贡钦嘉木白桑波修习所有的经、律、论，并达罗汉之果位。此后，他随从许多大师闻习了藏文以及藏文典籍。他一面勤修，一面为他人说法，成为一位乐意供施、亲示教导、严守戒律的僧人。他曾为许多信众传授了成熟解脱戒。在索地，他吩咐诸弟子建造了一座大桥和一座铁桥，并向赞丹寺众比丘赐予食物。继后，他在达拉绒钦之珠托地方接受了大喇嘛达瓦多杰与地方显贵苏意扎巴坚赞叔侄为代表的木雅热冈之所有僧俗部众的迎请呈文、茶、衣服、绸缎等无数财物。

在囊谦地方，因为两个新的寺院长期纠纷，使所有人都遭了殃，而后他赐以佛语教导，于是两个寺院的执事僧与住持拜他为师并随从其左右。所谓“纠纷自行平息，二寺成为好兄弟”的佳话在当地寺院中广为流传。他还调解了脱切与蔡瓦的重大纠纷以及多塞的所有重大纠纷。他的足迹遍及苏莽、斋塘、杂喜、措、盖、多康等地，所到之地，部落纷争自行平息，社会安宁，并使众人财物双盈，获得利乐。

此外，第七世噶玛巴活佛却扎嘉措提倡严格遵守戒律，奉行戒杀生等诸多善行。如他在沃惹地方进行了盛大的茶宴，初次建立答复规制，并为有关的寺院建立了许多规章制度，如为工、隆、惹三寺制定了《大善行之细则》。此法律不仅对各寺院的上师、国师、大官、小官等所有执法者在执法过程中有严格的要求，而且对执法者的表情、服装以及坐姿等做出具体要求。如“(所有执法者)不准愁眉苦脸，在法场不准穿补缀衣服和破旧鞋，不可穿单一的披单；除了大人(指官员)的坐姿外，不可有任意坐姿以及伸胳膊、跷腿等忧伤之坐姿；所有谈话、问答、议论等要根据地方官员的类别等执行，不得有任何偏见，法律文书不得随意翻阅。”这为研究古代西藏社会政教合一制度及法律提供了珍贵的资料。

译 文

各寺院有上师、国师、大官、小官；此下有执法者和执法侍从，彼等属于营寨阶层的人员；此下有上、中、下三等徒子徒孙，彼等在文书中又分为多种。每三个多月，国师即担任法官，轮流任命三十多位执法者。（所有执法者）不准愁眉苦脸，在法场不准穿补缀衣服和破旧鞋，不可穿单一的披单。除了大人（指官员）的坐姿外，不可有任意坐姿以及伸胳膊、跷腿等忧伤之坐姿。所有谈话、问答、议论等要根据地方官员的类别等执行，不得有任何偏见，法律文书不得随意翻阅。

信使拜见者等无论有何事，要由两位卓尼官（mgron-gnyer-dpon）★[1]在法房中接待，此后请示大侍寝官和国贡巴，并依次启请。所有到达的宾客，开始要由轮流的执法者们招待，此后依次由法王之囊索（nang-so）★[2]和国贡巴等人接待。宴会上不准摆放肉食，不可直接往营寨里拿肉食。上等人要从根本上戒烟和戒日酒★[3]。妇女不可住在寺院，执法者轮换期间，一定要向房东发誓说："我做的法律事务已经完成！"如此，营寨的人非常之多，无论内外任何地方都不会出现战争和暴力，故所有众生对（法王）十分敬信。长寿殿、马头明王殿、摧破金刚殿、集要义殿、护法神殿等五敬事★[4]殿，有负责之大管家六十多人，每位大管家下属不少于五六位大小官员以及不少于十位执法者。总之，大部分执法者外出，被安置于仆从之寝室。据文字记载，彼等七十多人是仲科（drung-vkhor）★[5]和金字使者的所谓"大小膳食官"。彼等由于缘分，少数人为接待宾客者。所有卫藏地方皆赐予营寨之小官三股佩索和围裙，赐予大官软座垫和围腰，吾（指作者）曾干过（此职）十三年。

马队出行之时，亦由手持经幡和乐器的大小领队之驮骑，前行者之马队前有一位骑着白马、身带神殿之佛像、头戴金帽的骑士，马队后有国贡巴、国师、上师、本钦（dpon-chen）等各级官员，彼等左右有许多挥舞日月和合图形者。所有执事者皆头戴顶帽，国贡巴和国师的执事者身穿官服★[6]。唯有获得红色鞍套和鞍垫的上师以及身穿官服、头戴圆形帽的本钦等大官员，编成一马队，彼等不可出现马具破旧、服装破烂等现象。如此边上不少于三百俗人，编成大的骑队。同时，出现彩虹和花雨。

总之，法王身前两位细致的上师敬献佛经时，法王无论春夏秋冬大部分时间都在一小茅庵中闭关，进行闻思修。大国师为大官员之知事僧、轨范师及侍从们讲授灌顶、密宗、显宗之实践；大喇嘛讲授《决断》和《大手印六法之引》。官员们除了关注马鞍、骡垫、服饰外，不关注（佛教）之资具。彼等一旦离开营寨，即到具有幔大门之帷顶花★[7]寝帐中，披上布披单，自由自在地坐在那里，饮着热茶等，并派遣有内哨。天黑时无论得到马或骡，只要骡马满厩，即（心满意足）。至于自己的马鞍、骡垫等事项全部交给侍从去做，彼等对闻思修极不感兴趣，故被称为“央瓦囊巴”（yol-ba-nang-pa）★[8]。此后，像这样的人多时，由于在幔帐中坐不下，就坐在一大花帐中，故被称为“察谷囊巴”（khra-gur-nang-pa）★[9]。此二者中具有高尚善行者们各自在一小帐篷里静修，随着人员的增多，故被称为“本波日瓦”（dpon-po-ri-ba），由此又出现的静修者，被称为“扬日瓦”（yang-ri-ba）。此后，“央瓦囊巴”们为了得到一间有幔的房子，甚至两个不同教派的人合住在一起，许多佛教密修者、苏莽（zur-mang）遁世者★[10]、嘉敦（rgya-ston）遁世者等到达山中（修行），其他大部分人被任命为“执事房东”。在“扬日瓦”之阐修院，（法王）

任命一位善行低的人为“乌则”（dbu-mdzad）★[11]，每天在寝帐之外为（彼等）传授《七支要法》。（法王）未有闭关时，每三天都要汇报一次境相★[12]。有如此之政教两方面之大法规，（法王）设立有大祈愿法会，并作出奇有之事迹。

注　释

★1　亦译为“知客”或“知宾”，指接待内外来宾的官员。

★2　服侍法王的内寝官员。

★3　即白天喝酒。

★4　引申其义为“延僧诵经修法以事佛”。

★5　西藏地方的俗官。

★6　旧时，西藏地方政府官员的制服。

★7　屋内墙壁上部所绘彩帷上端之五梅花。

★8　藏语意为“幔帐中的在家者”。

★9　藏语意为“花帐中的在家者”。

★10　避世修行的宗教徒。

★11　藏语意为“领经师”，指带领大家的念经者。

★12　佛书译为“所缘”，即思考的事物。

拾陆

五世达赖喇嘛时期制定的《十三法典》

解　题

《十三法典》是五世达赖喇嘛阿旺洛桑嘉措时期制定的。五世达赖喇嘛是藏族历史上一位重要人物，他一生为西藏封建农奴制社会的安定与迅速发展做出了贡献。他执政后，首先求援于固始汗，消灭了割据势力第悉藏巴政权。公元1652年，他率领藏族官员及侍众三千余人，赴京朝见顺治皇帝。五世达赖喇嘛到达北京后，住到特地为他修建的西黄寺。顺治帝在太和殿设宴为达赖洗尘，并赏赐其黄金550两、白银11 000两、大缎1 000匹以及许多珠宝、玉器、骏马等。后顺治帝册封五世达赖喇嘛为“西天大善自在佛所领天下释教普通瓦赤喇怛喇达赖喇嘛”。从此以后，“达赖喇嘛”这个封号和达赖在西藏政治上的地位才正式确定下来。这样不仅增强了格鲁派的势力，而且更加明确了五世达赖喇嘛为“领天下释教”的最高首领。

《十三法典》是在集西藏政教权力于一身的五世达赖喇嘛的授命下完成的，他命令第巴索南饶丹借鉴吐蕃、元代及帕木竹巴等时期的立法经验制定法典。索南饶丹按照五世达赖喇嘛所规定的立法宗旨，将第悉藏巴噶玛丹迥旺布时期制定的《十六法典》进行了新的调整，删去第一条《英雄猛虎律》、第二条《懦夫狐狸律》和第十六条《异族边区律》，并对前言和个别条目作了修订、补充，将一些名词重新作了解释，最后编成《十三法典》，全称是《五世达赖喇嘛时期的颂词十三法》。

《十三法典》从执法原则、诉讼方法、处罚和赔偿标准等方面，对杀人、盗窃和欺诈等违法犯罪行为作了具体的规定，内容涉及刑事犯罪和民事纠纷、经济赋税、环境保护等各方面，是一个诸法合一的综合性法规，也是自吐蕃以来各个法规的概括和总结。《十三法典》与其他法典相比，对每个法律条目的解释更加详实、完整，所依据的资料丰富、可靠。不仅充分反映了统治阶级的观点，而且亦可从中窥出当时藏族社会的概貌、价值观念、人伦关系、生产关系等。

《十三法典》的形成和发展过程，是与藏族地区的社会形势及清朝政府的治藏方略紧密相连的，也是与清朝统治者民族立法经验的积累程度相适应的。在当时的清朝中央政府管辖下，不管是藏区地方政权制定的各种法规，还是藏族社会根深蒂固的习惯法，都得到中央政府的认可，特别是清朝前期和中期，对藏区进行“因俗而治”的同时，加强了行政管辖与司法管辖，保证国家法制的统一。

译 文

愿得吉祥！

人间涅槃★[1]圆满路宽广，

稀有福德、智慧俱圆满，

赐法与僧伽具妙善、吉祥！

嗡，

如同光明之劫来临，

供施宛如日月，

转动有力之法轮，

属民生逢太平盛世，

幸福之日升于顶空，

目睹如此盛世良辰，

久蓄福泽缘时力，

特向教化众生的千手千眼观世音菩萨★[2]敬礼！

雪域净土先后显现祖孙三法王★[3]、大译师、贤哲、师友、君臣……均为圣观世音利益众生之预言和智慧所致。今世，由于圣贤佛主开创了伟业，创制了法律，因而出现天下太平、安居乐业。老妪手执金羊头亦可无虑而行，★[4]且向主佛释迦牟尼★[5]叩首，按自身所发誓愿求得圆满。而今，人们财富丰盛，释迦牟尼佛前供品亦如云，为众僧侣大行善事。政教合一制★[6]为众生有情，实非虚假之传言，而为真实之事业。此所有业绩均系佛之福田★[7]所为，非我等愚痴之辈能知晓，唯望稍诉小人所知的真实往事。本人曾在桑俄德钦宗★[8]居住数年，曾聆听人主之师甚深妙道五次第★[9]的教诲。良师林麦巴·夏仲仁波切★[10]口传，在拉萨河下游有一具智慧天资广博的教法者，我知晓他深谙显密经典，熟知宗教史、遐迩闻名之事。古之拉萨是各色人等来往之地，可闻南北上下之事，加之自阅部分文书记载，如同自大海中取一水滴，吾且述供施之事业：此圣者即为圣观世音之化身——仲敦巴·甲瓦迥乃★[11]，其化身又为一切智者根敦朱巴★[12]和一切智者根敦嘉措★[13]，此二位贤哲双具智者之化身，为遍知一切的索南嘉措★[14]，其化身为圣贤遍知一切之大德，这些在其各自的传记里都有明确记载。遍知一切法王云丹嘉措★[15]与前辈法王慈悲之心如大海显现的如意宝。法王洛桑嘉措★[16]之业绩，名声远扬，更是显赫。如同先前古印度的转轮王★[17]传记均有讲述各代事迹一样，与大宝师尊索南嘉措在世时期，广阔的蒙古地方有位俺答汗★[18]法王，他靠雄厚的财力建立了王室，依据显密教★[19]经典等预言将佛教弘扬至北方。因祈祷之果，一切智者索南嘉措即与俺答汗法王结为供施★[20]关系，使佛教之光普照蒙古大地。一切智者索南嘉措的化身云丹嘉措，出生于蒙古王室中。其时，国王实力雄厚，两者遂为供施，使佛教尤其是密咒金刚乘★[21]大大发展。云丹嘉措的转世洛桑嘉措犹似日月之显明，执掌政教两权。智者诞辰之时，呈现异常之奇兆，遂奉天承运，授其藏区雪域之王，而为法王、佛主，即为政教之首领。王族雄健而英武，胸襟开阔、恭奉佛教、信守誓言、仁爱百姓、法律严明、不贪钱财，实为名副其实之法王。如若略叙王族世系，则当时世上有六大王系，即古印度法王，汉地历算之王，格萨尔军王，巴达霍尔王，大食宝王，雪域洛布国王等。古印度教法之王是以大象鼻子举起瓶子使其受灌顶★[22]而执掌王权；汉地历算之王依止仙鹤呈送奉天承运之琉璃官印而登上王位；格萨尔军王是克敌制胜而占有王位；巴达霍尔王是靠捉住一万跳蚤而占据王位；大食宝王则是由大海取来如意宝而获得王位；藏地雪域之众敬王★[23]却是因上下和睦相处而执掌王权。比较起来，古印度、汉地和藏区易通达，大食宝王是印度与克什米尔边际的蒙古人，是他们由大海取来宝贝。巴达霍尔王则为蒙古六支之王。格萨尔军王系厄鲁特蒙古★[24]六部的王统传承。而持教法王洛桑嘉措之智慧犹如龙王的顶饰宝珠一般，为最高。此为法王世代传承不断祈祷所致。如此，佛、圣人等功业的策士、国师，智慧、福泽双具之豪杰等依次降临。初，帕竹噶举★[25]时代，由仲译钦莫★[26]仁波切大司徒★[27]，从政教两制入手，发展了佛教事业和历代坚俄巴的功业。他至今仍被称为“第悉”★[28]，或乃东孜巴★[29]。向蔡巴★[30]时期，在向喇嘛的古寺里，曾出现功业卓著的蔡巴万户★[31]长等为内地皇帝担任职务，并护持佛法的历代官员。初任官员名为朗索甲勒奈，其具英雄金刚橛★[32]的智慧。任职官员的姓氏依次为：多康地区丹玛地方，有一个叫列马的村子，村里的汉官性情善良、颇具福德，虔诚信仰佛教。他是由外地迁往多康，来到列马村的。其种族逐渐繁衍，崇信释迦佛的名声遐迩闻名，当听闻圣哲宗喀巴·罗桑扎巴★[33]的教派在拉萨河一带盛传时，便动身前往卫地，居住在堆龙★[34]地方，因其属汉族，再加康地村名，故称“堆龙甲勒”。此人族姓里具备勇气和智慧，所以成为拉萨河一带所有人的依怙和询问处。地上大梵甲勒这位超越古今智者的伟大事业，名声远扬，福泽极盛。他担任过圣佛索南嘉措和云丹嘉措的师父，使藏传佛教，尤其是吉祥噶当派★[35]大为发展。从这一血统中衍生的当今第悉索朗曲批★[36]亦做出不可思议之政教伟业，圆满完成极高福泽的盛德，被王族及一切尊卑奉为顶饰。唯此，其与佛圣人由于祷告和缘分而同时到来，遂为伟大事业之车的驭者，和法王★[37]同心同德，可谓天上的日月、地上的福田和施主★[38]。此说并非夸张，是圣人使佛教发扬光大，如升起的太阳，将内地皇帝与活佛★[39]结为福田与施主。他慈悲和神变地莅临中原一年半，名声大震。先辈法王八思巴★[40]到内地的霍尔★[41]建立供施关系的传记中也载有圣佛慈悲神通之美名，这三种福田和施主以政教两制繁荣佛教，众生幸福安康。尤其是使吉祥格鲁派再度弘扬，相继恢复了色拉、哲蚌、甘丹三大寺★[42]为首的古寺，新建众多寺庙和大小扎仓★[43]，聚集数万名僧伽。自格鲁派★[44]盛行以来，拉萨大昭寺★[45]又添吉祥法轮的新礼，宫殿式屋顶、顶周围的短墙、屋檐、108根柱，并用12层木板装饰起来，木漆壁画尤为灿烂，搜集有尊敬的贤哲先辈的遗言涂上纯金而现光明相，夜间亦清晰可见。金、银、宝贝和缎、帛等供品如云，并在红山上的布达拉宫★[46]观世音殿建成奇幻多变的圆满结构，建成观世音主殿。主佛像圣者洛根夏日★[47]安置在其中，其他古印度和汉地的优质响铜佛像、菩提心的佛舍利、《甘珠尔》★[48]《丹珠尔》★[49]等藏族共同的福泽均供养于此。宗喀巴大师四大业绩之一，即最初创立拉萨祈愿大法会★[50]，十分隆重，向上万僧众发放布施★[51]、供养品如降雨一般，在释迦佛像前也安放了众多供品。圣地拉萨是朝佛供佛的中心，虽然古代高官显贵与喇嘛★[52]活佛不分教派均予供奉，记载的历史文书很多，但此时福田和施主的供奉却是无可比拟的。福田和施主的法规用暗红色公文预示：从上部用肉寇棍子敲打，到下部汉女织帛的范围内，盛行的法律如丝帛般纤细而柔软，又如金质牛轭重而有力，故有“法王预言如太阳，光芒照耀地方官，属民百姓如莲花”。从此，法律文告如阳光普照，一切众生都将享有那如柔绢遍布全境、名扬藏汉区的仁政。法典的用意之深，实系为依止佛教，求众生幸福。凭借圣者的讲、修、发展，已预言佛教之根本即为别解脱。首先，大小寺院的堪布★[53]和僧人为佛教之事业尽心，所有僧伽认真学习教义、遵循戒律，不得犯遮性罪★[54]、他胜罪★[55]，多闻静思。修行于不同禅院之僧众皆习精粹之佛教原理，而封闭戒律之时限，以促修行，良规勤勉行事，俗人则需抛弃不崇信佛教之品行，使一切内外得到胜解。为供养卫藏上下数万僧人，而布施斋僧茶，坐褥、金、银、绸缎财物及其他所需之物，须具僧人之品德，而非以法律之束缚。召开大法会时，除布施出家人的装束以外，其他无资粮。法典犹如金质牛轭，具微妙甚深之用意。旧法典记载："对奸淫者肢解流放异乡。"即施行剜眼、刖膝、断肢后发配。而今福田和施主规定之法律，其特点则为，以因大乘发菩提心★[56]为首，不忍心肉体上的痛苦，为使其尽快超度，而将福禄弃崖或抛于水中，用威光破其后路。因此将有罪之身即刻清净，不必再去体验瞎、跛等残疾人之痛苦。并把"十善法"★[57]中的杀生，特别是玷污人身之恶行作为重罪，将杀人者家中全部财产及尸体一起抛入河中，使无畏者获得佛的施舍。另外还颁布了封山遮蔽的禁令★[58]，使野狼之外的兽类、鱼、水獭等可以在自己的区域内无忧无虑地生活。同时还颁布了免除长年纠纷、放债的文告，使当事人化解怨恨，并隔年减免臣民百姓的税收和利息，对小宗的商业集市附加税等规定都比以往任何一个朝代之法律更具威力，执行更果断，威仪更服众。所谓弱小的父母官，确为名副其实，人们在自由的天地里享受天伦之乐。

本法典的各条是在早先旧法典★[59]的基础上形成的，因而使供施二主所指定的地方官吏们信服。这主要是依照以前口传法和昔之《十六法典》★[60]而编纂的。其时，地方官索要初稿者较多，因其不在手上，故未能满足。本法典仅对其前言和个别语句作了校正，对一些名词重新作了法律上的解释。此条文中虽缺《英雄猛虎律》★[61]《懦夫狐狸律》★[62]《地方官吏律》★[63]等不完整的三条，但除《听诉是非律》稍作修改外，其余十二条均根据旧事为例而编。颁布前，对文中错误及不准确的地方，已作详细修改。

第一条 《镜面国王律》(《地方官吏律》)

“法王预言如太阳，光芒照耀地方官，属民百姓如莲花。”根据法王预言，凡任公职者，均须舍弃自私之恶习，以公务为主，尽力效忠于历代第悉、法王，传承推行佛法的功业，不改同派之冠，不崇信异教。在佛教节日的五个月里发布封山遮蔽令，清扫仓库，修缮身、语、意★[64]的佛塔，维修险道。至猴月，即藏历七月，要求各地举行初十活动，进行祈祷。在此期间，涅仓★[65]工作不得中断，故临时物资支出除加盖该处印章之批文外，宗本不得擅发指令。凡私人欠公债者，不得由个人前往索要；除因战乱流离失所者外，不办理粮食租借手续；对已满一年到期的旧账，应尽多收回，但不必彻底清算；要做到属民与官吏之间差别不致太大，要敢于督促法庭对混淆是非的违法者进行处罚，要维护、关心守法者；对内外纠纷用法律进行化解，不能进行挑拨，以权压人；执法者在法庭上，无论亲仇，均须公正处之。总之，不能明知故犯、不辨是非、偏倚一方。官家之大小诸事，均须认真妥善办理，以免误中圈套。

第二条 《听诉是非律》★[66]

“法律公文如海洋之宝，听诉是非律似明月光照。光芒照耀正义之甘露，驱除虚假作乱之黑暗。”首先要讲清取与舍。诉讼时，双方均须到场，一方缺席，则不能开庭诉讼。要通过明察暗访，明辨是非。世间常有一些胡作非为之徒，凡事以私利为重，于法庭上相互告发，自讨苦吃。对此类人虽要处罚，但不宜过重。经诉讼后，辨别是非，即依法判决，诬告者必须严惩。如执法者对诉讼双方情况不甚清楚，可暂缓审理。如双方均不能详陈事实，则各负一半责任，依情节轻重予以判决。当事人已向法庭提起诉讼，又思协调解决者，双方须将情况如实上报法庭，请求允准。

第三条 《逮解法庭律》★[67]

“蛮横歹徒犹如黄刺树，须以法律之火焚毁之。纲纪修明如细雨，始能滋润大地五谷丰。”本律载明：王宫前上告吵闹者拘捕；持刀斗殴者拘捕；乞丐为盗者拘捕；流寇打家劫舍者拘捕；对头人造反者拘捕；不怀好意探查揭露秘密者拘捕；顶撞官员者拘捕；同辈之人斗殴者须据事实而判定，对重罪犯要强行拘捕，加盖关防，并套上锁脚架；对肉刑犯须发布告示，严厉惩处。此外，杀人者尚须按被害人身份地位，赔偿命价，并予赔礼认罪。总之，根据罪行轻重，施行以上处罚。

第四条 《重罪肉刑律》★[68]

“本性恶劣之死神，情理难容侵人身。浊世蛮横之劣徒，须以利刃严处之。”行五无间之罪孽★[69]；谋害上师、轨范师★[70]；抢掠僧尼物品及王者之库；使人身领主出丑；或投毒、施咒、骨肉残杀，或奸淫、要弄阴谋、强行杀人盗马；太平世界，而行打家劫舍，绑架肇事，持械行凶，犯上作乱。总之，凡从事以上违法活动者，当施肉刑，处以剜眼、刖膝、割舌、剁肢、投崖、溺水等刑。须据情予以惩处，以儆效尤。

第五条 《警告罚锾律》★[71]

“凡做恶事须予警告，贪恋财物者犹如被绳缠绕失去自由，似铁钩紧紧抓着的仪规鸟。”此即对未构成肉刑罪的违法者要予警告，处以相应惩罚，这种处罚须由法庭执行。处罚的轻重一般以黄金的两数来定，或以合金（半纯金）的两为单位，或以“玛肖”（纯金）的钱为单位。对聚众作乱杀人、俗人与寺院骚乱、为仇视报复而抢劫、阴谋反叛等重罪，法庭根据罪行轻重，给予 8~15 两黄金的处罚。对罪行较轻，或因误杀而犯罪的，因生活所迫行窃者须具情罚 3~5 两纯金。对一般性的违法者，据情罚“玛肖”2~3 两。重罪者须罚纯金，不得以物替金。1 钱黄金计为 24 厘，8 钱为 1 两，犏牛、牦牛等则根据价值判罚。1 钱为 24 厘，1 厘值后藏★[72] 的一藏克★[73] 青稞，1 钱折合青稞 24 克。普通合金的优劣，多以其形而定，以此划出不同财物之价值。合金 1 两中含金 4 钱，黄金 4 钱，即 4 “玛肖”，使用日喀则★[74] 官秤，折合青稞为后藏藏升 8 克。黄金 1 钱翻番折合青稞 16 克，按一般商行例行的裁定，合金 1 两按官秤换算，可得青稞 96 克。按商品质量换算，1 驮砖茶可换合金 1 两，1 头牦牛可值纯金 1 钱。此外还可以因地制宜，换算为当地价格，以 8 克换算成黄金 1 钱裁定。价格要视当时情况而定。

第六条 《使者薪给律》★[75]

“前往讨税之官员，须持合法之文书。抛却贪欲之恶念，依法治理百姓。”总之，官员行事须循合理章法，百姓亦须尊重官员。但是，当今有人却无视法纪，公私不分，依仗权势，手持盖有布达拉宫大印的文书，在“雪”★[76] 等地带领一些不三不四之人四处敲诈，根本不依法循规。须知官员临行之时，要按三次集会的范围计算，每个人一次一升，一人一天为三升，他们所到之处都须按此标准算。后藏藏斗被称为标准的计量衡器，但由于此衡器标准过高，且税务繁重，无论大小均难按时催讨。而今如再依此办理，属民负担则过重。为此特作适当规定：凡政府派出的催税官员，切记旧律之规定，若税金不足一两，不得设宴敲诈，达到一两，则可以税金的四分之一为官员设宴，并支付脚钱等。而今对零散黄金判罚较多者，除令其为官吏及其随从添加狗、马、骡之费用外，还要支付羊腿等做脚钱。在未交付税款前，拖欠税金者须一日两次为税官分别提供大小羊腿各一只，并要求每日三次给所有随行人员提供小羊腿一只、茶叶五包，青稞酒适量，另供应每匹马、骡饲料二升，还需付给膳后金一钱。膳后金及税金所余部分等的计算是酌情根据催税官吏所到之日至结清账款之日付给，所需物献及脚钱等费用加在一起，但其数额不能多于所欠税金。税金超过一两的，一般可派二人或二人以上前往催收。款额未到手期间，须向催税官员支付膳食羊腿，一日两次支付小羊腿、茶、青稞酒，对乘马者还要交付马料。物品及脚钱等全部结算后再付，但不得从税金中支付，欠税仅几钱者，适当派人，期间要如上面所规定的，交付膳食羊腿半只，脚钱等则不得超过税金的四分之一，并为催税官员准备好必要的膳食。主事的根保★[77]在减免税差时，为催税官吏准备膳食，如不能减免，则须其从村民中收取肉类、青稞酒等，每日两次交予税官。凡按时交纳税金的属民，不再支付脚钱，延误支付税金者，每天须交纳价值五升青稞的脚钱。时间系根据税官抵达所在地之日算起，催税官吏足到之处，每日收青稞三升，但不得强行催要。对个别不按时交纳税金，且又不服根保管束者，催税官吏要严加办理，责令其付清所有官差开销及膳食费用。除特殊情况，且持盖有布达拉宫涅巴★[78]之印的公文外，不得为个人私利派人催税，否则视为违法，即使盖有其他类似印章，亦可不付任何物款。今亦有人刁滑投机，领每日值班之朗生，假公济私，借收税而谋私利。对此，如值班朗生已去，则按月处以罚金，倘仅从“雪”地而去，可酌情判罚金二至三钱不等。审判盗贼，收取事主十分之一的钱财，另从盗贼手中索要所有罚金，除接受适时提供膳食外，不再收取其他钱物，除有十人以上者，应收取多少，须据情而定。对竭力争辩喊冤者，要收取脚金一钱。对为政府办事，却不遵守誓言者，令重复当地之誓，处以一至二两罚金。或重复本人所立之誓，视当地情况处相同罚金，对中下等打手要支付一至二两黄金，自己发誓的要支付一钱黄金。用于以石立誓的帘子、神像、铁锅、铁碟、钳子等，不论公私何方，须酌情将其分为五、七、九份等不同组。无论盛油容器是铁或铜锅，一驮油则付一两黄金，亦可酌情而定。对一般的打手付二钱黄金，自己发誓的支付一钱黄金。按前藏★[79]习惯，藏升★[80]青稞，十二剋为十二升，自己发誓的可领六剋或六升。对家庭不和，产生财产纠纷，且各执己见，不听调解，则按拉萨等地的惯例，分成三份，一般各拿十份，先分配，然后各拿十份，直至分完为止，通常是根据双方占理的多少来合理分配。逮捕罪犯后，可将其身上所有的衣服拿去，偿付超度命价费。按通常应得部分，裁决办理，按前藏惯例，也可取十份。但此种做法不太适宜。如按后藏之俗，两人相互交换财物，须采取"松普松垫"的方法，即交换财物的双方，先由交者拿出"松普"，取方则拿出"松垫"。而后，双方公平地各取一种，倘若要交付金银等物，交者要点清数字，取者须量好粮食的剋数。这样，交者可得到四幅升垫或一围裙，取者可得到适量的合金。以上诸种习俗，初见于旧法典中。

为免世仇再起，或驱散阴魂，须按习惯法，以杀人凶器代替罚金。一般在文书之后，写清偿付代金的数量。如需付脚钱的替代物，则要当面付清，比例可统一分配，亦可各自索取。总之，方法可据情而定。如无土地充作替代物，则要向参加点交、判决的有关人员支付以瓷碗为主的礼品三至五份，以茶包为主的礼品七到九份，或酌情付予以铠甲、犏牛、牦牛等为主的适量礼品。

第七条 《杀人命价律》★[81]

"以畏怖之箭、刀、石等各类凶器，酿成伤害之源，须据所生之事因，酌情赔超度命价★[82]，或绳之以王者之法。"

昔之旧律谓："上亚孜王为霍尔人所杀，其命价即为与尸等量的黄金；

下格萨尔王★[83]被丹玛人★[84]所杀，命价则无法偿付。”此意系指人分上、中、下三等。上等上级者命价为最高；次上等上级者除逢战乱外，不会被杀，倘若被害，则须酌情因时制宜判以土地或沙金，而不以命价及财货珍宝判罚；上等中级者至下等下级者，命价之多少，均有定例，判以财货珍宝等。

上、中、下三等人须按其血统之尊贵、地位之高低、职能之大小而定。对此三等人的划分，通常以身份或地位而论，同时也可根据其实权之大小，为公为私之情况而定。

旧律谓妇女、流浪乞丐、铁匠、屠夫命价的赔偿为：杀铁匠及屠夫等，偿命价为草绳一根，此系以下等下级人★[85]为例。按近之习惯法，上等中级者为善知识★[86]、轨范师和大寺院管家、高级俗官，其命价为120两金，并须付惩戒罚金6两。此款可付金银，亦可钱物各半。如何交付，酌情而定。上等下级者为中等俗官和受持戒律的出家人。中等上级者系一般俗官、侍寝小吏、官家之办事员，其命价大小，如上所述，中等中级者则为政府职员等，命价为60两，惩戒罚金为钱物各半，计3两。中等下级者以中等世俗贵族为例，按以上命价计算，视罪之大小（杀死小人不多见，赔付给部分钱财即可，下等人系根据其相应等级依次划出），实际收到命价为60两，超度粮食★[87]80克，超度酥油★[88]6克，惩戒罚金为钱财各半，计3两。

在命价交付事宜方面，需顾及上层僧侣之脸面，或称“佛教减差”★[89]，为此减交6两。昔之旧律载明，为死者做佛事的粮食、酥油必须用于佛事，于49天内付清。如期付清，可算作成倍数额。否则，则只交命价。但是法官认为，害人之命实为大损，超度所用粮食、酥油不应计算在命价以内而需另付，所用计量单位是8钱为1两。偿付命价之时，过去系

"玛"★[90]一两为8钱,"查"★[91]一两为6钱,"松"★[92]一两为4钱。偿付命价可用各类物品,甚至有孔之石亦可作为赔偿。一般来说,牲畜、物品等也可根据以上计量法折算。但是,在计算和判决时,尚无统一的规定,计算命价的金银财物不分多少,均按牲畜6钱的标准计算,法律上判罚用的两、升都是根据日喀则的计量方法而定。除此而外,一般还要为死者付作法事的青稞(即抚慰费)一半,命价的三分之一要付茶、衣帛等,价格依照金银的单位计算,牲畜、物品抚慰费的一半可用能使的东西和可役使的牲畜折算,这些钱物的标准价格是以市价而定,如按前藏的升量,则比后藏多一倍。"雪"升是盖有仓库管理员印信的,为四剋,是大两的一钱,每三剋是以牲畜折算的一钱,二剋是以物品折算的一钱。用作超度的粮食也根据此法折算。其他地方的计量也与此计量单位一样。前藏的习俗,除了命价还要付上见面礼,后藏则不同,执法人办事的费用是根据命价的高低规格收取。每80两收取一块茶叶包、一条哈达以及铠甲为主的五种一份或七种一份,多少酌情而定,其中的四分之一要扣下以作他用,四分之一为墨水费,法会之钱物的需要量,则酌情写在附加判词中。前藏习惯法中,非人为而亡者,领主不必赔付命价。倘被狗咬致死,要向狗之主人追赔命价。而八岁以下的孩子扔物打死人则依对神经错乱者之法而定,只需付进行佛事活动的费用,而不必偿付命价。神经错乱者用箭、石、刀类武器致伤人命,导致死亡,亦只付进行佛事活动的费用,而无须付命价之习俗,但因神经错乱而导致重大事件者,则要偿付命价的三分之一,边远蛮荒之地的小偷被抓住处死,要给予超度的钱物,盗者初次被擒后死亡,不需付命价等。以上诸条均见于旧法典中,要查清事实,公正处理。旧法典中还载明"死后不问伤害罪"一说,如在斗殴中致死人命者,如其本人也受伤,则不再问其罪,应将公正放在首位，则要根据伤势轻重而从命价中偿付。

第八条 《伤人赔偿律》★[93]

“斗殴致伤重与否，认真处理须赔偿。地方官吏戒亲疏，公正无欺不偏倚。”旧法典载明：“尊者滴血值一钱，卑者滴血值一厘。”伤人上下有别，属民伤官，视伤势轻重，断致伤人之手足处罚。主仆斗殴，主失手伤仆，治伤费用视医生的情况而定，而非因主仆地位高低而定。地位同等者则可相互治伤，旧时有“伤下人弃赔偿”之说，此规定容易被颠倒是非，故要依据事实，判明伤人缘由。如以暴力殴打他人，被打者无法忍受，率而还击，致伤对方，除负治伤之责外，无须赔偿。对斗殴中先拔刀者或颠倒是非者，须予严惩。如有不当，要在认真调查的基础上，依法办事。相互间因私利而持刀行凶，除赔偿治疗费用外，另加命价一两或半两合金，做出合乎情理之判决。受伤者若系贵族，则需赔偿其“命价胜利金”和“补养费”的四分之一。总之，要依据伤势的轻重而决定赔偿的钱物。在赔偿方面，需为受伤者披挂缎子肩披；血垫方面，则要交付毡子和白色氆氇等，这是旧时的传统习俗。如今，伤害贵族之案不多见，如出现，可根据情况处理。如中等领主受伤，要按其伤势之轻重和事由的真伪而定赔偿，此系根据上述情况而定，并按今日著名的“买秀摘桑”法。“买”由一钱为其价，“摘”即以一两优质缎子为其价，总之应用此法认真做出判决。“摘”亦须根据伤势轻重，决定需要赔偿数的多寡。对内伤严重者要偿付二至三两金；对虽无内伤，但外伤面积达四指宽者须付赔偿金一两，总之，可视具体情况而妥善解决。如殴斗中发生缺臂断腿之事，虽然有“按骨折轻重赔偿等量金”之说，但仅这点还不完全足以治疗伤病。虑及如此会使伤者吃亏，故规定伤豆粒大之骨，即须赔偿一钱金，对流血过多者，酌情给予氆氇等垫褥类。倘若系上述伤者无理，则伤者应付对方以五成之胜利金，对方则不再付赔偿费。如斗殴双方均受伤，则按各自伤势之轻重，计算所付赔偿费用。伤人者要在七日之内付予伤者一至六剋的糌粑，少则整羊肉腔，多则整牛肉腔，一剋酥油、酿酒之青稞等，按伤势之轻重给予赔偿费及延请医生治疗两次。治伤期间，医生所需的食品或酒类等物要妥善解决。如医生未能治好伤，亦可不负法律责任。伤人者不请医生替伤者治伤是不允许的，必须根据法律规定合理支付治伤费用。交付费用时，过去所有治疗费和医生的衣、食、住、行等费用按双倍计算之法。在斗殴中被打掉牙或扯掉头发，旧时法典中有“失牙偿马，掉发赔羊”的说法，而今则不再沿用。今之规定对打掉牙者判罚的赔偿费要比致人骨折者之偿金略多。而拔掉辫条两三根，需酌情偿付一钱金。若五官中之眼、手、脚等致残，须赔偿受害者命价的三分之一、四分之一或五分之一。总之，要根据五官、手、脚作用的大小而判罚偿金。

第九条 《狡诳洗心律》★[94]

“对行为不端狡诳者，需由正直公道之人教导，以‘沸油取石’‘沸泥取石’等法，辨明是非，详加审定。”

无论怎样，狡赖欺诈之诉讼者，需立誓。所谓“立誓”，即需如鼻之于面部，不偏不倚。立誓得由具智慧眼、幻化身、能预见之护法神★[95]为证，始可明辨真伪。

关于立誓，旧法典谓：“金雁不得用网擒，毒蛇不得赶下坡，以石击鸦行不得，路遇母狗不可打，带红璁玉勿串联。”召集发誓人即须照此办理。所谓“金雁”意指喇嘛、善知识、上等人，彼等不需立誓，故不列于立誓人之内；“毒蛇”意指具法术之咒师，其可以魔力消除罪孽，亦不需立誓；“乌鸦”则指饥寒交迫之人，因其为衣食之欲，而无正确取舍，以致随意发誓，也不在立誓人之列；所谓“母狗”喻妇人，彼等虑及丈夫及子女，亦随意发誓，自不在立誓人之列；“带红璁玉”，指不谙世事之孩童及精神异常者等，此类人等不明誓言取舍之利害关系，也不列入立誓人之中。

那么，何等人可以立誓呢？一般来讲，凡知晓自利和他利、明事理、崇公正、心胸开阔、不为他人左右、能化敌为友，具备以上诸条件者即可立誓。若诉讼者条件不符，则可采用“沸油取石”“沸泥取石”等法来辨别是非，最终则是看实施之后是否会出现山盟神证之征兆。虽以真实为主，盟誓确切，也不能生效，因为无论何事，虽在人们心中客观存在，但人的思想变化却很快，随时可能产生错综复杂的想法。故表明这类想法的语词，便不能用于发誓。虽无征兆，却呈现因缘，系护法神之甚深法力所致。

理智之人将他人的头巾缠于自己头上，在此头巾下，就所要做之事发誓，尔后扔掉头巾，遂观察其征兆，且证实其誓言。对立誓之过失者，要进行惩处，即使其裸体卧于湿皮垫上，用盛满血之牛肚将血涂抹于胸，深思熟虑后，誓言之过失即会显于脑中。若此人不再狡诳，而是真正专注，无论怎样考虑，他都会认为自己是正确的，从而一心一意地向智慧神请求辨别真伪。以智慧神作证，即会出现无罪之征兆，但一般人由于心情复杂，易在心神不定的情况下立誓，因而立誓要有一位执法人员或中间人进行决断。首先，要具慧眼以分辨过去、未来、现在三个时期内之真伪，随即由世间法力无比之神很快进行判决。立誓者须以自己崇拜的阳神★[96]等为证，供养以酒、水等。若以“沸油取石”和“沸泥取石”等法辨真伪，则需事先准备好神帘、神垫、铁匠工具和完好无损的石子。“沸油取石”，即在铜或铁锅中倾入干净之菜油，油量以淹没石头为宜，然后把拇指大小、重量相等的黑白各一的石头放入锅内。“沸泥取石”则是在锅内倒入稠如乳酪的泥浆浊水，以淹没拳头为宜，随后放入拇指大小、重量相等黑白各一的石子。人们看不见石子，（用火烧沸后）方可用手去抓。这种仪式要与盟誓相互结合而行，执法者和中证人要坐在距离适当的地方，立誓人要把自己的愿望和誓词如实地写于文书上。立誓人首先要表明心愿，报上姓名，如果对这种立誓仪式看法殊异，可以掷骰子判定，依上述文书之誓词所言，获胜者可挑选中证人或调解员，负者可选择立誓仪式。不论掷骰子后显出何种迹象，中证人均要向立誓人宣读三遍誓词，使之入耳，牢记心中，并能熟练地念一两遍。如果这些都做到了，即可将立誓人引入护法神殿、土地神殿，而后令其披散头发，卸去罩衣，解去佩刀和护身符，裸露上身。无论出身贵贱、成就大小，均须依此酌情而定。无论立誓之大小，除卸衣解刀外，不用再交其他誓物。奉献御酒后，赌咒师在文书上用唾沫盖印，用手链、绳索等要把手捆起来。识字者要念诵誓词，不识字者也要先念“按誓词而办会有好事，否则厄运缠身”等语。如果要用石子发誓，须用“吉热拉康”那里的石子，需向拉康★[97]献上供礼，计有糌粑五藏升，制作供品的五块酥油，每个护法神的哈达，庙祝★[98]的三盘供物，三份布施，神像的哈达及灯油五勺，供品费一藏钱，“吉哈热”降神师的三种礼品，每户付七种礼品等。另外还须向石匠付做石阶的青稞三剋，连同口袋、铁锅、铁盘，取石的夹子、匙子，围垫用毡子一块，火帘所需布匹，红色箭为火旗、蓝色箭为水旗等。另熬粥尚需整羊一只及牛前腿一条，集会所需细糌粑一剋、粗糌粑一驮、酒料青稞一驮、茶叶两秤、盛满酒之献新小瓶、盛有青稞之献新小盘或小碗等。以上物品均需准备妥当。

抓石时，要先将洗净之石放于誓物之上，表明真理是立足于雄厚的事实基础之上，并非靠碰运气、找窍门。抓石者如需交换物品，则将上述物品准备好后，向“阿聂”祈祷诉说。随即由铁匠分别点燃各灶之火，将拳头大小的耐火石放入灶内。此时，抓石者要用奶和水将手洗净，要将手上原有的疤痕等记清。当石头烧成灰白色后，取出放入铁锅内，从中挑选出没有尘土和灰烬的石子，置于碟中，再由两位立誓人拿起行走三至七步，两手来回搓动，然后放下。如果石头七次都未到手而碎于火中，则视为有理，不需抓取。于是将手用布裹住，由执法人员盖上封印。待三至七天后打开，如在手上发现称为“夺朗”的一点黄斑，即属有理。手上无痕，仅出现豆状水泡，系有轻微过失，算作真假各半。若有三个，则为假。不可把原有的伤疤、黑痣记号等算在内，故需要认真进行分辨是非的仪式。神帘、神垫等为“阿聂”的财路，铁锅和碟等为铁匠的财路。

如果进行“沸油取石”，立誓仪式与上述基本相同，立誓者也需首先念诵誓词，但比上述更为详细。在大庭广众前举行洗心立誓仪式时，油和油具从仓库中支取，交换物品由各自准备，倘若一方拿用具，另一方则拿油。用具如出现问题，怀疑者要重新准备，将这些物品交执法人员。取捞之时，立誓者要净手。念诵盖印等仪式均如上述程序。“如能自沸油中捞出，手抚白石则如柔软的汉地哈达；如不能办到，手将被油烫伤。”将黑、白石子扔进锅中，油沸之时，犹如青稞在锅内爆裂，即由第一个在判决书上签字者先取。取者将手伸入油中一搅，无论抓到哪个石子，都要取出来。如果抓到的是光滑闪亮的白石子，除留下石子之痕迹外，无他痕则视为真。如不能抓出，便会呈现油溢火旺之状。如搅动油后，抓出的是黑石子，手上出现水泡或被烫伤，则视为假。若手被烧伤，抓到的却是白石子，则表示其占有一半之理，而今则将此类现象说成是油溢所为，仍按上述所定。

另外还有一种办法，即不用石子，将手在沸油锅中搅动后，最终以是否被油烫伤及伤势之轻重论真伪。用铁立誓之法系据教法戒律而行，而今多不实行。虽有部分立誓人沿用，但做法则与取石类同，即以是否受伤来判明是非。“沸泥取石”等法，即于煮沸之浊泥中取石，与上述“沸油取石”法相同。

第十条 《盗窃追赔律》★[99]

“盗窃之罪，依其赃物判定。命价赔偿要适宜，公正处理须合法”。旧法典规定：“窃赞普等王财物须罚赔原物万倍；偷佛、法、僧之财物须罚八十倍；盗与己同等人之财物罚七至八倍，”而今则罚八至九倍或七至八倍等不同赔偿法。依退赃、科罚、赔新三法，财物须按诉讼者所述种类退赔。如判决有争议或窃贼对此抵赖狡辩，除退赔外，则由法庭根据双方提出的确凿事实进行判决。

第十一条 《亲属离异律》★[100]

“亲属不和、夫妻离异，须慎重处理。根据各自的理由，依法公平判决之。”夫妻不和离异，则由一中证人居间调解，不论其财产情况如何，均须按最初结合时的协议，认真查清分开的原因，以事实为重，务必公正判决。对此，旧法典中有，弃夫者罚十八钱，如虎纹般清楚；弃妻者罚十二钱，如豹斑明了。综上所述，如夫有理而遭妻抛弃，女方须分三次付十八钱，并付一定欠理金，并须给予其衣、食和服侍费。与此同时，如男方占理多者，女方要赔偿活人命价，理少者可分三次付清。总之，要根据占理的多少来赔付。女方有理，而被夫弃，男方要付十二钱，还有服侍赔偿费，日薪为（青稞）三藏升，夜薪亦为三藏升，或付日薪一厘（金）和夜薪三藏升，具体付法酌情而定。女方婚前所有的由其娘家所陪之衣食等，无论其理由，均为女方所有。男方所带财物为男方所有，女方即使有理，丈夫也不必因理亏而送予女方。子女的归属，则遵循子归父、女随母的原则。儿子的乳金★[101]，根据年龄判付女方。分属女儿的食粮及母亲的口粮、土地、房屋、衣饰等均需合适。至于兄弟父子的离异，则根据各处人口的多少合理分配财产，男方的份子为四分之一，而对女方则按人头平均分配土地、房屋等财产。父母及老人由其依个人意愿选择家产，剩余者可通过抓阄等法公平分配。如妻子回娘家，其所有嫁妆一般应按习惯法留下。家有出家在外的僧人，也须予其厨具、份地或者代分其僧粮、衣物等。有尼姑者，亦同等对待。不同种族在共同生活后，需离异者，一定要据情查清双方结合之初，各自拥有财产的多寡，做出合理的判决。

第十二条 《奸污罚锾律》★[102]

“奸污尼姑、手印母等，强暴常住之主妇，勾引有妇之夫者，均按惯例合法判决。”昔日旧律中，规定对奸污犯剁肢后，放逐异乡。这是针对强奸、诱奸高僧、官员等上层人物的妻子采取的处罚。一些旧法典中还有对其他类似罪的判决，即判决赔偿金钱、羊、羊皮、快马、耕牛等。判决此类案件，首先要公正。判罚金额不等，即有三两活人命价，与身体等量的四分之一，赔礼费则系以茶叶为主的七份，犯有事实确凿的奸情，判罚淫金、活人命价等，一般为二至三两不等，赔礼系以衣食为主的五份或七份均可。如系妇人自揽罪责，罚淫金一两，赔礼为以衣为主的三份，勿用赔命价。如尼姑通奸，按寺庙法规处置。如系丈夫被邻女勾引，要据情付予主妇赔礼费。即以茶叶为主的七份或瓷碗为主的五份。另外，丈夫在野外或只是偶然一两次犯奸，则不用送赔礼费。奸污有被称作“六十白毯”的说法，即通常要支付六十克青稞和一块白色毛毯。

第十三条 《半夜前后律》★[103]

“对邻人互借牛马财物等出现的纠纷，需认真对待。执法之人须坦诚，办事均须公正合法。”无论所借之物为骡、犏牛、牦牛等何类牲畜，如其死于借者之手，则必须赔付偿金。牲畜如非意外，过一夜而亡，不得诿过于借者。但是，如果牲畜非意外，归还后前半夜而亡，借者须付偿金，如后半夜死亡，则不需赔偿。以上均见于旧法典，今仍照此办理。牲畜如因鞍疮等疾而亡，则须根据其优劣等级，赔付偿金。其他物件的借还，亦照此办理。另如烧毁他人柴草、食品等，也须依照前理，讲明情况，并向物主付清偿金及适当赔礼费。如系居心不良，而于夏日放水冲淹邻人田地，或践踏青苗，或纵牲畜入田等行为，则须酌情按规定予以惩处，赔付的钱款等必须与主人春播撒下的种子及可能收获的庄稼相符。对有意将牲畜赶入他人所属草地，依据旧时的协定，按牲畜进入范围，公正判罚。但如系非人为牲畜自行进入者，可不付偿金。

综上所述，无论事之大小，均要依法而办。执法官与中间人必须不偏不倚，以三宝★[104]为证，以事实为据，做到支持公正之人，制止狡诈之徒，安慰幼弱之人，揭发有罪之人，宽容无辜之人，总之要依照事实，公正处理。属民无论做何事，均要遵从首领。善行必得善报，因而中间人需照此正确取舍。如此，即会呈现太平盛世。这样，虽系凡俗之人亦会积德行善，事事如意，犹如众敬王之传奇，得到大众敬重。从慈悲宝贝佛出现之源，产生福德与智慧二资粮★[105]，似如意宝★[106]称心遂意。南赡部洲★[107]之宝幢于顶圆满安乐，光耀二部论著，法律似阳光普照大地，典律条文六十具音犹可信，此地之幸福而后为佛。对无数劫，昔有之二资粮、善行的天之气力无边相续遍大地。转动法轮而对众生行灌顶，法典之格言皆具奇迹。昔日王者之鉴及松赞干布★[108]颁布之法传于今世而无误，此等善业使众生祛病长寿，幸福圆满，终获金刚手★109。

注　释

★1　涅槃：梵文音译，佛教名词。指通过修习全部佛教所达到的最高理想。通常认为这是一种熄灭“生死”轮回后获得的精神境界。在佛教史籍中，一般也将其作为死亡的代名词。

★2　观世音菩萨：中国佛教四大菩萨之一，被认为是大慈大悲的菩萨，其显灵说法的道场在浙江省普陀山。藏传佛教认为吐蕃赞普松赞干布为十一面观世音的化身，故对观世音极为尊崇，后又认为达赖喇嘛为观世音之化身，其道场为布达拉宫。

★3　祖孙三法王：系指尊崇佛教的吐蕃三赞普，即松赞干布、赤德祖赞、赤松德赞。

★4　此处比喻因创制法律而致太平盛世，无偷无抢。

★5　释迦牟尼：系佛教创始人，姓乔达摩，名悉达多。相传是古印度北部迦毗罗卫国（今尼泊尔南部）净饭王的儿子，后看破红尘，出家修行。释迦牟尼是佛教徒对他的敬称。

★6　政教合一制：恩格斯认为“在新教国家里，国王就是summusepiscopus（总主教），他把教会和国家的最高权力集于一身，这种国家形式的最终目的就是黑格尔所说的政教合一”。简言之，政治和宗教的领袖集于一人的制度，即为政教合一制。

★7　福田：供施的对象，如僧众、佛寺、佛像等。

★8　桑阿德钦宗：“宗”即县，此县位于西藏地方。

★ 9　五次第：密宗五次第即语寂（语金刚三摩地）、心寂、幻身、光明、双运（两种事物同时存在，两两融合，不相冲突）。

★ 10　林麦巴・夏仲仁波切：西藏佛教高僧名。

★ 11　仲敦巴・甲瓦迥乃：藏传佛教噶当派高僧，1004 年，出生于西藏拉萨以北的年钦唐拉之沃杂杰摩地方，年轻时随班智达弥底学习音韵及梵文，后迎请阿底峡大师至西藏中部传法，而为其弟子。1057 年，他倡建西藏名寺热振寺，以此为道场，奠定藏传佛教噶当派基础。他一生只是个居士，但遵守教法胜于一般比丘。1064 年，因病去世。

★ 12　根敦朱巴：1391 年出生于西藏霞堆地方，系藏传佛教格鲁派祖师宗喀巴的弟子。1447 年，他主持修建了日喀则扎什伦布寺。1474 年圆寂后，被藏传佛教格鲁派追认为第一世达赖喇嘛。

★ 13　根敦嘉措：1475 年生于西藏达纳。1509 年主持修建了曲科杰寺，历任哲蚌、色拉、甘丹三大寺法台。1542 年圆寂后，被藏传佛教格鲁派追认为第二世达赖喇嘛。

★ 14　索南嘉措：1543 年出生于西藏堆龙，1547 年被认定为根敦嘉措的转世，格鲁派活佛转世继承制度即由他始。索南嘉措曾先后任拉萨三大寺住持，并至青海等地传法。蒙古土默特部领袖俺答汗赠索南嘉措以“达赖喇嘛”名号，是为此名号之开端。1588 年圆寂，依次排为第三世达赖喇嘛。

★ 15　云丹嘉措：1589 年出生于蒙古土默特部，达赖喇嘛世系中唯一的蒙古人。1603 年至拉萨。1616 年明廷封其“普持金刚佛”。1616 年底暴亡于哲蚌寺，年仅 28 岁，是为四世达赖喇嘛。

★ 16　洛桑嘉措：第五世达赖喇嘛，1617 年出生于西藏山南穷结地方。1622 年被迎入哲蚌寺。1642 年固始汗统一卫藏，以赠达赖，创甘丹颇章，开始拥有政权之名。1653年应清朝皇帝之邀赴京，同年还藏途中受封为“西天大善自在佛所领天下释教瓦赤喇怛喇达赖喇嘛”。1682年圆寂。

★ 17　转轮王：印度神话传说征服四方的大力士出生时，空中出现轮形武器，预示其前途无敌，故称之为转轮王。

★ 18　俺答汗：又译作阿勒坦汗，明代蒙古土默特部汗王。1571年，归顺明朝，受封为顺义王。其曾于1578年迎三世达赖喇嘛至青海地方传教，1580年赠其“达赖喇嘛”封号。达赖喇嘛亦赠其“咱克喇瓦尔第彻辰汗”名号，即聪明睿智的转轮王。1583年，俺答汗病故。

★ 19　显密教：显教常指应身佛释迦牟尼公开宣说之教。密教即密宗，自称受法身佛大日如来深奥秘密教旨传授，为“真实”言教，故名。

★ 20　供施：佛教用语，一般指以鲜花、饮食、衣物、钱财等供佛、菩萨及亡灵。这里指斋僧尼，即汗王为达赖喇嘛的施主。

★ 21　密咒金刚乘：即佛教密宗，自称是法身佛大日如来传授的深奥秘密教旨。

★ 22　灌顶：古印度国王即位时，国师以四大海之水灌国王头顶，表示授权并祝福，即有权管理国政。藏传佛教密宗将其作为传授弟子密法的一种仪式，即有权听闻、讲说、修习密宗，罪垢永净，身心留植，修道缘分。

★ 23　众敬王：群伦共许，大众尊敬之王，佛经谓：“劫初人间君王，系由大众爱戴拥立，奉为准则。”故名。

★ 24　厄鲁特蒙古：又称卫拉特蒙古，明清时期活动于今新疆、西藏一带，包含四部，即绰罗斯（准噶尔）、杜尔伯特、土尔扈特、和硕特等部。

★ 25　帕竹噶举：藏传佛教噶举派分支。1158 年，帕木竹巴创建丹萨替寺，收徒传法，授“大手印修法”，形成该派。其原有八个小支系，现仅有止贡、拉垅、主巴支系流传。

★ 26　仲译钦莫：藏语音译，即大秘书长。指原西藏地方政府译仓中有堪布名位的负责僧官。此处指帕竹万户长绛曲坚赞。

★ 27　大司徒：明清时代，中央王朝颁给蒙藏王公领袖的名号。此处特指帕竹万户长绛曲坚赞。

★ 28　第悉:又译作“第司”“第巴”等。藏语音译,意为部落酋长，后引申为管理政务的地方行政官职。特指代达赖喇嘛管理政权的官职。

★ 29　乃东孜巴：藏语音译，即管理乃东地方的行政官。

★ 30　向蔡巴：又名达玛扎西，1123 年出生于西藏吉雪的察瓦珠。1159 年出家为僧。1175 年主持修建蔡巴寺，以后又建贡塘寺，系藏传佛教噶举派蔡巴噶举支派的创始人，1193 年去世。

★ 31　蔡巴万户:元时西藏十三万户之一，位于今西藏蔡公塘一带。

★ 32　金刚橛：即三棱金刚杵，藏传佛教中密宗护法神马头明王的法器，据说是最威猛的兵器，能摧毁一切敌人。

★ 33　宗喀巴・罗桑扎巴：藏传佛教格鲁派创始人。1573 年出生于青海宗喀（今湟中）地方,故名。16 岁进藏学法,广拜名师,学有所成,著述颇多。1409 年创办祈愿大法会，同年建甘丹寺，即创格鲁派。1419 年去世，终年 63 岁。

★ 34　堆龙：西藏地名，地属今堆龙德庆县境。

★ 35　噶当派：藏传佛教派别之一。1040 年，阿底峡至西藏各地弘扬佛教，将释迦牟尼之说一字不漏地作为自己学佛的指示和教导。1057 年，阿底峡的弟子仲敦巴倡建热振寺，由此发展的教法传承为噶当派。十五世纪，宗喀巴整饬佛教，将噶当派与格鲁派教法传承合为一体，故噶当派不再单独存在。

★ 36　第悉索朗曲批：系明末清初蒙古和硕特部固始汗统治西藏地方时期委任的第一个第悉，任职时间为 1642 年至 1658 年。

★ 37　法王：佛教徒称按佛法治理国家的君王为法王，后对掌握政教权力的宗教领袖也用此称。元明两代中央王朝常赐给西藏佛教领袖人物以各种法王的封号，如大宝、大慈、大乘法王等。

★ 38　施主：指向寺院、僧侣施舍财物、饮食的世俗信徒。

★ 39　活佛：指由佛身幻变成的人，一般指藏传佛教依转世制度而取得地位的上层喇嘛。这个制度起始于 13 世纪的噶举派。

★ 40　八思巴：藏传佛教萨迦派第五代祖师。1260 年，元忽必烈尊之为国师。1264 年，领总制院事，管理全国佛教及藏区事务，曾创制“八思巴文”。1280 年去世。

★ 41　霍尔：名词，不同时期所指对象不同。唐宋时指回纥，元代指蒙古，元明间指吐谷浑，现代指藏北牧民和青海土族，本文中指蒙古人。

★ 42　三大寺：此为藏传佛教格鲁派在拉萨的色拉、哲蚌、甘丹三大寺。色拉寺建于 1419 年，寺僧最多时达 5 500 人；哲蚌寺建于 1416 年，寺僧最多时达 7 700 人；甘丹寺建于 1409 年，寺僧最多时达到 3 300 人。

★ 43　扎仓：藏传佛教寺庙中的组织机构，亦称僧院。

★ 44　格鲁派，藏传佛教教派之一。1409 年宗喀巴创建甘丹寺，标志该派的形成。因该派身着黄色衣装，头戴黄色僧帽，故俗称“黄教”。达赖喇嘛、班禅额尔德尼均为该派领袖。该派主张显乘密宗讲修结合。

★ 45　大昭寺：公元 7 世纪建成，位于西藏拉萨市中心，有高四层的铜质镏金楼阁五座，殿堂数十间，正殿供有唐朝文成公主带去的释迦牟尼像。

★ 46　布达拉宫：位于西藏拉萨市布达拉山上。公元 7 世纪，吐蕃赞普松赞干布在此建立王宫，后遭兵灾，1645 年重建。全部建筑高十三层，分白、红两宫。达赖喇嘛寝宫、噶厦、译仓等原西藏地方政府办公地点及殓葬五至十三世达赖喇嘛遗体的灵塔均在此。还存有各种珍贵文物，实际上这里是旧西藏地方的政教中心。

★ 47　洛根夏日：梵文音译，意译“语自在”，即观世音菩萨本名。

★ 48《甘珠尔》：又称《佛说部》，藏文大藏经两个组成部分之一。衷噶多吉编订，有多种版本，德格版收书 1 108 种，包括显密经律，分为戒律、般若、华严、宝积、经集、涅槃乘等七种。

★ 49《丹珠尔》：又称《注疏部》，藏文大藏经两个组成部分之一。布敦编订，德格版收书 3 461 种，分四大类，即赞颂、咒释、经释、目录类。

★ 50　祈愿大法会：又称传召大法会，始于 1409 年藏历正月，是藏传佛教格鲁派祖师宗喀巴为纪念释迦牟尼而举行的。以后由二世达赖喇嘛根敦嘉措在宗喀巴死后十九年恢复，遂成定例。每年藏历正月初三至二十四日，三大寺僧众和各地信徒齐集大昭寺，进行宗教活动，正月十五日还举行灯节。五世达赖喇嘛时，法会期间还举行僧众辩经，以考取“格西”学位，沿袭至今。

★ 51　布施：指给他人以财物、体力、智慧等，为其造福成智而求得积累功德以至解脱的一种修行办法。

★ 52　喇嘛：藏语音译，即上师。

★ 53　堪布：初为藏传佛教中主持授戒者之称号，后指藏传佛教大寺中扎仓及小寺的住持。

★ 54　遮性罪：佛在律经中特意制定的罪过，如过午进食等为遮罪，性罪即佛虽未说，一经违犯自然成为罪过，如杀、盗、淫、妄等。

★ 55　他胜罪：因挫败对所犯事之克制力，故名他胜罪。

★ 56　菩提心：以利他为缘，证菩提为相，而生起希求成正等觉的殊胜欲望，为大乘道主干的特殊心思。

★ 57　“十善法”：指宣扬佛教的基本道德信条，即不杀生、不偷盗、不邪淫、不妄语、不两舌、不绮语、不贪、不嗔、不邪见。

★ 58　封山遮蔽的禁令：指原西藏地方政教首领发布的封闭遮盖的川原，禁止伤害水栖陆栖大小动物的禁令。

★ 59　旧法典：据藏文古籍记载，在松赞干布后期就有了成文法典，构成后来西藏法典中的基本内容。旧西藏的成文法典主要有吐蕃时期的《神教十善》（基本上是“佛门十善”的内容），以及 14 世纪中叶的《十五法典》、1613 年的《十三法典》、1618 年的《十六法典》、1642 年的《十二法典》等。

★ 60　《十六法典》：1618 年，西藏噶玛丹迥旺布执政后，他命贝色哇编辑的一部封建法典。具体条文详见本书。

★ 61　《英雄猛虎律》：旧西藏《十六法典》之一，主要载明在遭受外敌进攻时，用和平或武力的手段制伏敌人的一些措施。

★ 62　《懦夫狐狸律》：旧西藏《十六法典》之一，主要记载遭受强敌进攻，无法进行有效抵抗时，用以避免失败的一些措施。

★ 63　《地方官吏律》：旧西藏《十六法典》之一，载明地方官吏应当遵守的法律。又译为《镜面国王律》。

★ 64　身、语、意：即身体、语言、思想。按佛教说法，教徒应以身体礼拜佛，用语言赞颂佛，在思想中思念佛。

★ 65　涅仓：原西藏地方政府主管物资收支的机构。

★ 66 《听诉是非律》：指听取诉讼，以辨明双方谁是谁非的法律。据传松赞干布时期（7 世纪）吐蕃法典中判明是非的三大基本法为：诉讼双方俱有罪者，并惩双方，双方均有理，则指令修好，皆大欢喜，两方地位不等则敬强扶弱。

★ 67 《逮解法庭律》：旧西藏法律之一，即根据犯人所犯罪行，捆绑至法庭，依法惩治的法律。

★ 68 《重罪肉刑律》：旧西藏法律之一，即对犯人施行剜眼、刖足等酷刑的法律。

★ 69　五无间罪：即弑父、弑母、弑阿罗汉、破坏僧团、恶心出佛身血。

★ 70　轨范师：对可教授弟子行为，为其轨则师范高僧的敬称。

★ 71 《警告罚锾律》；原西藏地方政府为惩戒再犯罪过，责罚犯人缴纳财物用以赎罪的旧法律。

★ 72　后藏：指西藏以日喀则为中心的地区。

★ 73　剋：旧西藏的计量单位。一名“如剋”，即藏斗，为 20 藏升，约为市制 28 斤；另一名为“德剋”，即藏斤，为 20 藏两。藏两，约重 7 市斤。

★ 74　日喀则：班禅额尔德尼的驻锡地，西藏自治区第二大城市。旧为后藏地区的政教中心。

★ 75 《使者薪给律》：旧西藏法律十六条之一，百姓为官家来人供应食宿、支付脚力的条文。吐蕃时期，赞普赤松德赞的王妃最早将“富豪放债”作为一条法律公布。这一时期的借据等便明确载明偿还日期，到时不还，即依法惩治。

★ 76　雪：藏语音译，指布达拉宫下面。

★ 77　根保：旧西藏传达差役通知或直接分派乌拉差役的头人。此类职务有世袭，也可轮任。

★ 78　涅巴：藏语音译，意为管理人、管家或司库。

★ 79　前藏：指以拉萨为中心的地区，又作“卫地”。

★ 80　升：旧时西藏官斗的一升，约盛市斤的一斤四两青稞。

★ 81《杀人命价律》：旧西藏依据被杀者的地位等级而制定的赔偿法律。早在松赞干布时期即有类似法律，如《不准杀生法》提出赔偿命价及医药费的规定，但不具体，未形成完善的法律条文。到后来由吐蕃赤松德赞的大臣桂·赤桑雅拉最初确定，其时大贡论（大宰相）被杀，偿命价 11 000，次贡论与大内相被杀，偿命价 10 000，小贡论、次内相等被杀为 9 000，下级内相等命价为 8 000，小噶伦命价为 7 000，属民等也逐一明确了命价，并编订为法律文书。

★ 82　超度命价：超度指僧尼等通过为死者诵经拜忏，做回向发愿以救度亡灵，超脱苦难。超度命价即旧法典所规定，凶手向被杀者家属交付为死者做佛事用的费用并赔偿相应命价。

★ 83　格萨尔王：藏族史诗《格萨尔王传》中的英雄人物，此处泛指高官大吏。

★ 84　丹玛人：今四川甘孜藏族自治州德格县境内邓柯地方的人。

★ 85　下等下级：旧西藏歧视妇女，尤其是铁匠、屠夫，认为他们的骨头都是黑的，或认为其杀生害命，故列入下等下级的社会最低层。

★ 86　善知识：直译为“格西”。指在僧众集会中辩论佛教经籍考取的学位。按藏传佛教格鲁派三大寺的制度，分为拉让巴格西、措让巴格西、多让巴格西和林色格西等四级。

★ 87　超度粮食：旧法典规定，杀人者向被杀者家属支付为死者作佛事时所用的粮食。

★ 88　超度酥油：旧法典规定，杀人者向受害者家属交付为死者作佛事时所用的酥油。

★ 89　佛教减差：旧西藏准予减轻差役的规定中载明僧官任职减，即僧人在地方政府中担任官职者可以减免差役。其他可减差的为：破落发誓减，即差民破落，陈年旧债，发誓明心无力支应者，可以减轻；汉营入伍减，即在藏军第二汉式兵营中有一人当兵者，可以减轻；达赖喇嘛批准减，即十三世达赖辛卯年（1891 年）丈量土地时获得批准者可以减轻。

★ 90　玛：藏语音译，旧法典规定，杀人者赔偿命价物之一种，即金银细软。

★ 91　查：同上，即粮食牲畜。

★ 92　松：同上，即一般杂物。

★ 93 《伤人赔偿律》：此法律条款初定于吐蕃时期。旧法典中对斗殴伤人至出血者，依伤口大小轻重，责令赔偿财物及医疗费用等的法典。如此，即不再追问斗殴前互相辱骂之罪，民间有“伤后不问辱骂罪，死后不问伤害罪”之说。

★ 94 《狡诳洗心律》：旧西藏法典中，责令狡赖欺诈的诉讼双方，以在神前发誓、油中取石等方式辨明是非的法律条文。

★ 95　护法神：指能护持自己所得之善法，又拥护佛之正法的神，如四大天王等护持佛法之神。

★ 96　阳神：藏传佛教徒认为男子左肩头的守护神。

★ 97　拉康：藏语音译，即寺庙，指平时没有僧团定居的寺庙。

★ 98　庙祝：佛教寺庙中管理佛经、佛塔、香火者。

★ 99 《盗窃追赔律》：旧西藏法典中对盗窃他人财物者，依情节轻重责令交还原物并加倍赔偿的法律。早在吐蕃时期，松赞干布制定的四条法律中即有“盗窃追赃追赔九倍”之说。另佛教中比丘四大根本罪之一即“不予取罪”，所偷之物价值之量无定数，但需够古印布迩喀巴里四分之一，即等于藏币一钱之价值即可。

★ 100 《亲属离异律》：旧西藏法典中有夫妻等亲属关系因纠纷而相互离异时，责令理屈一方用钱财赔偿理直一方的法律。

★ 101　乳金：即母亲的奶水钱。

★ 102 《奸污罚锾律》：旧西藏法典中所定对与他人妻女或丈夫私通者科以罚金的法律。

★ 103 《半夜前后律》：旧西藏法典中规定对租赁牛马等家畜在交还的当夜发生死亡时，判定夜半以前死去由承借人负责，以后死去由畜主负责的法律。

★ 104　三宝：佛教称佛、法、僧为三宝，佛指释迦牟尼，也泛指一切佛；法指佛教教义，僧指继承、宣扬佛教教义的僧众。这三者是极尊贵之宝和最殊胜之福田，故称之为三宝。

★ 105　二资粮：即福德资粮、智慧资粮，佛教徒把这两种资粮看作是修法的条件。

★ 106　如意宝：传说是出自龙宫，为龙王顶宝，人若获此宝，则凡有所求皆能自宝中生，所求如意故名。后世用作对达赖喇嘛的敬称。

★ 107　南赡部洲：又名南阎浮提，在须弥山南方，据说即人类居住的地球。

★ 108　松赞干布：（617—650 年），汉文史籍称弃宗弄赞、弃苏农，是藏族古代史上的卓越人物，也是中华民族历史上的杰出人物。他接替其父囊日伦赞的王位后，先后兼并吐蕃各部，定都逻娑（今拉萨），于

7 世纪初建立吐蕃王朝，发展生产，创造文字，制定法律，划定行政区域，建立兵制等做出突出贡献。641 年，他与唐朝文成公主联姻，为唐蕃友好和汉藏文化交往等留下佳话。

★ 109　金刚手：藏传佛教事、行、瑜伽下三续部的本尊，与文殊、观世音合称三部主。密宗认为下三部许多密经是由金刚手收集的，有些是他代佛宣讲传播的。也有把金刚手作为战神的，像极凶猛。因传规不同，其形与称号亦有异，如大轮金刚手、蓝衣金刚手等，但一般情况下身是暗蓝色，右手执金刚杵。也有一面四手，立式，足踏象鼻天神者。

拾柒

关于西藏事务纲领十三条（“酌定藏内善后章程”十三条）

解　题

清初，对藏传佛教仍采取扶植利用的政策。1653年正式册封五世达赖为“所领天下释教”的宗教领袖，但却将西藏的行政统治权授予了蒙古和硕特部领袖固始汗，这就使政教产生了矛盾。1654年，固始汗病故，政教矛盾开始激化。1717年蒙古准噶尔部借故进兵西藏，西藏官民配合清军于1720年8月将准噶尔部军队全部逐出西藏。之后，清政府将七世达赖接回布达拉宫“坐床”，同时废除总揽地方大权的第巴职务，设立四名噶伦，共同主持藏内地方政务。

1723年，原蒙古和硕特部固始汗之孙罗卜藏丹津对清政府废除他在西藏的统治极为不满，遂勾结准噶尔部的策妄阿喇布坦，发动叛乱。清军很快平定了叛乱。1725年，清廷在西宁设置办事大臣，监视蒙古和硕特部的行动。1727年，清政府开始在拉萨设置办事大臣二人。1747年，清廷命四川总督策楞入藏，拟定了《酌定藏内善后章程》十三条，对西藏的管理体制作了重大改革，确定了“政教合一”制度。

1750年（乾隆十五年），西藏发生珠尔默特那木扎勒之乱，清王朝先后派都统班弟、四川总督策楞率兵进藏，平息暴乱。但清军未到拉萨之前，班智达奉七世达赖喇嘛之命缉拿凶手，恢复了拉萨的正常秩序。班智达等人到拉萨后，根据乾隆皇帝的旨意，于1751年制定了《酌定藏内善后章程》，该章程共十三条，经乾隆御批，颁行西藏。这是清王朝全面治理西藏地方的第一份重要文件，开清王朝依法治理西藏之先河。

该章程的核心内容是重组西藏地方政府，规定所有西藏地方政府中的噶伦必须统一在噶厦办公，明确了西藏地方各级官员的奖罚升裁制度和各种乌拉差役等的使用情况。但对于驻藏大臣之权力和地位、达赖喇嘛、班禅额尔德尼与驻藏大臣等的关系等重大问题未有涉及。此译文根据藏文版本翻译而成，与目前流行的汉文版本有一些不同，请予以参考。

译　文

钦差大臣、太子（太保）、兵部尚书、都察院督御史总督四川大竹大夫秦武（jun-wu）、简里（gyan-li）、梁山郭文（万）(go-wan)、巡抚史国爱松（shi-go-ai-zung）、千松（gyun-zung）、贾爱格（gya-aer-gi）、稽鲁阿齐策楞（gyi-luaer-chi-tshe-ring）、户部左侍郎、副都统尚窦（zhang-dvu）、大臣晁惠、西藏事务办理、御前侍卫、护军统领宋福

(zung-bu)、左侍郎舒濂、普福、大臣那木扎勒、西藏事务办理副都统班弟、恒秀郎中、巴哈达(ba-ha-da)、理藩院朱氏(dru-shi)、史格福(shi-ke-bu)、笔贴式普龙阿、春台噶伦公班智达。

此事，尊奉大皇帝旨意设立善规，查珠尔默特那木扎勒倒行逆施，于达赖喇嘛，无尊信恭顺之意，虐使其下，戕杀伊兄，监禁伊妹，暴戾不训，日甚一日，谋为不轨，逆迹昭著。经二驻藏大臣详查，查看得藏地民众对伊人人无不愤恨，尤恐将来加害于达赖喇嘛，于是一面奏请皇上从速处治，一面在通司岗将伊诛戮。皇上御览达赖喇嘛与大臣等奏书后谕曰：凶暴不训之恶人已诛，嗣后诸事需妥善办理。著派我等大臣前往西藏，会同达赖喇嘛会商，与公班智达共同商定所有需办事务应忠诚妥善审理，依旧例保持。尤其西藏永远宁谧，使一切众生懂得深深崇敬信仰达赖喇嘛，可享受适于各自身份的善良行为之安乐。务使西藏一切僧俗尊卑人等感朕对伊等怜爱施恩之意。钦此。尊奉大皇帝怜爱西藏一切百姓之旨意，经吾等妥议，依规则审理，拟定条款如下：

第一条：应查照旧例，添放噶伦。查西藏旧例办事，原系四噶伦中除噶伦布隆赞双目失明，又被珠儿默特那木扎勒革退外，现存者系噶伦公班智达、策楞旺扎勒、色玉特色布腾等三人。班智达已钦奉特旨，仍以公职办噶伦事务，毋庸另议。策楞旺扎勒，色玉特色布腾二人，于逆克罗桑扎西叛乱动荡之前，均被珠尔默特那木扎勒私自调遣他处，并未在拉萨，其二人不但平日并无过犯，也不知以后之叛逆情形，且原系奉旨所放之噶伦，仍应照旧留二人办理噶伦事务。所有布隆赞一缺，应选放深晓黄教喇嘛一人为噶伦，并共同办理事务，庶于一切僧俗均有裨益。但查得现在噶伦内，班智达系公爵，其余均系奉旨赏有扎萨克头等台吉职衔，新添设喇嘛一名，若不赏给名号，似于他人体制未附，应上奏大皇帝，一体赏给扎萨克大喇嘛名号，庶得以与其他噶伦共同办理事务。

第二条：噶伦办理事务，应至合适之聚会公所办事。查旧例，噶伦会办事件，原有噶厦之公所衙门，后来颇罗鼐时，各噶伦均不赴公所，俱于私宅办事。又舍共同选放之卓尼尔、仲译等官员不用，各自将私人之仆人、随员任意增放卓尼尔、仲译等种种官职。故致卓尼尔★[1]罗卜藏扎什（罗桑扎西）一伙得以专横跋扈，任意纠合民众。今噶伦业已照例补放，自应遵照旧例，应办事件在公所会办甚为妥当。所有私行添放之官，尽行裁革，官放之卓尼尔等员中，能胜任者仍应用办事。凡地方小事务，众噶伦秉公会商妥善办理，凡遇看守边界者、驿站等需上奏请示之重大事件，务须遵旨请示达赖喇嘛和驻拉萨之诸大臣★[2]，酌定办理，钤用达赖喇嘛印章和钦差大臣印章遵行。嗣后，倘噶伦内仍有心术不正并不遵照章程办事者，准许其他噶伦晓于此事并举报其倒行逆事，以凭参奏治罪。

第三条：补放宗本、庄园主等官，不得由诸噶伦任意私放。查各处职员头目等官，有办理各自地方事务和教养百姓之责。自珠尔默特那木扎勒狂瞶逆行、乖张用事以来，各将伊之追随者由伊指名混行补放，但并不（亲往）到任，仅差各自之家奴一人，赴彼代办。由此而扰害地方百姓者甚多，于民生大属无益。嗣后补放类似碟巴职员等官，噶伦等务须秉公查办，共同禀报达赖喇嘛和驻拉萨诸大臣酌定，俟奉有达赖喇嘛并钦差大臣印信文书遵行。在现任职员碟巴中，如有家奴代办者概为撤回，另行补放。至珠尔默特那木扎勒被诛后，凡属逆党即伊之家奴任职者，均经班智达遣人换回，但一时仓促，暂行补放，如有人地不宜者，应行调换者，亦秉公奉出，禀明达赖喇嘛和驻拉萨诸大臣，另外选放。

第四条：官员撤换治罪，应酌定章程。查旧例，凡选任职员头目，均系血统高贵，胜任能干之人，如有不能办理事务，或任意犯法者，应秉公治罪。乃珠尔默特那木扎勒胡作非为，不分贤愚，擅将无辜之旧人，撤换治罪，没收其所有财产，以至是非颠倒，无不怨声载道。嗣后凡职员头目等官，犯有小罪，可行杖打和鞭笞，以为小惩。另外，盗窃抢劫等犯法者，需剜目、割手等处罚，噶伦等务须秉公办理。喇嘛和贵族、仲科尔等僧俗人等，若犯有没收财产和死罪者，噶伦、代本等务须秉公查明，分别拟定，请示达赖喇嘛并驻拉萨大臣指示遵行。

第五条：派选坐床喇嘛和堪布，应照旧例遵行。查旧例，各寺堪布、喇嘛均由达赖喇嘛查庙宇之大小，选择有学问，有知识之喇嘛派往。珠尔默特那木扎勒任事以来，竟任意私自补放调换，达赖喇嘛却毫无权力，甚属不合。嗣后，各寺之堪布喇嘛选派，或不能胜任坐床喇嘛的堪布需调换者，均应由达赖喇嘛酌定，噶伦等不许照陋规专擅办理。其喇嘛中遇有犯法者，噶伦等亦应秉公禀明达赖喇嘛，依达赖喇嘛指示遵行。

第六条：冗员宜行沙汰。查旧例，达赖喇嘛尊前始有卓尼尔、商卓特巴、森本、索本等上等职员。嗣后颇罗鼐封王后，亦照达赖喇嘛，给自己的随员增添上等职员的名目，加以任用。今噶伦并非王爵，若仍照此添放多官，不但非分，亦属僭越不舍，应查明一律革除。嗣后应照旧例，噶厦由卓尼尔二人、仲译等诸职员办理事务。

第七条：代本应添设一员。查旧例，噶伦办理地方事务，代本指挥军事、探查（敌情）、守卫边界，各司其职。后藏地方甚小，原设代本三名；卫地甚大，而仅设代本一人，一遇差遣病假，则地方各兵，无人领头。如代本达里札达什★[3]，被珠尔默特那木扎勒差往哈拉乌苏★[4]去后，因在拉萨无人领兵，致使逆贼罗卜藏札什，近期得以擅自纠合民众，扰乱地方安谧。今应新任代本一员，共同指挥军队，即或遇有差遣，拉萨尚可存留一人，探察地方（敌情），服侍和护卫达赖喇嘛。嗣后凡遇调遣军队，分布探察（敌情）、守护关隘者，均应遵旨，听候达赖喇嘛并驻拉萨诸大臣印信文书遵行。代本等仍不时留心守护地方而随时出发，如遇有应行防范事宜，亦即禀明诸钦差大臣指示遵行。另，后藏原代本章罗金巴★5查系无辜，被珠尔默特那木扎勒意欲杀害，私行革职，理应召回其人仍担任后藏代本，以示昭雪。

第八条：噶伦、代本应请颁给诏书。查噶伦、代本均系达赖喇嘛属下地域办理事务和指挥军队之大员，责任甚重，应各请颁敕书一道，以昭信守，以重体统。除现有并添设之噶伦、代本均查取花名，造册送部，奏请颁发外，嗣后遇有阙如，钦差大臣会同达赖喇嘛，拣选应放之人，请旨补放，仍报部一并颁给敕书。将来或有不尊奉达赖喇嘛，并犯法不能办理地方事务而应行革职者，由达赖喇嘛会同驻拉萨诸钦差大臣参奏，革除后，原颁之敕书，一体撤回。

第九条：属民等应禁止私占。查旧例，西藏一切百姓均系达赖喇嘛属下，按地方之大小，人户之多寡，各有一定差徭，以供黄教佛事，并备众僧熬茶之用。自颇罗鼐、珠尔默特父子办事以来，任意私自占领抢夺，对其嘉许之人滥行赏赐者甚多，对嘉许者擅发免差文书，对不满之人则增收名目繁多之新差税，以至百姓苦乐不均。噶伦、代本等应即共同查照旧档，如实因有益于政教声誉而奖赏者毋庸缴回外，其余珠尔默特那木扎勒任意无故私赏人民之文书，均因秉公查出，禀明达赖喇嘛撤回，以利于公用。其滥发之免差文书，亦因查明撤回，仍令其照旧当差。凡一切加派之差徭，亦应禀明达赖喇嘛，概行减免。俾百姓苦乐得均。嗣后，倘遇有诚心实意办事得力，应行奖赏之人，噶伦、代本等，即秉公禀明达赖喇嘛并诸钦差大臣，酌定赏给遵行。

第十条：乌拉牌票，应禀请达赖喇嘛颁给。查旧例，所有达赖喇嘛差役、乌拉牌票等，均由一切百姓服役。自颇罗鼐、那木扎勒任事以来，旧例废弛，凡噶伦、代本等，买卖差遣，派商人前往西宁、打箭炉、巴尔喀马★[6]、阿里等地做生意，均任意私自出牌票、派乌拉，一切食物取资于该地百姓，以致百姓差徭加倍，苦累不堪，因此而致流离失所者甚多，此风亟应革除。嗣后噶伦、代本等买卖差遣，不得擅行私出牌票，如遇公事有必需乌拉之处，务禀明达赖喇嘛发给印信遵行。其每日在附近处应役者，仍著噶伦自行出票办理。

第十一条：达赖喇嘛仓库存储物件，不得任意擅取。查旧例，原系仓储巴★[7]专管。遇有公事动用，噶伦等禀报达赖喇嘛，方可使用。开取封闭，俱以达赖喇嘛印信封皮为凭。自颇罗鼐、珠尔默特那木扎勒父子任事以来，任意私自享用，不但不禀明达赖喇嘛，甚至达赖喇嘛连取用一哈达之权都没有，甚属不合。嗣后应查照旧例，其零星物件仍令仓储巴经理，开启封闭，俱亦达赖喇嘛印信封皮为凭。遇有公事动用，噶伦等商议必须共同请示达赖喇嘛遵行，决不任意私自取用。

第十二条：阿里、哈里乌苏等处地方，甚关紧要，查哈里乌苏与青海相毗连，阿里与准格尔接壤，派往驻扎人员，必须拣选干练可信之人，庶几地方有益。向来选择根基深厚，素有名望之人派往，今应请达赖喇嘛选择派遣。仍将所派人员的名单，咨部奏恳圣恩，赏给号纸。以利探察（敌情）、守护边界（卡）者。

第十三条：达木★[8]蒙古，应遵旨安插。查以前颇罗鼐为使该蒙古成为哨兵，奏请由该王差遣管属，自珠尔默特那木扎勒被诛后，伊等因无人管辖，竟尔潜回达木。该蒙古等均系无罪之人，向来以游牧为生，与唐古忒★[9]习俗相异。近即遵旨询及彼等，彼等言情愿归（返）回达木定居，亦应听候差遣。自应仰体皇仁，善为安顿。以前原系编为八个佐领，惟是该头目等所有名号，或称宰桑，或称台吉，均系颇罗鼐、珠尔默特那木扎勒混乱加给职衔，于体制完全不符。应酌定将现有之头目八人，均授为固山达名色，属下仍选择八人授为佐领，再选八人授为骁骑校，俱照例给顶戴，递相管事，俱为驻拉萨（钦差）大臣统辖。每佐领抽出十人，共八十人留守拉萨，随时听候差遣，并护卫达赖喇嘛。其食用口粮等仍照旧例，从达赖喇嘛仓上支取，征兵、差遣哨兵等一切调拨，均依诸钦差大臣印信文书遵行，噶伦、代本等不得私自差遣。能否选任彼等为臣僚，俱由诸钦差大臣商明达赖喇嘛施行。每年细察该蒙古，如有勤劳恭顺者，酌加奖赏，倘有不遵法度者严加惩责。现住拉萨之蒙古，因其本地俱无牛马等牲口养赡，早在拉萨定居少数人，应查明存案，准其留住拉萨，以资养生。如此，有利于约束所有蒙古人，均得仰沐大皇帝之恩矣。

以上各条均遵照大皇帝之谕旨，是为卫藏僧俗百姓获得永久之幸福，由诸位大臣和达赖喇嘛商议，查析旧例，顺应民心，并求得班智达的意向，与其酌定诸等条款。彼等噶伦、代本、第巴、头人和一切僧俗尊卑仰念大皇帝之宏恩虔心尊奉谕旨，一心恭敬虔诚达赖喇嘛为至上。如今所有藏地平安幸福，享受着善资粮和福德，直至子孙之间获得各自应得之一份，即一切身家性命之自由。永久仰仗大皇帝之仁慈与赏赐，在达赖喇嘛的救护下生活。与此相违之犯罪行为，轻者将犯罪情况，禀明后革职处理，重者处以死刑。为此目的，特制定此长久制度，让大地直至终极之一切住户百姓家喻户晓，所有人等必须遵行不已，绝不准违犯。

注释

★ 1　此职为珠尔默特那木扎勒私自封之。

★ 2　即驻藏大臣。

★ 3　即达杰扎西 dar-rgyas-bkra-shis。

★ 4　即今那曲，地区名。地处西藏自治区最北部，与青海省、新疆维吾尔自治区接壤，西连阿里地区，南接日喀则地区和拉萨市，东部与昌都地区、林芝地区为邻，总面积为 38.9 万平方公里，辖那曲、安多、班戈、申扎、聂荣、巴青、索县、比如、嘉黎九县和那曲镇一镇。总人口约 28 万。1942 年西藏地方政府曾在此设立“绛恰基巧”（又称霍尔基巧），管辖藏北牧区和拉萨以北的 14 个宗。1950 年和平解放时为“绛曲基巧”，1956 年 10 月设立那曲基巧办事处，1960 年改设那曲专区，1970 年改名为那曲地区至今。该地区属藏北高原，地处昆仑山、唐古拉山和冈底斯山之间。地貌为北高南低，多高山湖泊，气候寒冷干燥。是西藏自治区的主要牧业区，另有少部分农业和林业，有耕地 8.4 万亩，森林面积 100 万亩。

★ 5　即江罗金巴 lcang-lo-can-pa。

★ 6　即巴尔康 bar-khams，康区中部或中康。

★ 7　即强佐巴 phag-mdzod-pa，又译商卓特巴。

★ 8　今当雄县。“当雄”，藏语音译，意为挑选的草场（滩）。该县地处西藏自治区中部，纳木错畔，拉萨北部。西与尼木相连，北与班戈县、那曲县为邻，东接林周县，南接堆龙德庆和曲水二县。总面积 10 036 平方公里，辖 2 镇 6 乡 28 个村民委员会，总人口约 3.6 万。明末固始汗带领藏、回、维吾尔等民族共 500 多人进藏，五世达赖让他们挑选驻地，结果选定当雄，故名当雄。该地曾译作达木、党雄、达木蒙古八旗、达木八旗、达木牛厂、达木蒙古等名。相传当雄开始只有7户人家，每家都有姓氏。因该地水草茂盛，从西康的理塘、甲学以及安多等地迁来很多牧民。他们依据七户蒙古族的姓氏划分成8个部落，即曲考、窝托、果查、恩果、潘加、巴家、娃休、索布。固始汗以当雄为其夏宫所在地，并派兵驻扎，固始汗死后，当雄由其后裔管理。清时称当雄八部落为蒙古八旗。清乾隆十六年（1751年），清王朝将当雄蒙古八旗划归驻藏大臣直接管辖，每部落设有一甲本负责管理，同时配佐领“藏革”、骁骑校“坤都”各一员负责军事训练，每年派士兵83名到拉萨供驻藏大臣差遣和护卫达赖喇嘛。八部落统属当雄总管“基巧”，基巧由曲考部落的甲本升任。1913年，十三世达赖将当雄赐封给色拉寺，由色拉寺麦、且、阿巴三大扎仓轮流派出僧官充任基巧，治理当雄，征收差税，每三年为一届。民主改革前，县境内分为三宗四部落，三宗即当雄宗、白仓宗、羊井宗。四部落原隶属热振寺管辖。1959年合并三宗四部落建当雄县，隶属拉萨市管辖至今。

★9　即西藏。

拾捌

《新订西藏章程二十九条》（《“钦定藏内善后章程”二十九条》）

解 题

1788年，尼泊尔的廓尔喀军入侵西藏，一度占领济咙、聂拉木、宗喀等地。乾隆皇帝派理藩院侍郎巴忠赴藏查办，成都将军鄂辉率领3 000官兵随后入藏。但巴忠到拉萨后，私自派人与廓尔喀媾和，答应西藏每年赔偿“地租”9 600两，廓尔喀撤兵。巴忠隐瞒实情，谎报战功。但以八世达赖喇嘛为首的西藏地方政府不承认协议，拒不付银。于是，1791年7月，廓尔喀以西藏地方拒不执行条约为名，再次派兵侵入西藏。巴忠畏罪自杀。1792年初，乾隆皇帝派福康安为大将军、海兰察为参赞大臣，率领各族官兵赴藏，彻底将入侵的廓尔喀驱逐出境。巩固了祖国的西南边疆，解除了西藏人民的苦难。此后，乾隆对藏务作了具体指示:(1)在藏内的巴勒布人,愿留者,编入户册作为藏内民人,不愿留者,押送出境。(2)统一藏内钱币。(3)疆界划定以后,廓尔喀人不许逾越,藏民亦不许私往贸易。(4)驻藏大臣向驻前藏,于后藏事务鞭长莫及,嗣后应分驻一员后藏,遇有事务,就近办理。最后乾隆还特别叮嘱福康安"当会同驻藏大臣,将应办各条,参酌损益,妥协办理,以期经久"。隔了五天,他觉得"前旨尚有未详尽之处,今思虑所及,再为逐条开示"。计为六条旨意:(1)关于金瓶掣签制度。(2)关于前后藏的财政管理。(3)关于驻藏大臣的地位与职权。(4)关于西藏边卡的设置与管理。(5)关于廓尔喀人抢掠扎什伦布寺财物的处理。(6)关于前后藏财政统归驻藏大臣综理及其使用原则。1793年,福康安根据乾隆的旨意,会同驻藏大臣、达赖、班禅等,共同制定颁行了著名的《"钦定藏内善后章程"二十九条》,对西藏地方的方方面面都以法律的形式做了明确的规定。

《"钦定藏内善后章程"二十九条》是乾隆皇帝前后颁发十条旨意的核心内容,它的制定与颁发提高了驻藏大臣的权力和地位,规范了金瓶掣签确定西藏和蒙古地方的活佛转世灵童等一系列制度。此外,它的颁行标志着清朝在西藏地方的施政由最初扶植藏传佛教的格鲁派,安抚蒙藏,防止准噶尔统治阶级的侵扰,发展到清军驻藏,设立驻藏大臣的最高阶段,这是历史发展的必然结果,亦是西藏历史发展的转折点。《"钦定藏内善后章程"二十九条》是一份具有重要意义的历史文献。它总结了元朝以来历代中央政府对藏施政的经验教训,对中央政府的治藏政策进行了重大改革,标志着清朝对西藏的主权管辖达到了较为完善的法律化阶段。

《"钦定藏内善后章程"二十九条》是一部具有深远历史意义的清代治理西藏的法典性文书。然而,目前社会上却出现和流行着内容差异很大的两种不同版本,即原藏于拉萨大昭寺的《水牛年文书》中辑录的《新订西藏章程二十九条》和西藏自治区档案馆编《西藏历史档案荟萃》中公布的《钦定二十九条章程》。此译文是通过对“章程”形成的背景和过程等系统研究，以及对两种版本的藏文本及其汉译本逐条进行对勘后形成的。

译　文

钦命太子（太保）、武英殿一等嘉勇公、大将军福钦差★[1]文渊（源）殿大臣、礼部阿里安班★[2]（孙）★[3]、钦差兵部★[4]阿里安班、四川总督惠★[5]、钦差驻藏办事大臣、工部尚书和★[6]、钦差驻藏帮办大臣陈等发函:

近日本大将军已上奏朝廷。关于新建西藏规章制度之告示二十九条★[7]奏书抄本陆续呈上,（详情）如本所述。若其★[8]时隔久远，恐遗失无存，实难重新办理事务，故今又呈函提及此事,（敬请）达赖喇嘛并济咙呼图克图依条款要点之精神，即刻下发至噶★[9]、代★[10]、宗★[11]、谿★[12]，令大家永恒保持。如有依然不尊奉,违犯行为者,则严惩不贷。特此送呈。此处将关于新建西藏规章制度之告示二十九条一并呈上。乾隆五十八年二月。

第一条:关于如何认定活佛。各自寻找确切灵童后,问卜于四位护法,将凡是书写有疑点之灵童的姓名及出生年月的木牌均置于御赐金瓶内,选择学问高深之喇嘛，共同祈祷七日。随之邀集众呼图克图，并同驻藏大臣一起，于佛祖释迦牟尼金身像尊前，正式进行（掣签）认定。另外，如若四位护法皆异口同认，可将书有其姓名之木牌和一无字之木牌一同置于金瓶内，假如掣出无字木牌，就不能认定（其为活佛），而需另寻灵童★[13]。像佛子一般之灵童认定，需将其名以满、汉、藏三种文字书写于木牌上，以便更加获得众人之信仰。

第二条：由于朝廷官兵进军边境，迫使廓尔喀人跪拜投降，西藏才获得安谧。按照常例，由边境各外藩派遣前来拉萨之商人，只要他们遵守规矩，照旧准许其去留（行住）。边境外藩及克什米尔等商人，必须进行登记，造具名册呈报驻藏大臣衙门备案。准许尼泊尔商人每年来藏三次，克什米尔商人每年来藏一次。各该商人无论前往何地，都需要该头人呈报驻藏大臣衙门，按照该商人所经过的路线签发路证。经过江孜、定日的商人，需由（驻扎该两地的）新派官兵检验路证。从边境返回的（外）人，如上所述也要进行调查，将人数呈报（拉萨驻藏大臣衙门批准），（该外人）到拉萨后，需要进行登记，并受检验。另外，由不丹、哲孟雄、宗巴等（地）前来拉萨的（外人），如上所述，也要（呈报）情况，并由各边境首脑进行调查。噶厦政府派往尼泊尔修建佛像和朝圣的人员，由驻藏大臣定期签发路证，如逾期不能返回，（由驻藏大臣）行文给廓尔喀王，等候（返回）。

第三条：西藏银制章卡★[14]历来掺假甚多，今后一律不得掺假，并依旧制，每章卡重量须为一钱五分。以纯银章卡六枚兑换汉银一两。汉银一两中所差一钱，可作为铸造费用★[15]。现规定（藏政府）所铸未掺假之纯银新章卡和廓尔喀所铸未掺假之纯银新章卡一样，其比价一律以上述为标准。凡是掺假章卡，不分新旧，每八枚章卡兑换汉银一两。今后，新章卡不得有丝毫掺假。

第四条：关于新建驻军事宜。前、后藏各驻 1 000 名，江孜、定日各驻 500 名，共驻 3 000 名。其（兵员）由有关各地征调。每 500 名（兵员），由新任军官代本一名（指挥）。拉萨藏军总司令由汉官游击担任，日喀则、江孜、定日等（藏军）总司令由日喀则汉官都司担任。以上驻军新建之兵员名册，一份存驻藏大臣衙门，一份存噶厦。名册中如兵员死亡等故发生缺额时，即刻依名册加以补充。

第五条：以前军队首脑只是代本而已，现代本以下设如本 12 名，如本每人指挥 250 名（兵员）；如本以下设甲本 24 名，甲本每人可指挥 125 名（兵）员；甲本以下设定本，定本每人指挥 25 名（兵员）。以上人员均需挑选年轻有为者来充任，并发给执照。代本出缺时由如本中升补；如本出缺时，由甲本中升补；甲本出缺时，由定本中升补，以此类推，逐级升任。即使是贵族、仲科尔（家庭）出身，亦依上述逐级升职，而不得登高。据传有一种普通百姓不能担任定本的旧规，今后无论何人，如有凭借各自的智慧才能胜任者，准许其逐级升任，而不得有任何阻拦。

第六条：（征兵来的）众兵丁，向来无发给薪饷和武器之惯例。今后每人每年应发青稞二石五斗，共发七千五百石。上述粮食紧靠前、后藏之田赋收入显然不够支付，而须从沙玛尔、仲巴呼图克图以及丹津班珠尔等田产中支付，如还不足，可将沙玛尔罗桑坚班的什物尽行变卖，便可足以支付。对受征调之兵员，烦请达赖喇嘛赐给减免差役之执照。各代本因彼等有属于各自之庄园，就无薪饷之必要。今后，各如本每年应发白银三十六两，各甲本二十两，各定本十四两八钱，每年总共应发白银二千六百两。时分春秋两季，各由（西藏政府交给驻藏大臣发放）。

第七条：兵员要适当装备武器。其总数之十分之五配备火枪；十分之三配备弓箭；十分之二配备刀矛。在前、后藏所有寺院内寻找（武器）后，对一切能用之武器按价收购，武器费用由沙玛尔牧场之五百五十多两银圆收入中支出。火药等由政府派妥员赴工布、边坝等地寻找办理。兵员还需妥善操练演习。

第八条：达赖喇嘛和班禅额尔德尼的收入及开支，因其亲属随员等掌管，中间难免有出入。现遵旨，今后由驻藏大臣审核，于每年春秋两季各呈报一次。

第九条：正如一切佛胸怀众生一样，达赖喇嘛莅临众僧团体中，讲经说法，恭敬僧众，亦为众生之幸福。对所属众百姓亦应慈悲为怀，予以爱护。因贼害人，使民众深受磨难。最近决定：减免吉隆、绒夏、聂拉木等地百姓之一切大小力役租税★[16]，为期两年。亦减免宗喀、定日、喀达、从堆等地百姓一切大小差徭，为期一年。从今以后，免去前、后藏所有（百姓）铁猪年以前所欠差税。僧俗官员、各宗、豁在职人员等，所欠差税减免一半。此乃造福西藏之唯一良策。

第十条：驻藏大臣除为例行衙门公事而前来布达拉宫外，其他一切事务，由达赖喇嘛、班禅额尔德尼及驻藏大臣平等商议。首席噶伦、西藏之首脑要人、喇嘛以及所有大小人等均听从于驻藏大臣的指示。扎什伦布的事务，由索本堪布主办。凡事为求得公正合理，事先将情况呈报驻藏大臣，以便（驻藏大臣）出巡时研究处理。

第十一条：噶伦需要补任时，从代本、孜本、强佐中考虑各自的技能及业绩之大小，由驻藏大臣和达赖喇嘛选择二人（提名），上奏朝廷，由圣上任命。噶伦喇嘛之缺额，从大堪布中提名，呈请委任。凡需要补任代本，可从军营之如本中（提名），或边界宗本中选二人（提名），呈请委任，但不许贻误领兵及操演。孜本和强佐之缺额，由业仓巴、协邦★[17]、噶厦大秘书、孜仲（僧官）中选任。业仓巴和协邦之缺额，由雪巴、米本★[18]、达本中选任。雪巴、米本、达本之缺额，由各地宗本及噶厦卓尼中选补。业仓巴和雪巴等缺额，若是僧人，应从僧侣中选补，大秘书之缺额，由小秘书及噶厦卓尼中补任。大宗及边界各宗宗本之缺额，由小宗宗本中升迁。小秘书之缺额，由军营甲本和武官，或其他适当人选中补任。各宗宗本及小宗宗本之缺额，从一般仲科尔★[19]中补任。为利于办事，以边界（宗）为代表，所有大小宗通通登记造册。另外，僧官宗本，一向皆从达赖喇嘛的侍从中委派代理人，（提名）必须呈报驻藏大臣，除由驻藏大臣选派外，不许擅自委派代理人。噶厦卓仲★[20]一职虽微小，但平常需要他们辅佐噶伦办事，不可忽略，故需从俗官中能力较强者选任之。选任孜本两名和孜仲（僧官）两名，负责管理造币厂等等，凡上述所有选任一事，均由驻藏大臣和达赖喇嘛协商任命。除噶伦和代本上奏朝廷外，其余人员无须上奏，由达赖喇嘛、驻藏大臣颁发满、汉、藏三种文字之执照即可。草官、门卫、糌粑管理人、帐篷管理人、酥油税收者等（职务），均由达赖喇嘛自行委任。扎什伦布的强佐缺额，由索本★[21]和森本★[22]中充任。索本缺额，由孜仲（僧官）中补任。森本缺额，由卓尼中补任，依次递升。因扎什伦布的辖区面积小，“道路乌拉”★[23]之派遣，可依照旧例行之。强佐、索本、森本、大宗宗本等，须依前藏之制度，由驻藏大臣和班禅额尔德尼商讨任命，并颁发执照，非重要之（普通）职务，可依照惯例充任之。

第十二条：如由达赖喇嘛之亲属办理事务，事情势必不周不全。今后达赖喇嘛和班禅额尔德尼在世时，各自之亲属不准办理事务。待圆寂后依诸亲属之能力，准其承担适当的事务。

第十三条：春秋两季，两位驻藏大臣轮流出巡后藏和巡视士兵操演。当地汉官和宗本等是否危害士兵、扰乱百姓等，如实呈报驻藏大臣。驻藏大臣出巡时，所用乌拉等，必须付给运费，不得扰乱（百姓）。

第十四条：以前凡由廓尔喀、不丹、锡金、宗巴等各外藩，派专人前来西藏献贡及办公事者，达赖喇嘛对彼等之复函，都有所不妥。诸如廓尔喀曾经利用章卡一事，制造舆论，因未能对其一针见血，果断回复，而酿成战争之祸。今后，凡是廓尔喀派遣专人前来向达赖喇嘛与驻藏大臣呈递信函者，其复信应按驻藏大臣之指示缮写，外方各地寄来的所有信件，亦须请驻藏大臣查阅。另外，因不丹、锡金、宗巴、落卧孟唐等诸藩属，好似两面派★[24]。彼等向达赖喇嘛和班禅额尔德尼献贡，均不得阻挠，但应认真检查。外方人员来藏时，各边界宗宗本须将人数登记后，呈报驻藏大臣，并由江孜和定日汉官进行检查。各藩属国给驻藏大臣的信件，准许驻藏大臣自行回复。达赖喇嘛等收到外藩信件如何回复，待呈报驻藏大臣后，可酌予回复。噶伦亦为汉藏之办事人员，不得私自向外方藩属通信，凡收到外藩之函件，一律呈交驻藏大臣，由驻藏大臣和达赖喇嘛协商回复，而不得擅自复函。

第十五条：吉隆、聂拉木、绒夏、喀达、萨噶、昆布等处边界与廓尔喀相毗邻，立即于吉隆彼处之日索桥、聂拉木彼处之樟木桥以及绒夏边界等地树立界碑，而不得延误。禁止尼泊尔人和藏人，随意越界出入，驻藏大臣出巡时，亦予检查。

第十六条：边界各宗需要有人承担管理百姓、检查来往行人等责任，实属重要地区。如若派遣无能之辈，只会贻误（大事），须由各小宗（宗本）和武官中择优选派。任期三年后，如办事妥善，成绩合格，可升任代本职务。如不合格，则予革职处分。

第十七条：以往选任官职，除仅仅从仲科尔中选任外，未曾有一般平民中选任之先例，即使（一般平民中）选任，最高亦不许超越定本和微小官职。如此行事，势必误（大事）。今后，凡从士兵中选任之智勇双全，有战斗能力者，非仲科尔家族，亦可由定本逐级升任至代本。如按旧例，即从仲科尔中选任，保持子继父职，势必招致损失。小仲译★[25]、卓尼★[26]、小宗宗本等，须委任年满十八岁以上者，不准选任幼小少年。

第十八条：所谓堪布，乃寺院之首脑。各大寺院之喇嘛★[27]等，都拥有大面积之寺庙庄园，并还经商谋利。今后，大寺院之喇嘛人选，由达赖喇嘛、驻藏大臣及济咙呼图克图共同协商确定。并发给加盖以上三位印章之执照。至于各小寺庙之堪布喇嘛人选，可依惯例，由达赖喇嘛自行决定。

第十九条：对于政府之税收，即以银两折交物品等，依照新定新旧章卡兑换之数，新章卡与旧章卡分别折收，而不得额外收取。

第二十条：于吉隆、聂拉木等地，抽收大米、食盐等物品之进口税，可依照惯例进行。但必须禀报驻藏大臣。丝毫不得增收。

第二十一条：查西藏众百姓的乌拉差役、单身汉之牛马差等，无论何种差徭，属贫困百姓之负担，尤为繁重，深受其痛苦。而诸富豪之家可享受免役执照之优待，达赖喇嘛诸等之亲属、众多大呼图克图均持有免役执照。噶伦、代本、大喇嘛等，所属谿卡之百姓，亦持有免役执照，减免差租。今后所有免役执照，统统收回，使众百姓之各类差役平均负担，如需特殊优待者，由达赖喇嘛和驻藏大臣发给免役执照。新兵入伍，须登记注册，并发给免役执照，如死亡等因缺额，其执照立即收回。

第二十二条：详细登记大小寺庙之喇嘛★[28]及僧侣人数之花名册。噶伦至各呼图克图所属百姓，亦详细填造花名册，呈交达赖喇嘛和驻藏大臣各一份，以为存档，以便今后检查。如有不领取护照，私自外出者，应予处治。

第二十三条：青海等地的官员，派专人前来西藏，迎请学问渊博之喇嘛（指活佛——译者）到各自地区（传法）诸等（事宜），以前呈报驻藏大臣或未经驻藏大臣等，各种情况都存在。类似情况，今后须由西宁大臣先向西藏呈报情况，然后由驻藏大臣发给通行护照，并发函通知西宁大臣，以便调查。赴各地朝圣之喇嘛，仍依上述，必须呈报驻藏大臣。待领取通行执照后，方可出行，而不得擅自外出。

第二十四条：依照旧例，凡来往派遣人夫乌拉★[29]，皆由达赖喇嘛赐予执票。但后来噶伦、代本及达赖喇嘛之亲属人等，却私自派用牛马差役，并收受干粮等各种必需品。今后彼等因私外出时，一律不得派用乌拉，亦不得擅自发给执照。因公需要时，须呈报驻藏大臣和达赖喇嘛，并领取加盖印章之执票，沿途依据执票派用乌拉。

第二十五条：在西藏，对于斗殴、杀人、偷盗等案件之处理方面，虽然本土之习俗及文件，与汉区不尽一致，但仍可按照惯例进行，强调必须依罪情之大小，分别处理。如此行事，更使民众信服。近来，噶伦、米本等官，不予秉公办事，而额外收受罚金，从豪门中收受更多。他们所收之金、银、牛、羊等不计其数，并一概不交政府，据为己有。更有甚者，噶伦等官以势加罪于无辜弱小平民，并禀报达赖喇嘛，没收财产者，屡见不鲜。从今以后，将按旧规所罚金额，必须登记造册，一律呈交驻藏大臣。如需处治狱中之重犯，必须经过驻藏大臣同意，没收财产，亦禀报驻藏大臣后，酌予处理。无论于公于私，凡遇于公堂者，都应秉公办事。噶伦中如有依仗权势，抢夺百姓财产者，必须对其进行撤销噶伦职务，并没收所有财产之处罚。

第二十六条：操练官兵所需之弹药，由噶伦派遣妥靠人员，携带驻藏大臣（衙门）之加印公文，前去工布地区制造，随即将（弹药）运至拉萨后，发给各（军营）。后藏地区向无火炮（gnam-lcags），现从新造十三门火炮中，留下两门给予后藏（军队），以供操演射击用，其余一律上交布达拉宫。

第二十七条：依照惯例，噶伦、代本上任，达赖喇嘛拨给公馆及庄园，卸任时移交给新任者。但个别噶伦，让家属承袭不交，（公家）亦由别处调拨。从今以后，一旦卸任，随即移交给新任者。

第二十八条：依照惯例，喇嘛★30、僧侣之薪俸，应按期发给，但据查提前发给、领取者甚多。今后只许如期发放，而不得提前。如有类似提前发给或如数不发给等情，由济咙呼图克图追查后，对其带头者，予以惩治。

第二十九条：西藏各地百姓应交之差役、地租及实物等赋税，于近邻各地，由僧官催征，远方则派遣俗官催收。查个别僧俗官员及宗本，将每年所收之税收，全部不上交（中饱私囊），而造成逐年积欠甚多。甚至，他们提前催征来年之差税，逼迫在家户承担逃亡户之税，摧残百姓至极。今后，依定期由僧俗官员和宗本，如数催收每年之赋税，不得提前催收（来年赋税）。对逃亡百姓，应予减免，如有故地重返者，照常征收。

注　释

★1　即福康安。

★2　阿里安班为满文，意即尚书。

★3　即孙士毅。

★4　即军机处。

★5　即惠龄。

★6　即和琳。

★ 7　即藏内善后章程二十九条。

★ 8　其指奏书抄本。

★ 9　即噶伦，原西藏地方政府最高行政官员。通常为 4 名，官阶为三品。清乾隆十六年至嘉庆九年（1751—1804 年）期间，设 3 名俗官噶伦和 1 名僧官噶伦。嘉庆九年至光绪四年（1804—1878 年），噶伦全由俗官担任。光绪四年至二十年（1878—1894 年），设 4 名俗官噶伦和 1 名僧官噶伦。1894 年以后恢复为三僧一俗。噶伦之间地位平等，不设主席，资深者仅在威望和仪式次序上优先。噶伦的职责为集体讨论各种行政事务及官员任免等，并呈报达赖喇嘛和驻藏大臣批准执行，办理达赖喇嘛交办的事务，偕同驻藏大臣外出巡视，检阅各代本军队。地方政府各机构分管的收支、物资管理、征派差税、案件审理等事务，均须经噶伦讨论批准。遇有关系全藏的特别重大事务，由噶伦和基巧堪布商议后，再交仲孜会议商定，呈报达赖喇嘛。俗官噶伦通常只有担任过孜本、商卓特巴的少数显贵家族的子弟才能升任，因此，被认为是原西藏地方政府中最重要的官职。

★ 10　即代本，藏语音译。原西藏地方政府藏军军职官衔，相当于团长，旧译戴琫。清乾隆末年，始确定每一代本辖兵 500 员，下分两个如本管辖，每个如本辖兵 250 员，后来逐有扩充。代本官阶为四品，必须是贵族出身。代本由地方政府赐封庄园 1 个，称为“达豁”，即代本的薪俸庄园，庄园里的土地、农奴、房屋都为代本在职时占有。此外地方政府每年还发给代本藏银 900 两（后增加到 9 000 两，15 两相当于 1 个银圆），代本还可用 10 名士兵当佣人。代本除有权指挥所属官兵外，还有权对违抗劳役的士官鞭打或关监牢。代本的升迁，按乾隆五十八年（1793 年）颁布的《钦定藏内善后章程》（29 条）规定。代本出缺时，由如本中升补，或从边界宗本中提出两个名单，呈请选择委任。代本在噶伦缺额需要补任时可升补噶伦，但必须由驻藏大臣和达赖喇嘛共同提名并呈报皇帝选择任命。

★ 11　即宗本，亦称为“宗堆”。原西藏地方政府派往各宗主管该地行政事务的地方长官。重要的宗可设两名宗本，通常是一僧一俗，或两人均为俗官，小一些的宗通常只设一名宗本，或僧或俗。宗本的官阶从七品至五品不等，任期通常为三年，少数为四年一任。宗本的职责为摊派差役、征收赋税、维持宗内社会秩序并审理本地区发生的民事案件。有的宗本特别是大贵族年轻子弟任宗本者，并不亲自到任，自己住在拉萨，而派一名涅巴（管事）到宗内代理。宗本在任内，所有供给全由本宗负担，有的宗拨给若干土地作为宗本薪俸地，派差民耕种，薪俸地收入扣除种地差民的工资外，一部分作为宗本的薪俸。宗政府设秘书（仲译）、康涅（管房屋者）、信差等办事人员管内务，每年亦有固定工资，另设佐扎、根布等地方头人管外务，负责征税派差等。因各宗内分布政府、贵族、寺院的庄园，农奴都有自己的领主或列空管辖，与宗政府的关系并不大，所以宗本行使职权往往要与各领主的代理人和地方头人协商，实权并不太大，事务也不很多。各宗征收的应上交地方政府的粮税，经宗本与地方政府派来的粮库官一起验收入库盖印封存，由宗政府负责保管，以备地方政府需要时调用。

★ 12　即谿本，庄园主。旧时西藏地方农奴制庄园的实际管理人。各类庄园的情况差别较大，地方政府占有的庄园往往由政府派低级官员管理，贵族占有的庄园往往由其亲属或亲信管理，寺院占有的庄园由寺院派僧职人员管理，出租的庄园由承租人经营。故有的“谿堆”又称“谿本”，有的称“涅巴”，有的是领主的代理人。谿堆的职责是组织管理庄园的生产，监督农奴劳动，登记收支账目和债务，征收和上交规定的租税。

★ 13　指寻找灵童仅一人。

★ 14　藏银硬币。

★ 15　六枚章卡只等于九钱汉银，一两汉银还差一钱。

★ 16　力役租税，rkang–vgro–lag–vdon 即差徭。

★ 17　管理刑事者。

★ 18　mi–dpon 原西藏地方政府监视拉萨市民的官吏，即市监民。

★ 19　仲科尔，意为俗官。

★ 20　卓仲 mgron–drung 是卓尼和仲译之简称，意为知客及秘书。

★ 21　即司膳，负责饮食的官员。

★ 22　侍寝官，负责生活起居的官员。

★ 23　即由人畜支应运输、劳作等徭役。

★ 24　意为他们既想倾向于廓尔喀，又想倾向于西藏，左右不定。

★ 25　仲译，意为秘书。

★ 26　卓尼，意即知客。

★ 27　即堪布，意为住持。

★ 28　指活佛。

★ 29　乌拉，意即徭役。

★ 30　即上师。

拾玖

《止贡菩提寺之法律》

解　题

止贡菩提寺亦称止贡梯寺，位于西藏自治区墨竹工卡县东北部。南宋淳熙六年（1179年），由藏传佛教噶举派止贡噶举创始人止贡巴·仁钦贝主持兴建，是噶举派止贡噶举的主要寺院。止贡梯寺建成后由居热氏家族管理，初四代时，居热氏家族主要掌管宗教事务。止贡被封为万户后，居热氏家族成员成为止贡噶举派首领，兼万户长，集政教权力于一身。这一派从创立起就拥有很大实力，元朝初年得到忽必烈之弟旭烈兀的扶持。13世纪晚期因与萨迦派不合，被以萨迦万户为首的兵力所败，寺院被毁。至14世纪中叶，实力逐渐恢复，但因与其他万户联合攻打帕竹万户，被帕竹万户兵力打败。至15世纪，止贡噶举重新抬头，著名高僧旺仁波钦·仁钦巴杰被明成祖封为阐教王。16世纪，止贡噶举派在与格鲁派的斗争中失利，接受格鲁派的管辖。从此这一派采用了活佛转世制度，一直延续。他们的主要法门为“大手印”。

《止贡菩提寺之法律》是止贡梯寺的二十九世堪布丹增白玛坚赞晋美赤列于藏历水狗年（1802年）写于止贡梯寺的扎西蹴宫。是时，丹增白玛坚赞晋美赤列大师面对寺院的“颓废萎靡之相”，清除颓风，拨正戒行，清除秽行，制定了此法律。此法律对僧人的日常生活及宗教活动做了具体要求，例如“静修之时，言语中不能夹带有谎话、离间之语，不能在寺院中闲逛，不能经商，不能在任何场合讲论无稽之谈，不得做坏事”等。此外，对违法者要根据情节的严重程度做出不同的处罚，例如“若在寺院和僧舍中发生口头争执或打架的话，就要罚熬僧茶，磕头百次，为上师磕头三次，为僧众敬献哈达；若发生扔石头、扭打的话，就要罚熬僧茶，磕头三百次，到佛殿敬献哈达和礼拜，为上师磕头五次，为僧众磕头三次；若发生用刀伤人事件的话，则罚熬僧茶，磕头一千次，到佛殿敬献哈达和礼拜，为上师磕头七次，为僧众磕头五次。饮酒和抽烟会腐化人们，所以要禁止。若骑马前往寺院的话，则罚熬僧茶，磕头三千次，到佛殿敬献哈达和礼拜，为上师磕头九次，为僧众磕头七次；若发生乱伦行为的话，则罚熬僧茶，磕头一万次，到佛殿敬献哈达和礼拜，为上师磕头十三次，为僧众磕头九次”等。此法律的制定有效地制止了僧人胡作非为的恶习，对管理藏传佛教寺院起到了积极作用。

译　文

自性至此圆满离戏皆太平，
各种持相遍及星空法相中，
无障幻化慧言显示诸幻术，
向俱七法胜者金刚持★[1] 顶礼！
无数贤劫直至色究竟天界，
同时显现明慧意想圆满身，
此界通晓十二宏化至尊师，
释迦牟尼诸佛之顶光普照。
为了破除邪见亮明灯，
圣者龙树仙居上天界，
广持众贤至尊所持相，
无比日达纳什（ratana-shri）所护持。
怙主您的教理如白伞，
直至星空没有毁灭间，
指引世间众事引正道，
揭示灭与幻变之真理。
噶举教法犹如空中宝，
虽被魔云密布所笼罩，
但因教规劲风驱晴朗，
利乐千幅光芒普今朝。

三千大世界中的南方赡部洲是两千佛的住心圣地，尤其是贤劫时期，释迦牟尼佛按序转法轮使佛法永远传承现今，在六道轮回中能投胎到幸福人而不依从佛法，那么人生就无益。尤其是作为皈依佛法的僧人，更应秉持习俗，要从身、语、意依佛法，而不能与普通世俗一样，被五毒、骄奢淫逸和贪恋财物等歪风侵害而陷入无底深渊。因而我们的上师们也在这方面再三强调，所以你们要从身和语内外对法的品行要严加修炼，尤其对自己修习《贝止贡巴钦波★[2]之根本佛法》（snying-po-dpal-vbri-gung-pa-chen-bovi-bstn-povi-rts-ba）之要义，这也在胜者教言阿魏草中提到，犹如三怙主的灵鹫山。以前先辈们称他们是观世音的后裔，在第十五饶迥许多僧人获得了证觉，尤为中十地菩萨之下到下心性领悟以上的成千的僧伽获得证觉。

外在寺院混乱和内在佛法日渐衰弱，遂使佛教出现萧条之景象，诸多僧侣缺乏应对之策而步入邪道之门，外不遵守戒律，内不重密咒誓言，如草芥一样被（信众）所抛弃。这背弃了《祖师问道语录》（pha-chos-za-mo）之要义，而且与佛法的要义相违。针对这个现象，众所周知需建立与之相反的并能与佛法相适应的法规。三怙主法王大止贡多杰对此教诫到："时光的增减与如今相应的四项法典各章节所言，为了佛法的兴盛、四方皆太平，摒弃广大信众对佛法的不敬和曲解、贬低，有益于自己福祉和下世的平安和太平与当今之福德，为遵守这种道德，我们要皈依于释迦门下，要自上而下遵从其教诲，要抛弃以下四种恶习，即杀生、偷盗、邪淫、欺骗。"其中十三僧残、重罪、堕落等要依照上下戒规之次第进行取舍。从最初入寺的皈依戒到出家后的沙弥戒，尚有二十岁必须受的比丘戒，要正确领会其中要义，严守一切教戒。

若要静修，必须开始修习《祖师问道语录》之五印法，修行时不以诵读的次数为重，而要得到修行、教诲的真实体验，特别是要真实体验甚深奥妙之“那若六法”★[3]。今后如何得到体验的结果非常关键，此外，若能生有深奥之“大圆满”★[4]等则为佳。特别是当静修之时，言语中不能夹带有谎话、离间之语，不能在寺院中闲逛，不能经商，不能在任何场合讲论无稽之谈，不得做坏事。无论在任何地方都要具有良好的品德，不能违背寺院的教规及教谕。凡参与寺院法会者，一昼夜的要求应是，早作为秉持修行五分念诵和修持，修习自己信奉之本尊，念诵传承的祷词和做仪轨；从打坐至睡前要尽可能做“朵玛”★[5]发愿、舍身积福、护轮、禅定之灌顶等回向祈愿。另具备符合各自根器的所有善行，不得受其他教派之影响。初学者要背诵所有仪轨、戒律及新旧隐语。在抛“朵玛”仪式时念诵的经文韵律、舞蹈、击鼓等要遵从本教派之传承，不能对上述持有争议和遗弃之思想。特别要爱护佛堂和大殿，尤其对各自的僧舍内外环境要爱惜，要清洁卫生。

当僧众用膳时，每当厨房的法螺号吹响，即二位僧侣吹大号三次后，僧众应马上聚集在一起。僧众应把法衣敷具放在肩上，大殿门口脱鞋后要统一摆放在门外，而不能带入大殿摆放在座席下面或后面。取茶之方式、聚会席中唱诵之音调以及老中青座席排位都要按照教规传承进行，而不能有自高自大、争抢上座之野心。要奠定新旧（密法）之基础，授沙弥戒的僧众需带齐及整理好法衣，大家诵经之时，要随从领经人的节奏，而不能持不正当之心及不念诵佛经。法会的仪式按照拉卜楞寺★[6]的手册去进行。虽然有施主念诵佛经之请求，但是必须按照自己的方式进行念诵是非常重要的。法会结束后，僧侣有序行厕，慢慢解散。

此外，寺院中所有老中青僧人皆应抛弃穿裤子、短褂、毛氅及非僧靴的各种鞋子的恶习。有的僧人不穿袈裟，而在腰间佩带长剑和腕套、毛巾、勺子等物，有的僧人留长发以及佩带箭等各类武器，甚至有的僧人赌博、玩棋子、君臣九对★[7]、转石等游戏。所有僧侣不能摔跤、赛马、跑跳、抱腹和背手走路，不可坐时伸腿以及说唱故事和歌曲。除了公事外不能因私事缺席法会。法会间不能大声喧哗、嬉笑、用石子打狗、吵闹和抛扔石头，不能在森林间调戏妇女、抓牛羊等，不能播种庄稼，在僧舍中饲养猪等，不能在夜间闲谈，不能砍伐寺院附近的大小树木，随意捕杀山里和河里的动物。不得在法会间和散会后随意取水，不能在散会后拥挤和嬉笑，法会间不能有碗的碰撞声音以及舔手指头和碗，吃饭时不能发出各种声音。

若违背了上述恶习中的一两条者，对未有无视教戒和教规者要适当进行教诲。如若抱有此寺院具有上下所属寺院此念头的话，这种不符合事实之想法就像小舟一样于水中随波逐流。若在寺院和僧舍中发生口头争执或打架的话，就要罚熬僧茶，磕头百次，为上师磕头三次，为僧众敬献哈达；若发生扔石头、扭打的话，就要罚熬僧茶，磕头三百次，到佛殿敬献哈达和礼拜，为上师磕头五次，为僧众磕头三次；若发生用刀伤人事件的话，则罚熬僧茶，磕头一千次，到佛殿敬献哈达和礼拜，为上师磕头七次，为僧众磕头五次。饮酒和抽烟会腐化人们，所以要禁止。若骑马前往寺院的话，则罚熬僧茶，磕头三千次，到佛殿敬献哈达和礼拜，为上师磕头九次，为僧众磕头七次；若发生乱伦行为的话，则罚熬僧茶，磕头一万次，到佛殿敬献哈达和礼拜，为上师磕头十三次，为僧众磕头九次，如若想继续留在寺院，则要接受教育、修习教戒，达到必要之要求，如若不想留在寺院，即办理离职手续；如若对活佛进行顶嘴或对僧众进行动手者，则要扣留其所有的财物并驱逐寺院。僧侣的所有大小事务及其行为皆要遵守规则，不应穿戴有别于僧人的上衣及各种鞋帽。“悦众维那”★[8]在法会期间要经常出席，不得无故缺席去较远的地方，尤其要多留意佛法和法律两方面的事情。当听到集体管家★[9]发生四次失败的情况时，要探究情况后依照教规认真执行。如若有总管违反上述条例，则罚磕头五百次；如若有“悦众维那”违反上述条例，则罚磕头千次。在定期法会等聚会和集合时，每夜要发愿念诵《心经驱魔》★[10]三遍，并念诵《降魔经》和《狮面母经》三遍。为了寺院的昌盛，诵经不能中断。老中青僧侣们须要对此教戒认真学习，吾佛祖释迦牟尼所有教法最根本的是：“诸恶莫做，众善奉行，自净其意。”此教言包含了所有蕴意，而且易思易懂，须铭记于心。

世间大海中之光明船，
三慧旗帜尽显三福意，
借虔诚奋进风之激励，
祈愿圆满抵达菩提寺！
佛法教戒如意无价宝，
虽被污秽沼泽所浸湿，
经过虔诚细心地擦拭，
祈祷福利光明复燃烧！
数头嚣张醉迷的小象，
试图毁灭教规白莲苑，
各种护法神灵显神通，
让来敌以头颅献祭礼！
利乐佛教洁白如皓月，
弘扬传承汇聚大功德，

僧众努力实践十法行，

祈愿众生获得大圆满！

上述是第二金刚座上下菩提院清规戒律解脱之舟，由止贡梯寺★11的二十九世活佛丹增白玛坚赞晋美赤列★12遍胜一切于壬戌年即水狗年（1802年）昴宿上弦月初一写于扎西蹴宫（bkra-shis-tshugs）。愿止贡丹增仁波切常驻于世间。

注　释

★1　金刚持，诸佛共主。梵文译作“伐折罗陀罗”。佛教典籍记载说为释迦牟尼讲演密乘所显现之身相。

★2　又称止贡巴·仁钦贝（1143—1217年），止贡噶举派创始人，出生于四川省甘孜邓柯地方。其家族世代信奉宁玛派，但他是信奉藏传佛教噶举派。6岁开始学习藏文，随父亲闻习佛法，9岁就讲经说法。青年时期家乡发生天灾，到康区以给人念经的收入维持生活。后听说帕木竹巴大师的盛名，准备了茶叶和马匹等礼物，前去找帕木竹巴大师，大师将帕竹教义教授给他，还传授给他一种特殊的密法。帕木竹巴大师圆寂后，止贡巴的名望日渐甚高，各地常有人请他去主持法会。25岁依贡塘喇嘛香格妥巴等受比丘戒。在郡卡隆寺叶巴杜大师身前闻习《律经根草》，由此成为戒律学精通者，主管丹萨替寺三年。37岁到墨竹工卡的止贡地方，把原有小寺扩建成大寺，起名止贡梯寺，他所传的教派也就被称为止贡噶举。弟子遍及于今天的阿富汗、印度、五台山等地。止贡巴一生严守戒律，曾得到许多大师的赞赏。

★ 3　古印度佛学家那若达巴所传修道六法，一说为脐火瑜伽、光明、幻身、中有、往生和夺舍；一说为脐火、光明、幻身、双运、往生和夺舍。

★ 4　旧密说心性自体性空为法身，自性光明为报身，大悲普照为化身，三身一切功德任运圆满，即是诸法真实理趋，故名大圆满。

★ 5　由糌粑捏成用以供神施鬼的食品。藏历新年每年举行送鬼仪式时，家家户户皆要把事先做好的“朵玛”抛到门外或大街上。人们认为这样做，即会把影响一家人健康、幸福的妖魔鬼怪全部驱逐出去，从而保证在今后的生活中得到幸福和安乐。这种送鬼仪式主要流行于西藏、青海、四川等藏区。

★ 6　藏语全称为“尕旦夏知布达尔吉扎西伊苏旗卫林”，简称“扎西旗”。初建后称为“拉章扎西旗”，后转音为“拉卜楞”，沿称至今。寺位于甘肃省甘南州夏河县拉卜楞镇。由第一世嘉木样（1648—1721 年）于清康熙四十八年（1709 年）始建。初建时只有闻思学院和下院，二世嘉木样（1728—1791 年）时建时轮学院，三世嘉木样（1792—1855 年）时建医药学院，五世嘉木样（1916—1947 年）建喜金刚学院、续部上院以及各种佛殿。后不断扩建，占地 1 300 余亩，共计有 6 大学院、48 座佛殿和活佛住所、500 多座僧院的宏伟建筑群，是藏传佛教格鲁派六大寺院之一。到 20 世纪 50 年代初，该寺共有僧人 3 400 余，其中活佛 68 人，僧官 564 人。寺内各学院均自成一体，每个学院均供有自己所信奉的佛像。闻思学院经堂是全寺最大的经堂，高 6 层，共 140 根大柱，可容 3 000 人诵经。前殿顶脊有宝瓶、法轮等，内供松赞干布像。正殿内有乾隆帝赐的“慧觉寺”大匾。还设有嘉木样和总法台的座位，另有释迦牟尼、宗喀巴和历世嘉木样塑像。后殿内供有鎏金弥勒佛铜像、历世嘉木样灵塔。该寺其他各经堂佛殿均藏有大量珍贵文物，弥勒殿中供有高达 8 米的铜质镏金弥勒佛、高达 5 米的八大铜质镏金菩萨像和金汁书写的《甘珠尔》。宗喀巴殿中的宗喀巴镏金像高约 12 米。该寺藏有 6 万余卷藏文典籍，是研究藏族宗教、历史、文化的珍贵资料。寺院每年的主要宗教节日活动有藏历正月的毛兰姆、四月的“娘乃节”、七月法会、九月禳灾法会、十月的燃灯节等。

★ 7　一种藏式棋。

★ 8　寺院中起腔领经讽诵经文的人和执掌清规戒律的人。

★ 9　管理寺院的总负责人。

★ 10　依靠讽诵《般若波罗蜜多经》，循声击掌以驱逐邪魔，禳解不祥的一种宗教活动。

★ 11　此寺位于西藏自治区墨竹工卡县东北部。南宋淳熙六年（1179 年）由藏传佛教噶举派止贡支系创始人止贡巴·仁钦贝主持兴建，是噶举派止贡支系（简称止贡噶举派）的主要寺院。寺主由止贡巴家族世代承袭。到元初，止贡噶举派势力强盛，曾与当时的萨迦派几度动戈。元至元二十七年（1290 年），萨迦派结集地方武力并请求元朝军队进藏，共同讨伐止贡噶举派，寺院亦遭破坏。14 世纪中叶，噶举派的帕竹支系（简称帕竹噶举派）得势，重管该寺并得以修缮。15 世纪初，藏传佛教格鲁派兴起，噶举派势力大减，因宗喀巴的宽容，该寺才得以延续，如今该寺建筑仍然保存完好。

★ 12　止贡梯寺的二十九世堪布丹增白玛坚赞晋美赤列（1770—1826 年），除著有此法典外，还著有《止贡法嗣》，全称《了义教藏怙主止贡巴汉嗣金鬘》，是止贡噶举派的重要史书。《止贡法嗣》成书于清嘉庆五年（1800 年），嘉庆八年（1803 年）重新修改校对，以手抄本传世，西藏藏文古籍出版社出版铅印本。这是作者根据止贡梯寺第十五任堪布公噶仁青著的止贡梯寺历任堪布传记、第二十二任堪布著的《宝鬘论》、第二十三任堪布著的《莲花束》、第二十五任堪布著的《法嗣白晶鬘》以及《华吾曲窘传》《青史》等著成的。作者运用大量的第一手资料，记述了谛洛巴、那饶巴、玛尔巴、米拉日巴、达波拉杰、帕竹多杰嘉波、止贡觉巴仁青贝以及从第一任止贡梯寺堪布格日哇到第二十九任堪布（作者）之间的历任堪布的详细事迹，叙述了止贡噶举派近600年的发展史。

附录一

从《十六法典》看旧西藏

周润年

西藏从1959年废除封建农奴制度以来，社会的发展获得了前所未有的进步，面貌发生了翻天覆地的变化。西藏社会进行了根本性的变革，封建的政治制度和经济制度被彻底废除了，占人口绝大多数的昔日农奴的人权状况较从前有了根本性的改善。但国外反华势力和分裂分子却否认这种变化，也否定西藏存在过农奴制度，甚至将西藏美化成一个"人间仙境""世外桃源"的极乐世界，把封建农奴制度说成是世界上"最美妙最神圣"的制度。那么旧西藏的情况究竟如何呢？现根据西藏古代《十六法典》，剖析一下旧西藏社会的真实法定权利，便于世人了解旧西藏的人权状况。

《十六法典》产生于17世纪初的西藏噶玛政权时代，噶玛丹迥旺布执掌西藏地方政权后，参考帕木竹巴时期的《十五法典》和《桑主孜法典》

以及许多不成文的地方法规，主持制定了《十六法典》，具体内容涉及藏族的军事、刑事、民事、政务、生产和生活等方面。这部法典不仅为巩固噶玛政权起到了作用，而且还被西藏后来的统治阶级所沿用，五世达赖统治期间制定的《十三法典》就是《十六法典》的承袭。尽管这些法典在条目、排列和解释等方面有所不同，但在内容上是大同小异，皆反映了统治阶级的立场观点以及三大领主的利益，并成为维护西藏封建农奴制度的一个重要工具。

一、保障农奴主阶级的政治特权，限制了农奴阶级的人身权利。

《十六法典》有着鲜明的阶级性，是维护封建农奴制度和农奴主阶级利益的。它立法的目的就是基于最大限度地剥夺占西藏人口95%以上的广大农奴和奴隶的权利，极力保护三大领主等封建农奴主的利益。它用权威的、不容怀疑的、不容申辩的法律条文来规定人们必须遵守社会秩序，使广大农奴和奴隶成为不死不活的顺民，从而满足统治阶级的需要。《盗窃追赔律》规定："凡盗窃王、官员、头人之财物，须罚赔原物之万倍；偷寺院僧人之财物，须罚赔八十倍；偷与己同等地位人之财物，须罚赔七倍至八倍或八倍至九倍不等。"★[1] 由此可见，盗窃赔偿的办法也主要依据官阶高低和身份贵贱来决定，这非常明显地反映了此法典保护农奴主阶级利益、镇压劳动人民的根本指导思想。

《十六法典》是以农奴主阶级的意志为转移的，农奴主们既是法律的制定者，又是法律的执行者，他们的意志就是法律，他们封赐的文书、命令，谁也不得违抗。但每当法律的内容同他们的利益发生冲突时，他们则可任意跳出这个范围，不受其限制，并可随心所欲地解释它和执行它。《伤人抵罪律》条中规定："伤人上下有别，民伤官，视伤势轻重，断伤人者手足。主仆之间，主失手伤仆，除治伤不再判罪，主殴仆致伤

无赔偿之说。”★[2]

在这种前提下，尽管统治阶级一般不可能卷入与被统治阶级的纠纷，但《十六法典》还是规定，若遇不同等级间的纠纷，高一级者在审理过程中要受到特殊的优待。如《听诉是非律》中规定："如果诉讼双方地位平等，就要到场当面对质；如果诉讼双方地位不同，则要采取侧面调查问讯等适当办法，而不可采取当面对质。”★[3]很明显这就是在审判过程中对统治阶级的特殊优待。诉讼双方对质是司法工作中最基本的程序，连这种最基本的程序上也要照顾统治阶级，那么在审判、量刑、执行等其他重要环节上统治阶级的特权就可想而知了。从上述法律的基本内容来看，非常明显地反映了该法典是为农奴主阶级服务的，它将社会的政治权利赋予了少数统治阶级，并极力维护三大领主的政治利益。广大平民百姓的一言一行、一举一动都要受到法律的约束和制裁，而统治阶级的所作所为都会得到法律的允许和保护。

二、维护僧侣贵族的经济利益，导致西藏社会贫富悬殊。

在封建农奴制时代，绝大多数的劳动人民没有生产资料，而且连人身都要依附于只占人口极少数的封建农奴主，西藏的全部土地和牧场以及依附在土地上的农牧奴都是属于农奴主的。三大领主(贵族、喇嘛、官吏)虽只占西藏人口的5%，可是他们占有西藏的全部耕地、牧场和绝大部分牲畜。有一首藏族民歌唱到："太阳照到的地方，是三大领主的地方；水流到的地方，是三大领主的地方；山影遮盖的地方，是三大领主的地方；农奴祖祖辈辈，没有一块立脚的地方。”农奴一无所有，而农奴主依靠封建土地所有制，通过地租形式(劳役地租、实物地租、货币地租)和超经济强制，占有农奴的所有剩余劳动。农奴主把大量肥沃的土地作为自营地，领种份地的差巴世代被束缚在贫瘠的土地上，在庄园管家的监督下，为领主无偿支应繁重的乌拉差役。此外，使用农奴主的草场，要缴纳草钱；在农奴主的山上砍柴，也要给农奴主纳税支差。封建土地占有制和农奴的人身占有是农奴制社会生产关系的主要特征，也是封建农奴制度的统治基础。在当时生产力和生产关系极其低下的情况下，统治阶级为维护封建农奴制度，制定出一整套向属民摊派、索取差税和罚金的特殊政策，并从法律条文上固定下来。《使者薪给律》规定："凡讨税者所到之处，纳税者除为官吏及随从人员缴纳狗、马、骡之费用外，还要令其提供一条羊腿和一驮货物。未还清差税之前，缴纳差税者须为官吏每日分两次分别供应大小羊腿各一条，同时要为所有的随行人员每日三次分别供应小羊腿一条、茶叶五包和青稞酒，每日要为每匹马、骡供应饲料二升，并支付膳后金一钱。若拖延缴纳差税，令其每日缴纳五升青稞作为脚钱。天数要从讨税者抵达之日算起，讨税者一旦离开纳税者之家门，即可无须支付脚钱，对于个别不服从差头之命令而拒绝缴纳差税者，讨税者要对其严加管制，且令其交出所有天数的脚钱。对于强辩喊冤者须处罚一钱黄金。"★[4] 旧西藏的苛捐杂税多如牛毛，如拉萨大祈愿法会期间，养马的人要缴纳养马税，酿酒的人要缴纳酿酒税，不梳发辫的女人要缴纳发辫税，下雪要缴纳扫雪税以及赎孽税、胡琴税、唱歌税、养花税、烟草税、水井税、池塘税，甚至连听留声机也要缴纳税。据统计，全西藏农奴租、税的负担量占整个劳动时间或创造的总财富的 40% 至 70% 不等，如扎囊县囊色林溪卡的剥削量占农奴总收入的 73.64%★[5]。沉重的差税负担，使许多农奴欠下"子孙债""万年债"，永远偿还不清。三大领主放债的年利息不一，有借七还八，有借五还六（即借青稞五藏斗，年底本息还六藏斗）。农奴中很少有不借债的，有的借债是为了借新债还旧债，有的是支付差税，有的因缺种子、口粮而借债，有的是遭受天灾人祸借债，还有的是三大领主强迫摊派的债务。“仅索康庄园的59户农奴中，就有51户借高利贷，负债数量共计青稞5 400藏斗（一藏斗为28市斤），大洋800元，藏银7 500多两。每年因欠债而沦为奴隶的就有十人。”★[6]旧西藏的差税制度逼得许多农奴妻离子散，家破人亡。解放前3.7万人口的拉萨，乞丐就有四五千人，这一并不遥远的历史，西藏人民仍记忆犹新。

三、保护封建农奴主的法律地位，否定了西藏广大人民的生存权利。

旧西藏，统治阶级与广大农奴和奴隶之间的法律关系是一种压迫与被压迫、剥削与被剥削的关系，封建农奴阶级的种种特权都要受到法律的保护，而广大农奴和奴隶在法律上被当作法律关系的客体。统治阶级为了巩固封建农奴制度，总是把社会成员按照其不同的阶级、身份、地位、职业等，而分为不同的等级，享有不同的权利和义务，并加以法权化和神权化，形成人们之间的不同法律地位。

在封建农奴制社会中，农奴主往往操纵、利用、掌握宗教，他们自己往往以“天神之子”或“神”自居，借助神的崇高威力来麻醉、统治、剥削、奴役人民。此外，农奴主把阶级统治、阶级压迫美化成充满“仁爱”“欢乐”的社会内容。因此，下属平民百姓必须把领主的所作所为皆看作是真理和善行，遵从听命，不可有丝毫的不从，倘若一旦违犯了佛（即农奴主）的旨意，就认为应该受到严惩。《重罪肉刑律》中明确规定“行五无间★[7]之罪孽者、抢劫上师和僧人及藏王之财物者、严重损害官方之名声者”★[8]等，皆要以重罪论处。在执法方面，僧人也享有特权，即神权高于一切，僧人高于俗人。在法律的具体实施中，宗教也介入其中。如在刑事诉讼案件中，审判法官一旦遇到难以辨别的事情往往借助佛的指点，求助于神的判决。执法者采用的方法是，首先命令诉讼双方在护法神像前发誓，并以自己崇拜、信仰之神作证。然后，让诉讼双方用手从烧沸的油锅里捞取石子，油锅里放有黑白石子各一枚，捞得白石者为胜，捞得黑石者为败。这种判决方法是毫无科学根据的，根本无法断定事实的真伪，致使许多奸猾不轨者侥幸取胜，无辜者蒙受不白之冤。同时，这种审判方法是十分残忍，骇人听闻的。

旧西藏社会生活的各个领域处处都能体现等级观念，即使执法时亦不例外。《十六法典》明确将社会成员分为三六九等，严格区分尊卑贵贱。同样的人身——生命的血肉之躯，在封建农奴制的法律中表现着完全不同的价值。《杀人命价律》中明确规定："人有上中下三等，每等人又分上中下三级。"★9 其中上等人包括藏王、大小活佛、僧俗官员和贵族等；中等人包括职员、僧人、商人等；下等人包括贫穷的农民、铁匠、屠夫、渔夫、猎人、天葬师、鞋匠和陶匠等人。与此相应，法律还规定各等级人之间的命价是有很大的差别的。对于上等人的命价，法律规定："上部雅孜王被霍尔所杀，其尸价与黄金等量；下部格萨尔王被丹玛行刺，至今命价尚未偿还清。"可见统治者的命价是无限的，而对下等人的命价则规定为："流浪汉、铁匠、屠夫等三种人，彼等命价值草绳一根。"不仅按等级规定命价，而且按等级量刑，对于上等人侵害下等人的行为，处罚则从轻甚至可免除刑事责任。而对于农奴、奴隶和下等人犯上的行为，轻微的罪行多半施以鞭笞。鞭笞往往当众进行，不论男女都得脱光衣服，用皮鞭抽打。较重的刑罚有"剜目、刖膝、割舌、剁肢、投崖、屠杀等"。一些刑罚令人难以想象，藏学家李有义教授在他 1951 年所著的《今日的西藏》一书中，向世人讲述了他在国民党政府时期曾在西藏任职时亲眼看见的一个奇特的刑罚，"一个做假金子的，被藏政府抓到了，就用一块石头和一把盐，让犯人抓在手中，然后把他的拳头用牛皮缝起来，用枷锁住晒在太阳底下，不久这人的手就被石头和盐把血水吸了出来，这人痛的一阵阵昏过去，大声呼救，两三天后这人的手和半截臂膀都枯了，成了残废。”★[10]旧西藏法律的惩罚是极为严酷和野蛮的，这些严酷的刑罚在被正式判定之前早已被付诸实施。《十六法典》的绪论中记载，噶玛政权机关驻地桑主孜宫殿的城墙等处，皆挂有“敌人的许多头颅、肠子以及被处以肉刑的罪犯之成串的眼珠、手臂等物，给人一种阴森、恐怖之感”。★[11]其实，酷刑不仅仅在《重罪肉刑律》中实施。按照《十六法典》的规定，所有司法程序都要借助暴力来完成。为了维护封建农奴制度的统治，镇压广大农奴的反抗斗争，农奴主们不仅依仗西藏地方政府的军队、法庭和法典，而且还私立法律，私设监狱和私备手铐、脚镣、木枷等。其刑具之多、刑罚之烈，让人震惊。据记载，旧拉萨司法机关朗子厦所使用的刑具就不下50种。其顶楼上是审讯、拷打农奴的法庭。楼底层是阴暗潮湿的监狱，在每一间牢房的墙壁上，都沾满了斑斑血迹，有的牢房生满了大小毒蝎。农奴被抓进魔窟，先是一顿毒打，打得皮开肉绽，鲜血淋淋，然后扔进监狱。在牢房里，忍饥挨冻，见不到一丝阳光，白天戴着脚镣、手铐，晚上用重木枷把几个、十几个人的脚连锁在一起，丝毫不能移动位置。由于病、饿、伤痛而惨死的农奴是不计其数的。★[12]可以说，旧西藏是世界上侵犯人权最为严重的地区之一。

综上所述，《十六法典》作为西藏封建农奴制社会的一部典型的法典，不仅反映了它的阶级性、残酷性、欺骗性，同时也反映了农奴主阶级的根本利益，以及对农奴和奴隶的政治压迫和经济剥削。在政治上，它保障了农奴主阶级的特权，限制了农奴阶级的自由权利。因此使农奴与少数统治者在人格上是不平等的，农奴在政治上无权，社会上也没有他们的独立人格；在经济上，由于农奴主与农奴的生产资料占有极不平等，导致了贫富悬殊，这就失去了农奴主与农奴人权平等的前提；在法律上，刑事诉讼及判决不是以事实为依据、以法律为准绳，而是根据等级来划分命价和量刑，这实际上就彻底否定了广大农奴、奴隶的生命权，因此，旧西藏广大人民没有任何人权保障可言。

旧西藏人民所受的政治压迫之深重，经济剥削之沉重，法律实施之残酷，是极其罕见的，而这一切的总根源就是封建农奴社会制度。这样的社会制度，难道是像国外反华势力和分裂分子所鼓吹的“最美妙最神圣”的制度吗？难道是一些不了解真情的外国人所想象的最后一个“香格里拉”吗？

注释：

★1　参见译著《西藏古代法典选编》的“十六法典”第十二条“盗窃追赔律”。中央民族大学出版社 1994 年 4 月版。

★2　参见译著《西藏古代法典选编》的“十六法典”第十条“伤人抵罪律”。中央民族大学出版社 1994 年 4 月版。

★3　参见译著《西藏古代法典选编》的“十六法典”第四条“听诉是非律”。中央民族大学出版社 1994 年 4 月版。

★4　参见译著《西藏古代法典选编》的“十六法典”第八条“使者薪给律”。中央民族大学出版社 1994 年 4 月版。

★5 《中国藏学》第 39 页，《试论西藏封建制度》，1988 年第 1 期

★6 《透视达赖》第 223 页，西藏人民出版社出版，1997 年出版。

★7　即一者害母，二者害父，三者害阿罗汉，四者破和合僧（指分裂僧团），五者恶心出佛血（指伤害佛的身体）。

★ 8　参见译著《西藏古代法典选编》的“十六法典”第六条“重罪肉刑律”。中央民族大学出版社 1994 年 4 月版。

★ 9　参见译著《西藏古代法典选编》的“十六法典”第九条“杀人命价律”。中央民族大学出版社 1994 年 4 月版。

★ 10 《今日的西藏》第 48 页，知识书店出版社，1951 年 5 月版。

★ 11　参见译著《西藏古代法典选编》的“十六法典”第九条“杀人命价律”。中央民族大学出版社 1994 年 4 月版。

★ 12 《透视达赖》第 247 页，西藏人民出版社出版，1997 年出版。

（原载《中国西藏》1999 年第 2 期）

附录二

关于新旧西藏人权状况

喜饶尼玛

从20世纪80年代末，西藏的人权状况就不断被人提起。尤其是西方少数人对此给予了极大的关注。那么，新旧西藏实际的人权状况到底怎么样呢？

一、旧西藏的人权记录

西方少数人和达赖集团在"替藏人争人权"的同时，把过去的西藏描绘成"人间圣土"。十四世达赖就曾说："过去我们雪域西藏在佛光的照耀下，人们安居乐业。"事实上，旧西藏是一个政教合一、僧侣专政的封建农奴制社会。那时，仅占西藏人口5%的三大领主却占有西藏的全部耕地、牧场、森林和大部分牲畜，而占西藏全部人口95%以上的农奴则一贫如洗、一无所有。那时的农奴除承担繁重的劳役赋税外，还必须向主人缴纳人头税★[1]，以表明他们的人身依附关系。藏语中把这种依附关系叫作“米杂”，意为“人根”★[2]。这些特定的词语反映着这种社会存在。农奴主占有农奴的人身，农奴成了其私有财产，被随意支配，如农奴主可以根据其属民的财产情况、劳动能力和年龄、性别等条件决定交换价值和标准。这里，我们可以举出一份旧西藏的契约来说明：

“在萨迦和拉孜各自属民中，未经正式嫁娶的达东杰布的两个妻子，亦即钦德罗之女儿，同经过正式嫁娶的郭努达娃之妻女进行交换。如双方均有证据，则不需补偿；如无证据，则需由双方根据损益对等的原则进行商议和换人。拉孜县属民，持续缴纳人役税（差役代金）的霞努白萨多吉与典康平措妻女四人进行交换，商定按双方器具大小、人口多少损益对等原则进行，萨迦寺收去的典康平措妻子的财物应予退还。……经拉孜县宗本与萨迦代表旺杰副官两人商定，奉上司之命，对上述人进行内部交换。为使今后双方无争议，特立此一式两份之契约。”★[3]

封建领主出于某种需要，还可以将其属民无偿或有偿地转让给其他领主。属民在被转让后其人身就完全依附于新的领主，这种转让属民的行为通常附有转让契约，这种契约在旧西藏的法律上同样是有效的。被转让的属民在转让后要无条件的为新的领主支付差役和缴纳税金。被转让的属民对此只能依从，不得反抗。广大农奴和奴隶丧失人身自由，还表现在他们可以被领主用于抵债。当属民欠债而无力偿还时，往往被迫把亲人送给债主以抵偿债务，买卖农奴的现象在旧西藏更是屡见不鲜。法国著名探险家、藏学家达维·尼尔曾三次到西藏，她对旧西藏农奴的苦难有着深切的感受。她在《古老的西藏面对新生的中国》一书中这样说：“我旅行时身上穿的是藏袍，开口讲的是藏语……因此他们很直率地同我讲话，毫无隐瞒地向我诉说着他们的痛苦与穷困，以及压在他们身上的苛捐杂税和沉重徭役，……像所有他们的同类人一样，这些农民都是可怜的农奴。他们没有权利，也根本不可能离开家乡，去寻找另外的土地和不过分苛刻的头人。他们中间有几个人也曾经逃到邻近的地区去，但最后还是被头人从新主人家抢出来带回村子，吃了一顿棍棒后被判罚巨额罚金。由于非常惧怕头人对亲属施行的惩罚，那些想逃的人也不敢再逃了。因为一人逃走，所有亲属就得遭殃。"★4 由此可见，旧西藏的农奴已不是作为人存在，而是被等同于物，根本无任何权利可言。

在旧西藏，广大农奴和奴隶之间的法律关系则是一种压迫与被压迫、剥削与被剥削关系，根本没有平等性可言。旧西藏的法典将人分为不同等级，严格区分尊卑贵贱，保护封建等级制度。《十三法典》和《十六法典》★5 都明确规定"人有上、中、下三等，每等人又分上、中、下三级。此中上中下三等系就其血统贵贱职位高低办事大小而定"。其中，上等人包括藏王、大小活佛和贵族等；中等人包括商人、职员、牧主等；下等人包括农奴、铁匠、屠夫等。在西藏档案馆内至今收藏着一份《不准收留铁匠后裔的报告》，档案明确记载，在过去凡是出身金、银、铁匠和屠夫等家庭的皆被视为下等人，不能在政府里做事，不能抛头露面，也不能和其他家庭通婚。1953 年，堆龙德庆县有一个铁匠的后裔在十四世达赖身边做事，当达赖发现他是铁匠的后代，便立即将其赶走。与此相应，法律还规定各等级人之间的"命价"是有区别的。"人有等级之分，因此命价也有高低"之别。对于王者的命价，法律是这样规定的："胡（尔）人杀害雅孜王，命价按尸量黄金；农民杀害格萨（尔）王，抵偿命价算不清。"可见，上等上级人的命价是无限的。对于中等人的命价，法律规定为"三百至四百两"黄金。至于下等人的命价，法律则规定："猎户、铁匠、屠夫等，被杀命价一草绳。"在封建法律划分的三六九等人中，广大农奴、奴隶和下等人的命价最低。"下等下级"的农奴受到残酷的剥削和压迫，根本谈不上有什么选举权、参政权、议政权、监督权等。虽然表面上噶厦也说，农奴可以上告违法的地方官吏。但告状首先要雇能写状纸的人写控诉状，还要找有权势的靠山，并要送大量礼物。衣不蔽体、食不果腹的农奴哪里还有能力去告状呢？从旧西藏政府机关情况看，我们完全可以说它就是一个"贵族的大本营"。西藏大贵族的子弟一出生，就获得四品官衔，十七八岁就可以出任旧西藏地方政府的重要职务。难怪英人查尔斯·贝尔说，贵族与僧侣盘踞着旧西藏政府的重要位置★[6]。

在刑事法律关系方面，不仅按等级规定命价，而且按等级定罪量刑。对于农奴、奴隶和下等人犯上的行为，法律的惩罚格外的严厉；而对于上等人侵害下等人的行为，法律则又另当别论。例如，下等人如果与上等人发生争执，则要拘捕下等人。"卑贱与尊贵争执者拘捕"（《十三法典》第三条）。再如，对于下犯上的行为处罚从重，而对于上侵下的行为处罚从轻甚至免责。"伤人上下有别：民伤官，视伤势轻重，断伤人之手足；主失手伤仆，治伤不再判罪。主殴仆致伤，无赔偿之说。"（《十三法典》第八条）五世达赖曾经发过一道谕令："拉日孜巴的百姓听我的命令……如果你们再企图找自由、找舒服，我已授权拉日孜巴对你们施行砍手、砍脚、挖眼、打、杀。"十四世达赖家族当年管理的一个小村庄，十年间就有十一个农奴被打伤致残，有的人重伤致死。这种事在当时的藏区是不鲜见的。

仅从上述旧西藏法典的各种条款便可看出，在旧西藏，广大农奴和奴隶与少数领主之间根本没有任何平等可言。同一法律关系中的不同行为不仅在适用法律上有区别，而且立法的基本精神和原则就是要确立和保护封建农奴主阶级的特权。法律公然将人划分为不同等级，对广大农奴和奴隶采取极其残酷的镇压手段。旧西藏不仅各级地方政府设狱办案，而且大的寺庙、农奴主、部落头人都可以办案，设立监狱。旧法典不但对广大农奴犯上的行为实行无罪亦罚、轻罪重罚的原则，而且刑法极为严酷和残忍。《十三法典》第四条“重罪肉刑律”中规定的肉刑有：挖眼、刖足、割舌、砍手、推崖、溺死等，这些残酷的肉刑都是用来镇压农奴和奴隶的。英人大卫·麦克唐纳在他的《西藏写真》中谈到当时的西藏法律时说：“西藏最严重的刑罚为死刑，而喇嘛复造灵魂不能转生之臆说，于是最重之死刑外，又益之以解体干颅之惨状。其最普通的刑法，凡遇死罪，即将犯人缝于皮袋之内，而掷于河中，以俟其死而下沉，皮袋在河面之上，约5分钟开始下沉，后视其犹有生息，则再掷沉之，迨其已死，于是将其尸体由皮袋取出而肢解之，以四肢和躯体投入河中，随流而去……其他苦刑，如将罪犯由山崖抛掷于大石之上，又有尸刑及凌迟刑，”他还谈到了断肢刑、剜眼刑、刺指甲刑等。★7 解放前，数不清的农奴和奴隶就是死在这些残酷的刑法之下的。

在宗教信仰领域，旧西藏民众也无自由可言。这表现在：

①农奴被迫支应一家数童得抽一童入寺当喇嘛的僧差。

②有的领主许愿或还愿新建寺庙，恐无人为僧或寺僧过少，强迫百姓为僧。

③一些农奴因生活所迫，不得不送子女入寺为僧尼。而这些僧尼便成为寺中的奴隶，并无多少时间参加真正的宗教活动。有人当了一辈子喇嘛，却连起码的佛教知识也不懂。

④旧西藏教派之间的矛盾是普遍的，当权者拉一派打一派，造成许多僧尼思想上、政治上受压抑，缺少安全感、自由感。

⑤妇女受歧视，许多寺庙禁止她们进入某些殿堂。

在封建农奴制下，西藏社会经济日益萎缩，农业耕作粗放，生产工具还是木犁、木锄；草场和畜类退化，疫病严重；社会文化长期停滞，新思想、新文化和科学技术被视为异端，文盲率达到90%以上。人民生活极端贫困，据档案记载，1950年的西藏没有住房的人占90%以上。仅3.7万人的拉萨，乞丐就有四五千人。全国政协原副主席阿沛·阿旺晋美曾说："记得在40年代，我同一些知心朋友曾多次交谈过西藏旧社会的危机，大家均认为照老样子下去，用不了多久，农奴死光了，贵族也活不成，整个社会就将毁灭。因此，民主改革不仅解放了农奴，解放了生产力，同时也拯救了整个西藏。"★[8]

二、新西藏人民的权利得到保障

自西藏和平解放以来，中央政府在考虑西藏工作时，着眼点放在广大藏族人民的人权上。正是从这个立场出发，维护和发展西藏人民的基本权利。

第一，中央政府以《十七条协议》为基础，根据《宪法》和《民族区域自治法》，在西藏建立了自治政权。广大西藏劳动人民行使了当家做主的权利，不仅与汉族公民一样，平等地享有中国所有现行法律所规定的权利，而且还享有特殊的权利，即实行民族区域自治制度。

西藏自治区自1965年成立以来，自治区人民代表大会及其常委会先后制定了290多部地方性法规和具有法规性质的决议、决定，对多项全国性法律制定了适合西藏特点的实施办法。例如，在执行全国性法定假日的基础上，西藏自治区还将"藏历新年""雪顿节"等西藏传统节日列入自治区的节假日。

在新中国，宪法规定：中华人民共和国的一切权利属于人民，人民行使权力的机关是全国人民代表大会和地方各级人民代表大会。西藏自治区年满18周岁的公民，不分民族、种族、性别、职业、家庭出身、宗教信仰、教育程度、财产状况，都有选举权和被选举权。人民代表汇集人民的意见和要求，提出各种提案，交给政府去办，充分保障了藏族和其他少数民族参与国家大事和地方事务的主人翁地位。2012年经过直接和间接选举产生的34 244名各级人大代表中，藏族和其他少数民族代表31 901名，占93%以上，门巴族、珞巴族、纳西族、回族、壮族等均有自己的代表。目前，在全国人大代表中，西藏自治区有20名代表，其中12名为藏族公民，门巴族、珞巴族公民各1名。★[9]

大力培养少数民族干部，是实行民族区域自治，解决民族问题的关键所在。实行区域自治的民族，是通过自治机关中本民族干部来行使自治权，管理本民族内部事务，实行当家作主的。同时，作为祖国大家庭中的平等成员，少数民族与汉族一道，参与国家事务的管理。目前，西藏全区干部队伍中，藏族及其他少数民族占70.53%，其中县乡两级领导班子中，藏族和其他少数民族占73.03%。★[10]

《中华人民共和国民族区域自治法》规定："各民族都有使用和发展自己的语言文字的自由"。★[11] 西藏和平解放以来，中国政府一贯重视藏语文在西藏各级各类学校的学习、使用和发展。1978年以来，中央召开的几次西藏工作座谈会，都强调藏语文的学习和使用。1987年7月，西藏自治区做出了《学习、使用和发展藏语文的决定》，明确规定在西藏自治区藏汉语文并重，以藏语文为主的原则。自治区政府还就教育上学习、使用和发展藏语文提出了实施意见。西藏的学校都使用藏语授课，而藏语文课是学生的主课。教育系统编译有从小学到高中的所有藏语教材和教辅书籍。自治区各种文件和发布的各种公告，各种公共场所标牌，以及法律诉讼案件，均使用藏汉两种语言文字。

普及教育是实现藏族人民当家作主权利的重要途径。旧西藏没有一所现代意义上的小学，占人口 95% 以上的农奴和奴隶被剥夺了受教育的权利，适龄儿童入学率不足 2%。如西藏一大贵族在达孜的庄园里，581 人中竟有 550 人不识字。识字的 31 人中绝大多数是领主、领主代理人及其子女，还有几个僧人。★[12] 自治区成立后，国家投入巨大的人力、物力、财力，2013 年，全年教育投入 108 亿元，增长 15%。全区劳动人口人均受教育年限达 8.4 年，基础教育不断巩固，高中阶段毛入学率达 72.23%，农牧民子女高考招生比例增至 60%。去年，西藏大学被确定为博士学位授予单位，标志着我区高等教育办学层次上了一个新台阶。西藏不仅有了自己的硕士、博士，而且有了一批享誉全国的专家、学者。★[13]

西藏不仅有了自己的硕士、博士，而且有了一批享誉全国的专家、学者。在今日的西藏，从小学到大学都实行免费教育。在中央政府的亲切关怀下，建立了农牧区中小学教育经费保障新机制，提高了义务教育保障水平。对义务教育阶段学生实行免收学杂费、免费提供教科书、作业本，对农牧区学生实行以“包吃、包住、包学习费用”为主要内容的“三包”政策。目前，“三包”标准提高到年生均 2 700 元，奖学金、助学金政策全面落实。★[14] 这里，我们可以举出一个例子，西藏江孜有一个叫班觉伦布的村子，当村里人被问及对孩子上学的满意程度时，除一户没回答外，22 户表示非常满意，21 户表示满意。★[15] 这个村子共出了几十名乡级领导以上的国家干部。可见，教育事业的发展极大地提高了西藏各族人民的科学文化素质，为群众参政议政创造了必要的条件。

西藏自治区尤为重视保护和整理藏族的文化遗产，发展、繁荣藏族文化。一大批尘封多年、鲜为人知的珍稀藏文古籍、历史档案等，得以重见天日。现在，西藏基层文化设施逐步完善，公共文化设施全部免费开放，群众文化生活日益丰富。百幅唐卡工程、百种藏汉文对照惠民图画书、大型实景剧《文成公主》等文化产品受到广泛好评，26 个文化艺术精品获国家奖项。广播、电视综合覆盖率分别达 94.4% 和 95.5%。藏语文社会用字规范工作成效明显，非物质文化遗产保护得到加强，新建贝叶经抢救保护基地，新增全国重点文物保护单位 20 处、自治区级文物保护单位 181 处。

西藏人民的宗教信仰自由和传统风俗习惯受到尊重和保护。据统计，20 世纪 80 年代以来，国家已拨款 3 亿多元及大量黄金、白银等物资，用于西藏寺庙的维修和保护。其中，对布达拉宫的维修，国家拨款 5 500 多万元，历时 5 年多，是几百年来耗资最多、规模最大的布达拉宫维修工程。目前，西藏共有 1 700 多座寺庙和宗教活动场所，住寺僧尼 4.6 万多人，各种重大宗教节日和宗教活动正常举行，每年到拉萨朝拜的西藏信教群众均达百万人次。★[16] 在拉萨、日喀则、泽当、昌都等西藏的主要城镇中，如今的标志性建筑依然是布达拉宫和一些金碧辉煌的寺院。西藏 200 多万信教群众拥有这么多宗教场所，这在中国其他省市绝无仅有，恐怕全世界也少有。★[17]

藏族群众在保持藏族服饰、饮食、住房的传统方式和风格的同时，在衣食住行、婚丧嫁娶各方面也吸收了不少新的现代文明元素，极大地丰富了西藏人民的生活。需要指出的是，现在国外有少数人对西藏文化的发展还有疑问，其实真正到过西藏的人就会清楚地看到藏族灿烂而迷人的文化得到进一步弘扬与发展。中国政府非常重视群众性的文化艺术事业，一年一度的拉萨雪顿节、日喀则地区珠峰艺术节、山南地区雅砻艺术节、那曲地区恰青赛马会等大型民间群众性文化活动，已日益成为全区性的民族文化传统节日。这些团体还多次出国，所到之处无不引起轰动。★[18]“我们欣赏到了具有西藏特色的舞蹈和音乐，感受到了古老而优秀的东方文化”，这就是看过西藏歌舞表演的一个外国人的评价。而流落国外的藏胞则激动地对我们的演员说：“你们演出的是地地道道的西藏民间传统歌舞。”★[19]

为了保障西藏自治区充分行使管理本地方经济建设的自主权，中央政府对西藏自治区的社会经济发展给予了特别的关怀，在财政、税收、金融等方面实行特殊的优惠政策，在资金、技术、人才等方面提供了大力支援。2013年，全年落实援藏项目384个、资金17.7亿元。援藏资金和项目管理得到加强，积极探索产业援藏新模式，援藏领域不断拓宽，援藏力度不断加大，援藏综合效益不断提高。★[20]

今日的西藏，经过近几十年的建设，已从封建农奴制社会飞跃到现代文明社会。广大藏族人民不再是依附于封建领主的农奴，他们的生活有了质的飞跃，成为社会的主人。古老的雪域高原充满了生机与活力。这里我想举几个数字来说明问题：据统计，2007年西藏农牧民人均收入达到2 788元，比上年增长14.5%，比2002年增长83.8%，比全国平均水平高出约7个百分点，2013年，西藏农牧民人均纯收入6 520元，比上年增长14%。农牧民人均收入连续五年保持了两位数增长。去年，农牧区医疗补助标准从年人均300元提高到340元，完成了城乡居民和核定员额内僧尼免费健康体检。难怪西藏的农民会由衷地说：“现在制度好，政策好。我们大家都欢迎，都拥护。有办法、有能力的人家，过得红红火火；缺办法、少能力的人家，也过得饱饱暖暖。有的人富得快点，有的人富得慢点，快点慢点，都在奔好日子走着。为什么？因为有政策在那里管着，有政府在那里看着。困难，有求援的地方；委屈，有诉说的地方；冷了热了，有人关心照顾；病了伤了，村里派人送到医院治疗。

这种日子旧社会有吗？我没有听说过，我爸爸也没有听说过，也许故事里有。”★[21]也难怪世界著名的纪录片制作公司DISCOVER频道节目主持人吉米到过西藏后会说西藏的“文化非常优美，很有人情味，他们好极了。你能看到所有人的脸上都带着微笑。在今天这个世界上，这是非常难得的。”★[22]

是的，任何不带偏见的人都会承认中国政府从本国国情出发，根据联合国宪章的宗旨和有关国际人权文书的精神，为促进和保护中国人民的人权进行了不懈的努力，取得了举世瞩目的成就，尤其是西藏人权状况的变化是巨大的。然而，少数人却始终攻击中国的西藏政策，尤其是一个月来，西方一些人利用“3·14”打砸抢烧暴力事件，支持西藏少数分裂主义分子不断提出什么“维护西藏人权”，无理指责中国政府在西藏“严重侵犯了人权”，大谈“替藏人争人权”。于是，我们不能不提出这样的疑问，在旧西藏老百姓生活在水深火热之中当奴隶、作乞丐时，西方那些人权卫士何以噤若寒蝉？那时，有谁提出过改善西藏人权状况的呼吁？而当西藏人民成为主宰自己命运的主人，在各方面取得历史性进展时，却出现种种污言秽语，这究竟是为什么？

曾任美国总统的林肯先生说得好，当牧羊人赶走了狼，羊和狼的看法是截然不同的。所谓“西藏人权问题”实际上就是打着维护人权旗号分裂中国。历史上，一些帝国主义国家极力推行侵略政策，挑唆、支持西藏少数分裂主义分子，大肆叫嚷“西藏独立”。英帝还分别于1888年和1903年两次出兵侵藏，但即使是在中国国力衰微之际，也未成功。在中华人民共和国成立后，帝国主义企图以武力分裂中国西藏的阴谋更难得逞。道理很简单，因为西藏是中国的一部分，得到国际社会普遍公认，少数人不承认是无济于事的。这一点，西方反华势力是清楚的。于是，他们便支持西藏分裂主义分子另辟蹊径，改变手法，抛出了一个“西藏人权问题”，自以为抓住了救命稻草。事实证明，他们之所以对“西藏人权问题”感兴趣，决非出于道义或对广大藏族人民的同情，他们关心的是自己的强权和霸权。加拿大藏学家谭·戈伦夫就曾一针见血地指出，“为了本国的利益，他们只不过把西藏当作了一枚可以摆布的棋子，用以服从他们世界战略布局的需要。”★23 换句话说，他们就是想通过这一手法，煽起民族情绪，激化民族矛盾，施加压力，以遏制社会主义中国的发展，迫使中国人民改变自己选择的道路。这是包括广大藏族在内的全中国人民决不能接受的。

注释：

★1　旧西藏规定，农奴按人头交税，以示其人身就属于该领主。

★2　人身依附关系被称为“米杂”(mi-rtsa, 直译为“人根”), 意思是说每个农奴都要有“根”, 即都要依附于每个领主之下。

★3　《西藏历史档案公文汇编》第 17—18 页。

★4　［法］亚历山大·达维·尼尔著，李凡斌、张道安译 :《古老的西藏面临新生的中国》(内部资料)，1985 年。

★5　周润年、喜饶尼玛译注 :《西藏古代法典选编》，中央民族大学出版社，1994 年。

★6　Charles Bell 著，董之学、傅勤家译 :《西藏志》，商务印书馆，1940 年，第 38 页。

★7　［英］麦唐纳著，郑宝善译《西藏之写真》，铅印本，考试院印刷所，1935 年，第 167—172 页。

★ 8　张凌云 :《纷至踏来访雪域》,《中国西藏》, 1991 年第 1 期。

★ 9　西藏自治区 2014 年《政府工作报告》, 见西藏日报 2014-1-20。

★ 10　西藏自治区 2014 年《政府工作报告》, 见西藏日报 2014-1-20。

★ 11 《中华人民共和国民族区域自治法》第十条, 法律出版社, 2001 年。

★ 12　王贵、喜饶尼玛、唐家卫著:《西藏历史地位辨》, 民族出版社, 1997 年, 第 661 页。

★ 13　西藏自治区 2014 年《政府工作报告》, 见西藏日报 2014-1-20。

★ 14　西藏自治区 2014 年《政府工作报告》, 见西藏日报 2014-1-20。

★ 15　徐平、郑堆:《西藏农民的生活》, 中国藏学出版社, 2000 年, 第 186 页。

★ 16　西藏自治区人民政府新闻办公室 :《西藏五十年》, 中新网 2001 年 5 月 24 日。

★ 17　朗杰、多穷、边巴次仁 :《西藏寺庙、宗教场所知多少 : 1780　能够充分满足信众需要》,《人民日报 (海外版)》, 2003-4-10。

★ 18　西藏自治区人民政府新闻办公室 :《西藏五十年》, 中新网 2001 年 5 月 24 日。

★ 19　王贵、喜饶尼玛、唐家卫著:《西藏历史地位辨》, 民族出版社, 1997 年, 第 669 页。

★ 20　西藏自治区 2014 年《政府工作报告》, 见西藏日报 2014-1-20。

★ 21　廖东凡、边多记译：《格列的三起三落》，《中国西藏》1992年夏季号，第 19 页。

★ 22 《人权》2003 年第 5 期，第 54 页。

★ 23　伍昆明、王宝玉译：《现代西藏的诞生》，中国藏学出版社，1990 年，189 页。

（原载《中国西藏》1999 年第 2 期）

附录三

西藏古代《十六法典》的内容及其特点

周润年

法律是一定的经济基础所决定的统治阶级意志的体现，也是阶级社会特有的一种产物。西藏解放前的法典，除沿用了吐蕃王朝的王法和佛教的教法外，还参用了元朝的法律规范以及明清时期制定的法律。旧西藏不同历史时期计有数十种法典。例如吐蕃时期制定的《法律二十条》(khrims-yig-zhal-lce-nyi-shu-tham-pa)、《神教十善法》(lha-chos-dge-ba-bcu)、《人教十六净法》(mi-chos-gtsang-ma-bcu-drug)；元朝时期制定的《元朝法典》(yon-rgyal-rabs-kyi-khrims-srol)、《蒙古族的法典》(sog-povi-khrims-lugs)；明清时期制定的《十五法典》(khrims-yig-zhal-lce-bcu-lnag)、《十三法典》(khrims-yig-zhal-lce-bcu-gsum)、《十六法典》(khrims-yig-zhal-lce-bcu-drug)、《十二法典》(khrims-yig-zhal-lce-bcu-gnyis)、《正直明镜鉴》(blang-dor-gsal-bar-ston-pavidrang–thig–dwangs–shel–me–long）、《蒙古法律六十条》（sog–povi–khrims–lug–drug–cu）、《甘丹寺的僧侣参加拉萨大祈愿法会之法律》（dgav–ldan–dgon–gyi–dge–vdun–rnams–lha–ldan–smon–lam–chen–mor–tshogs–zhugs–skor–gyi–bcav–yig）、《山谷共同文纲》（ri–klung–rtsa–tshig）和《敏珠林寺法规》（smin–grol–gling–gi–bcav–yig）等等。这些法律是统治阶级在取得统治地位以后，为进一步巩固其政权而制定的。这些法典作为阶级社会的产物，它不仅反映了奴隶主、农奴主阶级的意志，而且也反映了藏族社会不同时期的情况。其中藏巴第悉噶玛丹迥旺布（gtsang–pa–sde–srid–karma–bstan–skyong–dbang–po）时期制定的《十六法典》是西藏封建农奴制社会的一部典型的成文法，它对于研究藏族社会的政治、经济、宗教、文化以及法理等方面具有重要的价值。今将个人对此研究所得略加陈述，以求教于藏学同仁。

一

《十六法典》产生于 17 世纪初的西藏噶玛政权时代。西藏噶玛政权始于辛夏巴·次丹多杰★[1]（zhing–shag–pa–tshe–brtan–rdo–rje）之时。公元 1565 年，辛夏巴·次丹多杰推翻了仁蚌巴政权后，其势力迅速膨胀。公元 1605 年，他又联合止贡噶举派打垮了第巴吉雪巴，控制了前藏。此后，辛厦巴·次丹多杰之孙彭措南杰（phun–tshogs–rnam–rgyal），接连击败山南的领主雅郊巴并攻破澎波的乃乌宗，到公元 1618 年又消灭了名义上还延续着的帕竹地方政权，基本统一了西藏大部地区，正式建立起西藏历史上有名的第司藏巴政权。公元 1621 年，彭措南杰得天花病去世后，由其 16 岁的儿子噶玛丹迥旺布继任藏巴汗。噶玛丹迥旺布于藏历火阳马年（即1606年）生于森格垅（seng-ge-lung）地方，童年时代他便显露出多方面的才能。史称他“智慧超群，深思熟虑，豁达大度，气量宽宏；对佛教尤加敬信；精通书写和念诵，善知诸学问；射箭等技艺可与格萨尔王匹敌；通达佛教和世间诸事，对臣民仁慈爱怜，对残暴、顽固者如同帝释天教训有方”。★[2] 噶玛丹迥旺布在执政的20多年时间里，凭着自己的聪明才干做出了许多业绩。主要有：

1. 拆毁城堡，稳定局势。噶玛丹迥旺布继位不久，即下令除桑主孜（日喀则）等重要的14个大宗外，其余险要地方的小城堡全部拆毁，有效地防止了反叛者以城堡作为据点进行谋乱。噶玛丹迥旺布在位时的西藏，“农业五谷丰登，牧业六畜兴旺，人民生活富裕丰盛，美满幸福，藏族社会出现了老妇携金上路而不担忧的太平盛世。”★[3]

2. 护持佛法，维修寺院。噶玛丹迥旺布为护持佛法，拒受所有僧侣尼姑之礼拜。他对藏族地区的诸多教派（除格鲁派外）皆采取了平等对待、积极扶持的政策；在经济上给予大力支助，他曾将数百个庄园赠送给各教派的寺院，把地方的大部分收入用在各教派的期供★[4] 和期茶★[5] 之上。同时，将各教派的数万名僧侣迎请至驻锡之地桑主孜（bsam-grub-rtse）殿进行供养。为便利众香客前往寺院朝佛，还在各地建立了驿站。此外，他多次维修夏鲁（zha-lu）、那塘（snar-thang）、塔尔巴林（thar-pa-gling）和桑顶（bsam-sdings）等寺院，还从边地运来曼荼罗和贵重服饰，献给大昭寺的释迦牟尼像。

3. 身先士卒，驰骋战场。噶玛丹迥旺布为扩大境域，巩固政权，曾积极组织和训练有八支精锐部队。从公元1621年到1642年的20多年间，率领军队南征北战，多次与蒙古军队交锋。每次战斗，他都身先士卒，亲自指挥，亲自参战。因此，噶玛丹迥旺布在军队中具有很高的威望。1630 年，拉达克王僧格南杰（seng-ge-rnam-rgyal）率军入侵后藏，被丹迥旺布指挥的军队击溃。

4. 立法定制，巩固政权。噶玛丹迥旺布为维护封建农奴主阶级的利益，加强对人民的统治，保障内部稳定，巩固政权。遂制定了通常被人们称为“丹次卡如”★6 的统一度量衡制度，并命令手下官员贝赛哇★7 草拟一部法典。贝赛哇遵循第悉噶玛丹迥旺布的旨令，前往乌斯藏、门域、珞瑜及蒙古族聚居的地方达 11 年之久。在漫长的岁月里，贝赛哇每到一地皆细心地观察当地的风俗习惯，调查了解民事纠纷，拜访谙熟法律的专家，并先后参考了帕木竹巴时期的《十五法典》以及《桑主孜法典》《奈邬德漾宫的吉祥圆满之法律》《蔡巴法律》和古代法典之附则、传记等，而后依止最基本的法律条文及噶玛丹迥旺布的旨意，于藏历第十一饶迥的金羊年（1631 年）制定出《十六法典》。

二

《十六法典》是在对帕木竹巴时期的《十五法典》有所增删的基础上制定的，每个法律条目的解释更加详实、完整、具体，所依据的资料丰富、可靠。《十六法典》的具体内容是：

（1）《英雄猛虎律》（dpav-bo-stag-gi-zhal-lce），适用于在遭受外敌进攻时，以和平或武力等手段制伏敌人。本法规定：破敌之上策是不战而胜，即“外部不使莲花蕊瓣凋落，内部不使百灵巢穴受损；不惊动禽鸟而取其卵”★8。英雄须具备摧毁、引诱、施舍、辨别和完成部队诸项任务等五种能力。首先要派遣使者与敌方直接见面，要大胆地利用善巧之办法，循循善诱，陈述利害，晓之以理，动之以情，劝其退兵或归降，以便使人民避免灾难，生灵免遭涂炭。如果此策不奏效，则可实施中策。中策的主导思想是以小恩小惠瓦解敌人，可赐予敌人一部分地盘、城池及房舍等，造成离心力，削弱敌人的主力。此间免不了使用欺骗等手段，例如声东击西等，但万万不可以吃咒、投毒等手段相诈，否则将不齿于人类。同时要观察地形，分析敌我力量，即谓知彼知己，百战不殆。如果中策也无效，则只好采用下策，即动用武力。是时，要做好整治军务、委任军官、准备后勤、注意行军等诸项事宜。对战斗中英勇杀敌、功勋卓著者，要大力表扬奖励，并可授予“英雄猛虎”之称号。

（2）《懦夫狐狸律》（sdar-ma-wavi-zhal-lce），这是在遭受强敌进攻或无法克敌制胜时用以避免失败的一些措施。即固守阵地时，莫胡乱射弹掷石，谨防关隘和陷阱，敌我莫要混淆，绝不可攻击善良的调解者。若战时败阵者，不论其地位高低，均须将其盔甲献于英雄之面前。若遇败阵者，无杀害之例。若以计谋抓捕敌人，要赏予所有参战官兵适当财产，然禁止虐待投降者。功奖投降者，则理当如故，但不可过度。

（3）《镜面国王律》（rgyal-po-me-long-gdong-gi-zhal-lce），这是要求地方官吏应遵守的法律。此法规定：凡由大王所派遣之地方官吏，皆须摈弃谋私之恶习，以操持公务为主，尽力效忠于历代第司和法王所开创的业绩。宗本不得大量食用上等糌粑；私人所欠公债，宗本不得私自前往索取。同时还规定，所有官吏要秉公办事，不得徇私，对守法者予以保护，对违法者予以严惩。

（4）《听诉是非律》（zhu-bzhes-bden-rdzun-gyi-zhal-lce），这是听取诉讼、辨明是非的法律。本法规定：首先要进行起诉，诉讼双方需到场对质，然后调查审讯。审讯时，辨明是非后即依法判处，对诬告者则予以严惩。如二者均不坦白事实真相，双方则各负一半法律责任。已向法庭提出起诉而拟收回诉状进行内部解决的，原告和被告需同到法庭申请，说明缘由，可准予内部协商解决。

（5）《逮解法庭律》（bzung-bkyigs-khrims-ravi-zhal-lce），这是有关逮捕犯人并依法惩治的法律。此法规定：对于触犯法律者一概视犯罪情节而下令进行逮捕法办，特别是在王宫前持刀殴斗者、饥寒行窃者、向头人造反者、恶意起诉者，以恶语攻击地位高于自己者，皆须拘捕；对重犯则要强行拘捕，并加盖关防，套上枷锁、脚夹。对处以肉刑者，须在大庭广众之下宣布其罪行，并公开施之重刑。

（6）《重罪肉刑律》（nag-chen-khag-sbyor-gyi-zhal-lce），这是对犯人施行各种酷刑的法律，西藏古代法律中均有此项内容。此法规定：对弑父、母、阿罗汉者，伤僧、往佛身上洒血者，抢劫上师、僧人和国王之财物者，严重损害官方之名声者，放毒者，挑拨离间者，杀人劫马者，打家劫舍、持械行凶、阴谋叛逆者等人犯，皆施行肉刑。肉刑的内容主要有剜目、刖膝、割舌、剁肢、投崖、屠杀等，使用肉刑的目的在于以儆效尤。

（7）《警告罚锾律》（dran-vdzin-chad-las-kyi-zhal-lce），这是为惩戒违法者再犯而罚其缴纳财物以赎罪的法律。此法规定：凡未构成肉刑罪的违法者,皆给以一定的惩罚。惩罚一般以黄金或合金的“两”为单位，或以合金的“钱”为单位。其中较严重的罪行要分别处罚黄金 15~80 两不等；对较轻的罪行要处罚合金 3 两或视情而定；稍有触犯法律者，要处罚合金 2~3 钱，予以警告。为便于缴纳罚金，此条款还列举了黄金与财物的 9 种换算方法。

（8）《使者薪给律》（hor-vdra-za-rkang-gi-zhal-lce），此条是为缓和社会矛盾而制定的，即官吏应遵守的法律以及办事的人应负的义务等是抑制官吏专横的规范，同时亦规定平民百姓有为官家所派差役供应食宿、支付脚力的义务。其中明文规定：后藏地方过去以藏升为计量税赋的标准衡器，然此种衡器太大，若如今继续使用之，则属民负担太重。因此，做适当规定，自发布此法令起，无故不得私自前往讨税。除布达拉宫派遣专人外，不许擅自领人前往。公派前往讨税者须知，昔日之法律规定，若税金不足一两者，不得设宴，不交付其他费用。

（9）《杀人命价律》（bsad-pa-stong-gi-zhal-lce），这是责令蓄谋杀人已遂的凶手赔偿命价的法律。命价简单地说就是生命的价钱，吐蕃王朝时期曾规定，杀害人命者要以命相抵。后来由于佛教和经济的发展等诸多原因，杀人者不再以命相抵，改为支付一定的偿命金，因此出现了命价。藏族社会等级森严，把人按血统贵贱和身份高低，划分为三等九级。《杀人命价律》就是按照这些等级对赔偿命价作了具体明确的规定，并指出：如果命价太少，影响劝诫凶手即起不到惩处之作用；如果命价太多，凶手未能承受，地方众人亦会为此而发生争执，互不搭理；倘若凶手交付不起，即会把人肉拿来作抵押品，由此会发生不安宁的动向。为使凶手和受害双方都满意，除为死者增加大量的“压悲钱”，还要为凶手归还一小部分生活费。

（10）《伤人抵罪律》（rmas-pa-khrag-gi-zhal-lce），这是依伤势轻重，责令斗殴伤人者赔偿财物的法律。此法规定：凡使人受严重内伤者，须缴付赔偿金2~3两；无内伤只有外伤者，若外伤面积为4指宽，则须缴付赔偿金2两；对骨折者，若受伤之面积与豆子大小相等，则付赔偿金1钱；对受伤流血太多者，尚应罚付血垫、氆氇等物，血垫的多少视出血的多少而定。对被打掉牙齿或拔掉头发者，旧时法律中有一种“掉牙偿马，拔发偿羊”之规定，后来不再实行。此法典规定，对被打掉牙齿者的赔偿费要比骨折者的赔偿费略多一些。对被拔掉两三根以上的头发者，对方须酌情付赔偿金1钱等。倘若五官以及手、脚、指头等被致残者，可按其命价的四分之一、三分之一或五分之一来赔偿，赔偿金数量的多少要根据致残程度的大小来决定。

（11）《狡诳洗心律》（bsnyon-ham-mnar-dag-gi-zhal-lce）这是责令狡赖欺诈的诉讼双方以在神前发誓、抓油、抓石等方式辨别是非的法律，实施这条法律的具体方法有吃咒发誓、捞石子、掷骰子等。本条规定：喇嘛、善知识、尊者等人无咒誓可言，故不可算作吃咒发誓人之内；饥饿、馋食等穷人，因彼等故意舍弃罪恶，为维持生命求得食物而随便发誓，故彼等不得参加吃咒发誓；具有法力之咒师可用魔力解除咒誓，故不能参与吃咒发誓的活动；妇女为了其丈夫、孩子的利益可违心地吃咒发誓，故不可参加吃咒发誓；不能分辨是非之幼童和傻子等人不晓得取舍誓言之利害，故亦不能参与吃咒发誓的活动。那么何种人可参与吃咒发誓的活动呢？凡懂得或知晓自利和他利者、明见事理者、正直诚实者、能遵循因果规律者、胸怀宽阔即可视仇敌为己友者，若符合上述条件者，方可立誓。如若找不到符合上述条件者，即须用煮油抓石、煮泥抓石和掷骰子等方法来分辨是非。

（12）《盗窃追赔律》（brkus-pa-vjal-gyi-zhal-lce），这是对盗窃他人财物者依情节轻重责令其交还原赃物并加倍赔偿之法律。本条法律除对盗窃犯视其所盗财物的多寡和被盗者身份高低进行不同的处理外，尚需对盗窃犯以退赃、科罚、赔新等3种方法惩处。此外，还规定因饥饿不能忍受的傻子或边地语言不同的流浪者进行盗窃，须给予所谓的“羞耻同情费”，即给予适量的食品和衣服；对诬陷他人为盗者，须对诬陷者进行必要的惩处，同时令其赔偿与所诬盗物相等的财物；对拣到财物不归还失主者以及将财物隐匿他处者、狡诈欺骗者等，须以退赃和赔新等方法进行惩处。

（13）《亲属离异律》（nye-vbrel-vbral-sdum-gyi-zhal-lce），这是夫妻等亲属关系由于纠纷等原因相互离异时，责令理亏一方赔偿理直一方的法律。在离婚案中，如果妇弃夫，要实行“虎纹赔偿法”，即女方须分3次付给男方18钱黄金，并付1套衣服或照顾好饮食和衣服等，理多者尚须赔偿其活人命价，理少者须赔偿其三分之一的活人命价。如果夫弃妇，则要实行“豹斑赔偿法”，即男方须付给女方12钱黄金，还要交付所谓的“服侍赔偿费”，即日薪为3藏升青稞，夜薪亦为3藏升青稞。此外，对家庭兄弟分家、父子分家等，须根据其家庭人口的多寡，合理分配财产。女方分的财产应为男方的四分之一，土地、房屋和财物等所有家产须按人头合理分配，父母及其长辈有权优先选择所需财产，剩余的财产可用掷骰子等方法轮流挑选。如果有要出嫁的姑娘，其嫁妆等陪嫁物要从公有财产中提留；若有出家的尼姑，则须为其代分厨具、份地、僧粮、衣物和小马等；若有出家的僧人，亦可依照上述分配原则，妥善办理。若由非血亲关系组成并且以往能同甘共苦的家庭离异，则须查清团聚时双方拥有财产的多少，做出合理公正的判决。

（14）《奸污罚锾律》（byi-byas-byi-rin-gyi-zhal-lce），这是对与他人配偶私通者处以罚金的法律。此条法律规定：与不同地位者之妻通奸，要处以3两罚金以及活人命价之四分之一的罚金，还要令其交付以茶叶为主的7份赔礼费；与同等地位者之妻通奸，要处罚活人命价之总数2~3两金，并罚付以衣服和食品为主的5份或7份赔礼费。如系女方主动勾引男方所致，则处罚男方奸金1两，赔礼费是以瓷碗为主的3份，不用赔偿活命价。奸污尼姑者，可按寺院法规惩处。若有女人勾引邻居有妇之夫，勾引之妇须交付其妻以茶叶为主的 7 份或以瓷碗为主的 5 份赔礼费等。

（15）《半夜前后律》（nam-phar-tshur-gyi-zhal-lce），此条法律中规定：租赁牛马等家畜，若牲畜死，则须赔付偿金；若所借牲畜无病无伤归还后，过夜而死，主人则不可诿罪于借者；将所借牲畜无病无伤归还后，若前半夜死去，借者须付给主人赔偿金；若后半夜死去，主人不得向借者讨取任何赔偿金。

（16）《异族边区律》（kla-klo-mthar-vkhob-gyi-zhal-lce），这是指盛行于西藏周边各民族如门巴族、珞巴族和蒙古族等聚居地方的法律。此条法律重点阐述了有关各地命价的差别，如在门地，中等官员被杀，规定凶手交付 80 眼绿松石作为其命价，若以 1 眼价值为 1 头黄牛计算的话，则须交付 80 头黄牛；在蒙古地方，中等官员被凶手杀死，规定凶手交付 60 “牛载”(mdzo-khal）的财物，若以 1 “牛载”的价值为 1 头挤奶犏牛或 1 头驮牛计算的话，则须交付 60 头挤奶犏牛或驮牛；藏区则以“松坠”（gsum-sprod）之方法进行处罚，即以合金交付其命价之赔偿费。

三

《十六法典》是藏巴第悉噶玛丹迥旺布以法律的形式来维护封建农奴社会的法典，它用权威的、不容怀疑的、不容申辩的法律条文来规定人们必须遵守社会秩序。这不仅充分反映了统治阶级的观点，而且亦反映了当时藏族社会的概貌、价值观念、人伦关系等生产关系方面的基本特征。综观《十六法典》的内容，可主要归纳为以下几点：

（一）反映了农奴主阶级的根本利益

《十六法典》有着鲜明的阶级性，是维护封建农奴制度和农奴主阶级利益的。法律所规定的广大农奴和奴隶的行为准则，就是要使他们成为不死不活的顺民，从而满足统治阶级的需要。《盗窃追赔律》规定："凡盗窃王、官员、头人之财物须罚赔原物之万倍，偷寺院僧人之财物须罚赔八十倍，偷与己同等地位人之财物须罚赔七倍至八倍或八倍至九倍不等。"★[9] 由此可见，盗窃赔偿的办法也主要依据官阶高低、身份贵贱来决定，这非常明显地反映了该《法典》保护农奴主阶级利益、镇压劳动人民的根本指导思想。法律是以农奴主阶级的意志为转移的，当法律的内容同他们的利益发生冲突时，他们则可任意跳出这个范围，不受其限制，并可随心所欲地解释和执行它。《伤人抵罪律》条中规定："伤人上下有别，民伤官，视伤势轻重，断伤人者手足。主仆之间，主失手伤仆，除治伤不再判罪，主殴仆致伤无赔偿之说。"★[10] 从上述法律基本内容来看，非常明显地反映了该法典是为农奴主阶级服务的，平民百姓的一言一行、一举一动都要受到法律的约束和制裁，而统治阶级的所作所为都会得到法律的允许和保护。

（二）反映了封建农奴社会显明的等级制度

在旧西藏，统治阶级与广大农奴和奴隶之间的法律关系是一种压迫与被压迫、剥削与被剥削的关系。封建贵族阶级的种种特权都要受到法律的保护，而广大农奴和奴隶在法律上被当作法律关系的客体。统治阶级为了巩固封建农奴制度，总是把社会成员按照其不同的阶级、身份、地位、职业等，分为不同的等级，享有不同的权利和义务，并加以法权化，形成人们之间的不同法律地位。旧西藏的法律亦明确将社会成员分为三六九等，严格区分尊卑贵贱。同样的人身——生命的血肉之躯，在封建农奴制的法律中却表现着完全不同的价值。《杀人命价律》中明确规定："人有上中下三等，每等人又分上中下三级。"★[11]其中上等人包括藏王、大小活佛、僧俗官员和贵族等，中等人包括职员、僧人、商人等，下等人包括农民、铁匠、屠夫等。与此相应，法律还规定各等级人之间的命价是有很大的差别的。对于王者的命价，法律规定："上部雅孜王被霍尔所杀，其尸价与黄金等量；下部格萨尔王被丹玛行刺，至今命价尚未偿还清"。可见王者的命价是无限的，而对下等人的命价则规定为："流浪汉、铁匠、屠夫等三种人，彼等命价值草绳一根。"不仅按等级规定命价，而且按等级量刑，对于农奴、奴隶和下等人犯上的行为，法律的惩罚是极为严酷和野蛮的，施行的肉刑有"剜目、刖膝、割舌、剁肢、投崖、屠杀等"，而对于上等人侵害下等人的行为，处罚则从轻甚至可免除刑事责任。不以客观事实为依据，而是根据等级来划分命价和量刑，实际上就彻底否定了广大农奴、奴隶的生命权，因此广大农奴和奴隶与少数统治者之间根本没有任何平等可言。

（三）反映了封建农奴社会生产关系的特征

在封建农奴制时代，绝大多数的劳动人民没有生产资料，而且连人身都依附于只占人口极少数的封建农奴主，西藏的全部土地和牧场以及依附在土地上的农牧奴都是属于农奴主的。农奴主依靠封建土地所有制，通过地租形式（劳役地租、实物地租、货币地租）和超经济强制，占有农奴的剩余劳动。农奴主把大量肥沃的土地作为自营地，领种份地的差巴世代被束缚在贫瘠的土地上，在庄园管家的监督下，为领主无偿支应繁重的乌拉差役。此外，使用农奴主的草场，要缴纳草钱；在农奴主的山上砍柴，也要给农奴主纳税支差。封建土地占有制和农奴的人身占有是农奴制社会生产关系的主要特征，也是封建农奴制度的统治基础。在当时生产力和生产关系极其低下的情况下，统治阶级为维护封建农奴制度，制定出一整套向属民摊派、索取差税和罚金的特殊政策，并从法律条文上固定下来。《使者薪给律》规定："凡讨税者所到之处，纳税者除为官吏及随从人员缴纳狗、马、骡之费用外，还要令其提供一条羊腿和一驮货物。未还清差税之前，缴纳差税者须为官吏每日分两次分别供应大小羊腿各一条，同时要为所有的随行人员每日三次分别供应小羊腿一条、茶叶五包和青稞酒，每日要为每匹马、骡供应饲料二升，并支付膳后金一钱。若拖延缴纳差税，令其每日缴纳五升青稞作为脚钱。天数要从讨税者抵达之日算起，讨税者一旦离开纳税者之家门，即可无须支付脚钱。对于个别不服从差头之命令而拒绝缴纳差税者，讨税者要对其严加管制，且令其交出所有天数的脚钱。对于狡猾强辩喊冤者须处罚一钱黄金。"★[12] 旧西藏的差税制度逼得许多农奴妻离子散，家破人亡。更有甚者，农奴主还利用封建特权随意打骂拖欠差税的农奴，有的还将拖欠差税的农奴投监上刑，任意摧残。

（四）反映了神权观念和教法思想

在阶级社会中，统治阶级往往操纵、利用、掌握宗教，他们自己往往以"天神之子"或"神"自居，借助神的崇高威力来麻醉、统治、剥削、奴役人民。此外，统治者把阶级统治、阶级压迫美化成充满"仁爱""欢乐"的社会内容。因此，下属平民百姓必须把领主的所作所为皆看作是真理和善行，遵从听命，不可有丝毫的不从，倘若一旦违犯了佛（即领主）的旨意，就认为应该受到严惩。《重罪肉刑律》中明确规定："行五无间★[13]之罪孽者、抢劫上师和僧人及藏王之财物者、严重损害官方之名声者"★[14]等，皆要以重罪论处。在执法方面，僧人也享有特权，即神权高于一切，僧人高于俗人。在长期的政教合一制度的统治下，“天命”“神权”安排的宿命思想束缚着人们的一切行动。人们认为神灵是世界万物的主宰，人间的祸福、吉凶、善恶都由神鬼安排。因此，人们一遇到难以辨别的事情往往借助神灵的指点，当事人之间的争讼是非难辨时都求助于神的判决。《狡诳洗心律》规定：“对是非狡诳者须进行立誓。所谓立誓，就像自己的鼻子所处于面部之位置，相当正直。所谓立誓，亦要由具有智慧眼和幻化身等先知先觉的护法神作证，以明鉴真伪。”★[15] 遇到这类案件，负责审判的法官命令当事人发誓，发誓者要以自己崇拜、信仰之神作证，须供献神饮誓水。宣誓后则认为誓词可靠，不敢宣誓则认作犯罪属实。此外，还有用煮油抓石和煮泥抓石等方式来辨别是非。进行这两种仪式时，“要事先准备好神帘、神垫以及完好无损之铁匠用具和石子，而后于铜锅或铁锅中倒入干净之菜油，油的多少一般以淹没拳头为宜，将两块拇指大小重量相等的黑白小石子放入油锅之中。如尚进行煮泥抓石之仪式，即在锅中放入一种浓稀如酸奶一般且能淹没拳头之泥浆或浊水，此后亦将两块大小相同的黑白石子放入锅中，以人们看不见石子为准，则可用手下锅去抓。抓得白石者为胜，抓得黑石者为败；抓石之手未被烫伤者，亦认为真实无过”。★[16] 上述的立誓、煮油抓石和煮泥抓石等虽然方式不同，但目的都是借神意来判断是非。神判实际上就是人们在找不出犯罪证据或迫使犯罪嫌疑者吐出实情时所使用的一种方法。神判的产生是因为人们的宗教信仰和神明崇拜；神判的使用是人们怀疑自己的智慧时被迫依赖于神的“插足”的一种方法。人们相信，鬼神不可欺，神明不可瞒，用神的力量可让有罪者败诉，无罪者胜诉。但神判是毫无科学根据的，根本无法断定事实的真伪，致使许多奸猾不轨者侥幸取胜，无辜者蒙受不白之冤。

综上所述，《十六法典》作为西藏封建农奴制社会的一部典型的法典，不仅反映了它的阶级性、残酷性、欺骗性，同时也反映了农奴主阶级的根本利益，以及对广大农奴和奴隶阶层的政治压迫和经济剥削，而且还反映了封建农奴制社会的一些基本特征。尽管制定法律的目的是为维护统治阶级的利益，实行农奴主阶级对广大农奴的专政，但在那个时代，客观上还是有利于新生地方政权的统一，有利于藏族社会经济的发展，起到了保境、安民、稳定社会秩序、推动社会前进的作用。《十六法典》是研究西藏封建农奴社会制度的一份典型资料。

注释：

★ 1 辛夏巴是明代后藏地方封建势力名，原为仁蚌巴家族的下属。嘉靖四十四年（1565 年），辛夏巴·次丹多杰推翻并取代了仁蚌巴的统治，与噶玛噶举派联合，实力日渐强大。

★ 2 译自《西藏古代法典选编》第 88 页。

★ 3 同上，第 91 页。

★ 4 一种定期法会、定时祭祀的宗教活动。

★ 5 定期或定时供应僧人茶水。

★ 6 丹次卡如（gtan-tshigs-mkhar-ru），为官家秤斗。17 世纪初，丹迥旺布统一前后藏衡量单位时制定的标准秤斗。

★ 7 贝赛哇（spel-ser-ba）为噶玛丹迥旺布执政时的一名地方官员，他曾受丹迥旺布之令，草拟了《十六法典》。

★ 8 译自《十六法典》第一条“英雄猛虎律”。

★ 9 译自《十六法典》第十二条“盗窃追赔律”。

★ 10 译自《十六法典》第十条“伤人抵罪律”。

★ 11 译自《十六法典》第九条“杀人命价律”。

★ 12 译自《十六法典》第八条“使者薪给律”。

★ 13 即一者害母，二者害父，三者害阿罗汉，四者破和合僧（指分裂僧团），五者恶心出佛身血（指伤害佛的身体）。

★ 14 译自《十六法典》第六条“重罪肉刑律”。

★ 15 译自《十六法典》第十一条“狡诳洗心律”。

★ 16 同上。

（原载《中国藏学》1994 年第 2 期）

附录四

藏文与拉丁字母转写符号对照表

ཀ	ཁ	ག	ང	ཅ	ཆ	ཇ	ཉ
ka	kha	ga	nga	ca	cha	ja	nya
ཏ	ཐ	ད	ན	པ	ཕ	བ	མ
ta	tha	da	na	pa	pha	ba	ma
ཙ	ཚ	ཛ	ཝ	ཞ	ཟ	འ	ཡ
tsa	tsha	dza	wa	zha	za	va	ya
ར	ལ	ཤ	ས	ཧ	ཨ		
ra	la	sha	sa	ha	a		

◌ི	◌ུ	◌ེ	◌ོ
i	u	e	o

参考文献

1. 王尧、陈践译注：《敦煌吐蕃文献选》，四川民族出版社，1982 年。

2. 索南次仁编著：《藏族历代法典》（藏文），民族出版社，2004 年。

3. 孙国华主编:《中华法学大辞典·法理学卷》，中国检察出版社，1997 年。

4. 徐晓光著：《藏族法制史研究》，法律出版社，2001 年。

5. 张济民主编:《青海藏区部落习惯法资料集》，青海人民出版社，1993 年。

6. 杨士宏编著：《藏族传统法律文化研究》，甘肃人民出版社，2004 年。

7. 梁治平编：《法律的文化解释》，生活·读书·新知三联书店，1998 年。

8. 李鸣著：《中国民族法制史论》，中央民族大学出版社，2008 年。

9.《清朝治藏行政法规》，五洲传播出版社，1999 年。

10. 史金波等著：《西藏人权研究》，中国藏学出版社、中国社会科学出版社，1999 年。

11. 东噶·洛桑赤列编纂：《东噶藏学大辞典》（藏文），中国藏学出版社，

2002年。

12. 丹珠昂奔等主编：《藏族大辞典》，甘肃人民出版社，2003年。

13. 张怡荪主编：《藏汉大辞典》，民族出版社，1985年。

14. 巴卧·祖拉陈瓦著：《贤者喜宴》（藏文），民族出版社，1986年。

15. 恰白·次旦平措等著：《西藏通史——松石宝串》，西藏社科院、西藏杂志社、西藏古籍出版社，2008年。

后　记

《藏族古代法典译释考》中的《五世达赖喇嘛时期制定的“十三法典”》由喜饶尼玛教授译注；《大司徒·绛曲坚赞制定的“十五条法律条目”》《苍龙喧嚣法典十五条》《关于西藏事务纲领十三条（“酌定藏内善后章程”十三条）》《关于新订西藏章程二十九条（“钦定藏内善后章程”二十九条）》由罗桑旦增副教授翻译；《芒松芒赞时期制定的“吐蕃三律”》由陈践教授翻译；《松赞干布时期颁行“十善之法”》《松赞干布时期颁行“法律二十条”》《松赞干布时期制定的“六类大法”》《纯正世俗大法十六条》《赤松德赞颁布的“兴佛诏书”》《吐蕃供养僧人及“三户养僧”的法规》《吐蕃牧业措施及“没卢氏小法”》《桂·赤桑雅拉制定的法律》《吐蕃的“三喜法”》《元成宗颁布的“优礼僧人诏书”》《藏巴第悉噶玛丹迥旺布时期制定的“十六法典”》《第七世噶玛巴却扎嘉措制定的法

律》《止贡菩提寺之法律》等由我翻译。此外，书中的“前言”、全部“解题”及大部分“注释”由我撰写。

将19部藏文古代法典译成汉文，对学术界深入研究藏族的政治、历史、文化、法律诸方面无疑具有十分重要的意义，同时这又是一项十分艰难的工作，法典原文文句深奥，错误亦较多，大量的宗教内容以及法律固有的名词和约定俗成的法规更难于理解，加上我们的水平有限以及可参考的资料不多，译文和注释中可能还会有一些不准确乃至错误的地方，恳请藏学专家、学者批评指正。最后，对青海人民出版社为此书所做的出版工作，一并表示衷心的感谢！

周润年

2016年8月6日于北京